World Spectators
하 이 데 거 와   라 캉 의   시 각 철 학

월드 스펙테이터

초판 인쇄일 2010년 3월 15일
초판 발행일 2010년 3월 22일 **2쇄** 2010년 9월 15일
지은이 카자 실버만 **옮긴이** 전영백과 현대미술연구회
펴낸이 한병화 **펴낸곳** 도서출판 예경 **편집** 김채은 **디자인** 이지선
등록 1980년 1월 30일(제300-1980-3호) **주소** 서울 종로구 평창동 296-2
전화 02-396-3040~3 **팩스** 02-396-3044 **전자우편** webmaster@yekyong.com
홈페이지 http://www.yekyong.com

ISBN 978-89-7084-420-6 (93100)

World spectators
©2000 By the Board of Trustees of the Leland Stanford Junior University.
All rights reserved.
Translated and published by arrangement with Stanford University Press.
Korean Translation ©2010 by Yekyong Publishing Co.

이 책의 한국어판 저작권은 저작권자의 독점계약으로 도서출판 예경에 있습니다.
신저작권법에 의해 한국 내에서 보호를 받는 저작물이므로 무단전재와 복제를 금합니다.

월 드
스펙테이터

하이데거와 라캉의 시각철학

카자 실버만 지음   전영백과 현대미술연구회 옮김

예경

월드 스펙테이터
world
spectators

01. 보기를 위한 보기　　　|　　　6

02. 책 먹기　　　|　　　54

03. 언어에 귀 기울이기　　　|　　　88

04. 이미지생산을 위한 장치　　　|　　　124

차례
Contents

05. 은하수 | 162

06. 사물의 언어 | 198

해설
- 바라보기를 통한 세계 인식 230
- 개념어 분석 238

찾아보기 | 242

월 드 스 펙 테 이 터
world
spectators

01. 보기를 위한 보기

들어가기

들어가기
introduction

1장 보기를 위한 보기는 "본다는 것은 무엇인가?"라는 책 전체 화두의 시작이다. 논의는 서양 관념철학의 근원이라 할 수 있는 플라톤의 〈동굴의 우화〉에서 출발한다. 플라톤의 소크라테스는 동굴 벽에 비친 그림자, 즉 '표상의 표상'을 보는 주체에게 몸을 돌려 동굴 밖의 세계 즉, 이데아의 최고선으로 나아갈 것을 유도한다. 이 고전철학에서 제시하는 주체의 철학적 상승과정은 형상적인 현상계를 벗어나 궁극적 영혼의 아름다움을 추구하도록 강조한다. 플라톤에 따르면, 동굴의 '죄수'인 우리는 '현상적 형상'인 동굴 벽의 그림자에 현혹되지 말고 영혼과 관념의 세계로 이끌림을 받아야 한다. 그러나 카자 실버만은 이러한 전통적 해석에 도전하면서 주체의 시각이 갖는 중요성을 피력하고 그 가치의 새로운 복권을 시도한다.

논의의 근본구조는 시각과 언어의 관계인데, 이를 풀어가기 위해 실버만은 하이데거, 아렌트, 라캉 및 이리가레이의 이론을 활용하여 〈동굴의 우화〉를 재조명한다. 그러한 이론적 분석을 통해 실버만이 강조하는 주체의 시각은 '본다'는 행위가 지닌 개별성과 복수성이다. 요컨대, 실버만이 다시 읽는 〈동굴의 우화〉는 시각에 대한 전통적으로 폄하된 인식을 전복하는 것이다. 우리는 각자의 삶 속에서 개별적이고 복수적인 주체로서 자신의 시각을 경험한다.

실버만은 우리에게 동굴의 현상적 세계를 '제대로' 보기를 촉구한다. 그녀는 현상에서 눈을 돌려 동굴 밖으로 나가는 '철인 왕'보다는 동굴 안의 일상적 현상계를 바라보며 그 대상들과 시각적 연관이 있는 '죄수'를 의미 있게 조명한다. 그 죄수는 개별 주체이면서도 사회 안에 집합적으로 살아가는 '세계관찰자(world spectator)'이기 때문이다. 세계관찰자는 동굴 안을 벗어나지 못하는 한계 상황에 놓여 있더라도, 언어 이전의 영역에서 언어가 나타낼 수 없는 존재의 근본 조건을 '볼 수 있는' 시각적 역량을 지닌다.

전영백

01. 보기를 위한 보기

잘 알려진 대로, 서구철학은 감각의 세계에서 초감각적 세계, 즉 관념적 영역으로 전환되면서 시작되었다.[1] 플라톤(Platon)의 소크라테스(Socrates)는[2] 올바른 생각을 지닌 모든 사람들을 위해 이 사건을 도덕적 일화로 만들었고, 동굴의 우화와 함께 영원해졌다.[3] 모든 철학적 알레고리 가운데 가장 유명한 이 이야기에는 어릴 때부터 캄캄한 동굴에 갇힌 죄수가 나온다. 복잡한 영사시스템에 의해 앞에 있는 벽에 투영된 그림자만 보고 평생을 살아온 죄수는, 족쇄에서 풀려나 햇빛이 비치는 바깥세상으로 나가게 된다. 이 동굴은 세속적인 세계를 상징하고 바깥세상은 더 높은 차원의 실제(reality)를 의미한다. 우리의 세계를 포함한 모든 것이 그 실제의 영역에서 비롯된다.

이 우화의 해석에서, 소크라테스는 (동굴 안) 세계로부터 돌아서는 일이 본질적으로 정신적인 것이라고 주장한다. 그는 글라우콘(Glaucon)에게 "생성의 영역에서 있는 그대로의 영역"으로 옮겨가는 것이 영혼이라고 말하고 있다(521d). 그런데 동굴의 우화는 죄수의 정신적 고양(高揚)이 육체적으로 고되다는 것을 여러 번 암시한다. 예를 들어, 동굴에서 나가는 길은 "거칠고" "경사가 급하며" 바깥의 빛은 감당하기 힘들 정도로 밝다. 이것은 종종 초감각적, 즉 관념적 영역에 도달하는 것과는 정반대의 과정임을 암시하는 듯하다. 그러나 소크라테스가 이 여정의 정신적인 특징이나 육체적인 특성을 강조하는 것과 상관없이, 그가 항상 되돌아오는 지점은 바라보기(the look)이다. 이 세상으로부터 돌아서는 것은 분명히 시각적인 문제와 직결되기 때문이다. 그것

보기를 위한 보기
Seeing for the
Sake of Seeing

은 방향전환, 더 정확히 말하면 방향감각의 상실을 수반한다. 현상적 형상의 영역을 포기하는 것은 간단히 말해, 시력을 상실하는 일이다.

물론 이는 소크라테스가 최고선(最高善, the Good)을 향한 여정을 설명하는 방법이 아니다. 그에게 있어 이 세상으로부터의 탈출은 시각적으로 해방되는 것이다. 동굴 벽에 비친 그림자를 보는 사람은 시각적 맥락에서 감옥에 있는 셈이다. 그는 현상의 노예이다. 그는 "표상의 표상"을 실제라고 여기면서 오직 보이는 것만을 진실로 받아들인다(515b-c). 그는 또한 실제를 어둠 속에서 나와 다시 어둠 속으로 사라지는 것, "생성과 소멸 사이에서 떠도는" 것이라고 생각한다(485b).[4] 따라서 우리는 모든 재현의 매개가 제거되었을 때만 참된 시각을 획득할 수 있다. 즉, 영원한 자기-현전, 자기-동일성과 대면할 때에만 참된 시각을 얻을 수 있는 것이다.[5]

위에서 요약한 내용은 니체(Friedrich Wilhelm Nietzsche)가 우리에게 일깨워준 형이상학의 오래된 꿈이다.[6] 그러나 동굴의 우화는 소크라테스의 꿈보다 다른 꿈들을 뒷받침해 준다. 먼저 그것은 재현의 정확성보다는 감추어진 것을 드러내는 데 내재되어 있는 하이데거(Martin Heidegger)의 전(前)형이상학적(premetaphysical) 진리에 대한 설명을 지지한다.[7] 한나 아렌트(Hannah Arendt)는 정신적인 것이 감각적인 것에 우위를 점한다는 탈(脫)형이상학적(postmetaphysical) 전복을 꾀했는데, 동굴의 우화는 그 근간이 된 텍스트 중 하나이다.[8] 그리고 이 장에서는 현상적 영역과 우리의 관계에 대한 또 다른 반(反)플라톤적 설명을 보충해 줄 것이다. 나는 동굴의 우화를 사용하여 "세계관객성(world spectatorship)"에 관한 기대해도 좋을만한 방법을 구상하려 한다.[9] 세상 안에서, 세상을 향해 발생하는 "바라봄"은 현상적 형태들에 고집스레 직결되어 있을 뿐 아니라 이를 증대시키고 풍부하게 만든다. 동굴의 우화와 그와 관련된 다른 텍스트들을 통해 "세계관찰자(world spectator)"가 되는 것은 짐짓 **존재**[10)를 배제해서 될 일이 아니다. 오히려 그 **존재**가 드러날 수 있는 유일한 영역인 현상적 영역에 남으려 결단하는 것이다. 이 책에서 나는 이러한 사실을 강조하며 생각을 펼쳐나갈 것이다.

플라톤의 가장 유명한 우화에 대한 하이데거와 아렌트의 읽기를 앞서 언급한 것은, 두 사람 모두 소크라테스의 시각에 관한 설명의 핵심, 즉 존재와 현상이 대립한다는 점에 도전하고 있기 때문이다. 하이데거는 동굴의 우화를 통해 우리로 하여금 외양이 존재의 부정확한 모사가 아니라는 것을 이해하도록 한다. 아니, 외양은 오히려 존재가 "앞으로 돌출하는" 방식이라는 것이다. 그러한 출현을 통해 존재는 스스로 "나에게 나타난다"(164). 한편, 아렌트에게 있어 소크라테스의 죄수들이 몰두하는 그림자 바라보기는, 아렌트가 "나에게 나타난다"라고 한 것에 대한 탁월한 예이다.[11)] "나에게 나타난다는 것"은 아렌트가 항상 존재하며 변하지 않는 진리의 영역보다 외양의 영역, 즉 현상적 세계를 찬양하는 개념이면서 존재 자체와 동일시하는 사고인 것이다.[12)]

이 두 철학자의 생각은 "외양이란 존재와 함께 이루는 한 쌍의 반대 짝이 아니라 존재가 펼쳐지는 곳"이라는 나의 의견과 근본적으로 일치한다. 하지만 내가 이 책에서 정의해 나가는 방식과는 매우 다르게 논지를 전개하고 있다. 하이데거와 아렌트에게 외양은 일반적으로 일차적인 언어적 드러냄의 은유이다. 「휴머니즘에 대하여(*Letter on Humanism*)」[13)]와 수많은 관련 글[14)]에서 하이데거는 언어를 존재의 탈(脫)은폐(unconcealment)를 위한 특권적 영역으로 규명했다. 비록 아렌트의 『인간의 조건(*The Human Condition*)』과 『혁명에 대하여(*On Revolution*)』에서 외양이 발생하는 것은 일차적으로 정치적 행위의 영역에서였지만, 여기서도 역시 행위와 더불어 언어가 중심적인 역할을 하고 있다.15) 그러나 나는 끊임없이 시각적인 것을 강조하여 "외양"이라는 단어를 엄밀하게, 즉 "시야에 들어오다" 또는 "보이게 되다"라는 뜻으로 정의하려 한다. 이렇게 명백하게 의미를 좁혀들어가게 되면 결과적으로 깊은 의미를 열어젖히게 될 것이라 믿는다. 그러한 가운데 시각성이란 현상적, 정신적, 반영적 그리고 사회적인 것의 총합에 의존한다는 점이 드러나게 될 것이다.

시각의 은유

하이데거는 『형이상학 입문(An Introduction to Metaphysics)』에서, 그리스어에는 오늘날과 같은 개념의 "'공간'이라는 단어가 없었다"고 지적한다.16) 이것이 우리가 동굴의 우화를 읽을 때, 공간적으로 우리의 위치를 설정하기 어려운 이유이다. 소크라테스가 『국가(Republic)』 제7권에서 최고선을 향한 여정에 비유했던 이 공간적 전이의 은유는, 우리가 어디에 있는지 더 이상 알지 못할 때까지 계속적으로 변화한다.

소크라테스가 최고선으로 가는 방법을 묘사하기 위해 사용한 첫 번째 은유는 "전회(turning around)"이다. 그는 이 "이상한" 스토리를 이야기하고 그 의미를 설명할 때, "돌다(to turn)"라는 동사를 사용한다. 동굴 벽의 그림자 앞에서 풀려난 죄수가 그림자의 본체인 인형들을 보려면 그는 먼저 돌아봐야만 한다(515c, d). 비본질적인 것에서 본질적인 것으로 향하는 철학자의 여정도 이와 유사한 전환을 필요로 한다. 구도자는 가장 명백한 것, 즉 우리가 최고선이라 부르는 가장 빛나는 것이 무엇인지 알 수 있을 때까지 그의 "전(全)영혼"의 방향전환을 꾀해야만 한다(518c, d).

이와 같이 몸을 돌려 방향을 전환한 후, 죄수는 위로 올라가야만 한다. 이 상승은 동굴을 빠져나가는 육체적인 여정으로 시작하지만, 소크라테스는 일차적으로 이를 시각적인 용어로 묘사한다. 먼저, 죄수는 동굴 뒤쪽의 불을 "바라본다"(515c). 그리고 입구 밖에서 "그림자"와 "물속에 있는 사람과 사물의 이미지"를 "본다". 마침내 해방된 사람은 "그 사물들 자체"를 이해하며, 계속해서 "별빛과 달빛"을 바라보고 결국에는 "태양과 햇빛"을 바라본다(516a-b).

소크라테스는 이 알레고리를 그럴듯하게 묘사하기 위해 새로운 은유(metaphor)를 소개한다. 그에 따르면, 우리는 본래적인 인간의 조건으로 땅에 뿌리를 내린 채 "되어감(becoming)"이라는 납덩이 같은 무게를 짊어진 영혼들이다(519a-b). 이 무거운 짐이 제거될 때에만 우리는 "진실한 사물들"에 접근할 수 있다(519b). 수평보다는 수직축으로 작용하는 이 새로운 은유의 마지막 부분을 이해하기 위해서는, 최고선을 향해 위로 날아오르거나 솟아오르는 것 같은 영적인 행위를 상상해야 한다. 그러나 소크라테스는 그렇게 마무리하는 대신 다시 한번 시각의 은유에 의지한다. 처음에 그는 보기의 은유와 시각을 "아래로" 끌어내리는 납덩이 같은 무게의 비유(trope)와 결합시켰지만(519b), 이후에는 이 수직의 은유를 포기한다. 무게에서 해방된 바라봄은 중력을 잃지 않는다. 오히려 최고선을 이해하는 그 능력은 더 예리해진다(519b).

점차 명확히 드러나겠지만, 소크라테스가 『국가』의 이 부분에 변함없이 남겨두는 은유는 "바라보기"이다. 비유를 아무리 혼합시키고 다양하게 하더라도 그것은 항상 바라봄의 문제로 돌아간다. 시각은 영혼의 기표로서 특권적 지위를 얻지만, 역설적이게도 그 기능이 무효화되었을 때에만 그러하다. 즉, 시각작용이 완전히 부정되었을 때에만 그 위치를 제대로 점유하게 되는 것이다. 이것이 바로 동굴의 공간적 위치가 매우 혼란스럽게 느껴지는 진짜 이유이다. 동굴의 우화를 읽으면서 이 같은 맥락을 파악하기 어려웠다면, 그것은 고대 그리스어의 의미론적 한계 때문이 아니라 소크라테스가 시각을 왜곡될 수밖에 없도록 만들었기 때문이다. 그 시각에 연관되는 우리의 공간감각 또한 왜곡된 채 조정될 수밖에 없는 것이다.[17]

바라봄의 무효화

비록 죄수가 족쇄를 풀어 가시계에서 비(非)가시계의 영역으로 돌아섰다 하더라도, 해방의 개념은 이상하게도 다음에 오는 것들과 쉽게 연결되지 않는다. 죄수는 구속을 벗자마자 일어나도록, 머리를 돌려 그에게 고통을 주고 눈부시게 만드는 빛을 향해 걷도록 요구된다. 그다음에 그는 동굴에서 "힘에 의해, 거칠고 경사가 급한 길로" "질질 이끌려 나온다". 그리고 태양 빛을 향해 걷도록 강요당한다(515e).

소크라테스는 죄수가 이런 식으로 "고통 받고" "괴롭힘을 당한다"고 강조한다(515e). 그는 죄수의 해방은 강요에 의한 것이라고 세 번이나 말하고 있다(515c-e). 소크라테스가 그의 알레고리 해석에서 전개한 은유는 자유의 개념과 어긋난다. 되어감의 부담을 덜 느끼기 위해 미래의 철학자들은 어린 시절부터 꾸준히 단련되어야만 하는 것이다(519a).

소크라테스가 동굴 우화의 해석에서 공공연히 인정했듯이, 이러한 "폭력"이 일어나는 지점은 일차적으로 시각기관이다. 동굴 밖에서 일시적으로 체류한 죄수가 동굴로 다시 돌아오면 이전에 했던 그림자놀이에 참여할 수 있는 능력을 잃어버리는데, 이는 그리 놀라운 일이 아니다. 다른 죄수들은 그의 시력이 동굴 밖으로의 여행으로 인해 "해를 입었다"고 불평한다(517a). 이 말의 걱정스런 반향을 덮으려는 듯, 소크라테스는 두 가지의 실명(失明)이 있다고 글라우콘에게 말한다. 그 중 하나가 동굴 벽의 그림자를 떠나 뒤에 있는 위대한 빛으로 향할 때 그를 괴롭히는 실명이라면, 다른 하나는 동굴로 돌아왔을 때 그가 겪는 눈의 고통이다(518a, b). 전자가 보는 방법을 아직 배우지 못한 것에서 초래되는 결과인데 반해, 후자는 극도로 예민한 시각의 결과라 할 수 있다. 그러나 이후『국가』제7권에서 우리는, 최고선을 이해하는 사람은 "자신의 눈을 포기해야만 한다"는 것을 배우게 된다(537d).[18]

소크라테스는『국가』제6권에서 이를 더욱 분명히 하여, 그의 철학적 계획에 불리한 작인(agency)을 "시각적"이라고 말하고 있다. 그는 자유로운 영혼을 눈과 비교하는데, 그 눈은 넋을 빼앗길 정도로 스스로를 태양에 고정시킬 뿐 아니라 "마치 차고 넘치는 보물에서 흘러나오는 것처럼" 태양체에서 보는 힘을 이끌어 낸다(508a, b). 이제 인간의 시각은 오직 순수한 수용성(receptivity)의 존재로 격하됨으로써 형이상학적 명상을 위한 은유로 그 지위가 상승한다. 소크라테스는 또『국가』제6권에서, 이러한 시각의 종속은 정신적인 계몽을 위한 세속적인 유추를 제공할 뿐만 아니라, 계몽으로 나아가기 위한 여정에 필요한 단계를 나타낸다고 제시했다. 동굴의 비유가 제7권의 중심이라면, 제6권의 핵심은 선분(線分)의 비유이다(509d-511e). 동굴의 우화가 속세와 천상 사이의 불연속성을 강조하는 반면, 선분의 비유에서 속세의 경험은 "천상의" 체험에 다다르기 위한 전제조건이 된다.[19]

보기를 위한 보기
Seeing for the
Sake of Seeing

그러나 바라보기의 능력은 과연 무엇인가? 동굴 밖으로 이끌려 천상의 영역으로 들어갈 때 죄수가 잃어버리는 작인은 무엇인가? 「플라톤의 진리론(*Plato's Doctrine of Truth*)」에서 하이데거는 소크라테스가 제시한 최고선의 위치로 올라가는 철학적 상승의 알레고리가 "하나의 거처에서 다른 장소로 이전하는 이야기를 아주 자세히 말하고 있다"고 주장한다(168). 이때 각각의 거처들은 **존재**를 부분적으로 드러내기 위한 장소를 제공한다(168-172). 이러한 "드러내기"는 인간의 바라봄과는 독립적으로 발생하는데, 그것은 시각의 산물이 아니라 오히려 "**존재** 자체의 근본적 특성이다"(179).

내가 제시하는 쟁점은, 소크라테스가 동굴의 우화에서 말한 이야기가 여러 면에서 하이데거의 발견과 정확히 반대된다는 사실이다. 『국가』 제7권의 중심이야기는 "폭로"라기보다는 "은폐"이며, 이 때 은폐된 것은 **존재**라기보다는 세계 그 자체이다. 이는 **존재**가 이 드라마에서 아무런 역할을 하지 못한다는 뜻이 아니다. 반대로, 세계가 잃어버린 것은 바로 이러한 방식으로 가려진 **존재**이다. 어둠은 **존재**의 상실을 촉진시키는데, 왜냐하면 오직 창조물과 사물이 눈에 나타날 때에만 실제적으로 존재할 수 있기 때문이다.[20] 결국 세계가 나타나 존재하게 될지, 아니면 비(非)존재의 어둠으로 흐려져 사라질지를 결정하는 것은 오로지 우리 자신뿐이다. 무엇보다 강조해야 할 점은, 우리가 바라봄으로써 사물을 빛으로 이끌어 낸다는 사실이다. 사물을 이런 식으로 바라보는 것에 실패했을 때 우리는 그것을 은폐하게 된다. 다시 말해, 우리가 주체로서 마땅히 해야 할 시각적 작인의 활용을 소홀히 했을 때, 우리는 사물을 은폐하게 되는 것이다.

명백히 나는 "**존재**"라는 말에 소크라테스가 의미했던 뜻을 그대로 부여하지 않는다. 나에게 "**존재**"는 "진리"나 "실제"라기보다는, 오히려 현상적 형상들이 드러나 함께 빛나는 "실제 이상의 것(more-than-reality)"을 의미한다. 가시적 세계에서 비가시적 세계로 돌아섰을 때, 바라보기는 이러한 존재의 역량에서 박탈되는 것이다.

세계 가리기

현상적 형상의 세계가 동굴 우화에서는 오직 눈속임의 그림자 영역일 뿐이므로, 이 텍스트를 읽는 독자들은 시각, 즉 최고선으로의 회귀가 함축하고 있는 것을 쉽게 놓치고 만다. 그러나 다행히 소크라테스는 또 하나의 중간 대화편인 『향연(Symposium)』[21)에서 이것을 명확히 밝혀주고 있다. 그는 위를 향한 관찰자의 여행을 속세의 아름다움에서 천상의 아름다움으로 잇닿는 사다리에 오르는 것으로 설명한다.[22) 가장 낮은 단계에서 관찰자는 개별 신체의 아름다움을 바라본다. 그 다음 모든 신체의 아름다움이 나타나게 된다. 영혼의 아름다움, 활동과 법률의 아름다움, 모든 종류의 지식이 지닌 아름다움이 차례로 나타난 후, 마지막으로 최고선과 같은 뜻의 보편적인 아름다움이 드러나는 것이다.[23) 온갖 방식으로 이 사다리를 타서 꼭대기에 오르려는 관찰자에게, 아름다움은 시간의 변화에서 자유로워진다. 그것은 "가지도 오지도 않고, 또 번영하거나 사라지지도 않는 영원한 사랑스러움"이다(211a). 또한 그 상태에서 아름다움은 단일하게 된다. 다시 말해, 아름다움은 모든 면에서 동일해진다고 할 수 있다. 그때나 지금이나, 저기나 여기나, 이런 식이나 저런 식이나 모두 마찬가지이다. 결국 아름다움은 탈(脫)구체화된다. 더 이상 "얼굴, 손 혹은 살로 된 어떤 것"으로도 구성되지 않으

보기를 위한 보기
Seeing for the
Sake of Seeing

며, "말이나 지식 또는 어느 다른 것 속에도" 내재하지 않는다(211a).[24)

처음에 사다리는 다양한 모든 형태, 그 자체로 아름다움을 나타내고 있는 것처럼 보인다. 관찰자는 한 단계에서 다른 단계로, 그의 눈을 올려가며 사다리에 오를 것이다. 그러나 머지않아 이 사다리는 관찰자 자신이 아름다움을 귀속시킨 승화와 일반화(탈특수화) 과정의 은유라는 것이 분명해 진다. 『향연』의 가장 중요한 주제는 사랑이다. 그것은 사랑이 무엇인지, 어디에서 와서 어디로 가는지, 어디로 이끄는지에 대한 내용이다. 여기에서 제시된 연인의 특권적 원형은 추상적이고 정신적인 아름다움을 응시하는 사람이다. 결국 『향연』에서 바라봄과 사랑하는 것은 사실상 동의어이다.[25)] 세속적 세계로부터 돌아서서 바라보는 것만이, 추상적이고 정신적인 아름다움에 사랑스러운 눈길을 보내는 방법이다. 따라서 소크라테스가 묘사한 사다리를 오르는 것은 주체가 현상적 형상에서 리비도(libido)를 철회함으로써만 가능하다. 이 이야기의 주인공이 개별적 신체들에서 아름다움을 추출해 내는 데 성공하는 순간, 그는 "단지 하나의 신체에 대한 야성적 욕구는 무시해 버려야 할 사소한 것일 뿐"임을 깨닫게 된다(210b).[26)]

앞에서 나는 이 관찰자가 각 단계마다 상승할 수 있도록 해주는 행위를 지칭하기 위해 "리비도의 철회"라는 말을 사용했다. 그런데 이 용어는 보는 주체의 관점에서 일어나는 일만을 규명하는 것이고, 보이는 대상의 입장에서는 상당히 다른 일이 일어난다. 소크라테스의 관찰자가 특정한 시각 대상으로부터 그의 정감(情感, affect)을 철회했을 때, 그 대상은 현격히 축소된다. 왜냐하면 이 관찰자는 지양(Aufhebung), 혹은 승화의 방식으로 그의 은유적인 사다리를 오르기 때문이다. 다시 말해, 그로 하여금 속세의 아름다움을 보도록 하는 가시적 세계로부터 벗어나 더 이상 속세의 어떤 지점도 갖지 않을 때까지 아름다움을 고양하는 것이다. 관찰자는 모든 세속적 형상들과의 관계에서 오직 승화를 수행함으로써 사다리의 꼭대기에 오르게 된다. 다시 말하면, 그는 온 세계를 황폐하고 초라하게 만듦으로서 최고선에 다다른다.

최고선으로 향하는 여행을 주로 다루는 또 다른 대화법은 『파이드로스(Phaedrus)』인데 여기서 소크라테스는 또 다시 연인을 관찰자로 예시하면서 아름다움을 묘사한다. 여기서 이 연인은 모든 육체적 아름다움을 포기하도록 강요당하지 않는다. 대부분의 우리들은 특정 신체부위에 대한 정감을 즐기도록 허용된다. 그러나 소크라테스는 한 손으로 준 것을 다른 손으로 앗아간다.[27] 에로틱한 관계 속에서 그가 인가하는 유일한 것은, "모든 것 가운데 가장 축복받은 신비"라고 부른 비(非)감각적인 스펙터클이다.[28] 이에 대한 가장 좋은 예는 육화된 아름다움이 추상적으로 이상화되는 경우라 할 수 있을 것이다.[29] 소크라테스는 파이드로스에게, 연인의 경험은 그의 이성적 이해를 넘어선다고 말한다. 왜냐하면 그는 자신이 보고 있는 것을 완전히 파악할 수 없기 때문이다(250a-b). 연인은 이상적으로 비(非)구체화되거나 아예 "이성을 잃어 버린다"(250a).

이 마지막 단어들이 보여주듯, 『국가』나 『향연』처럼 『파이드로스』도 아름다움의 비감각적 광경이 그것을 응시하는 사람을 탈(脫)개별화시킨다는 사실을 강조한다. 한층 고결한 아름다움의 거울로 기능하는 것은 연인이 사랑하는 대상인 동시에 연인 자신이기도 하다(255b-e).[30] 더구나 사랑받는 이가 이러한 아름다움의 반영을 바라보는 황홀감은 연인 스스로에 의해 그 자신에게 전달된다. 소크라테스는 그 황홀을 "다른 사람에게서 옮겨온 눈병"으로 비교했는데, 이는 해를 입히는 그 잠재성에 대해서 놀랍도록 솔직하게 말한 것이다(255d). 이미 위에서 지적했듯이, 사랑하는 사람이 아름다움의 "궁극적인 비전"을 목격하는 순간, 그의 시선은 자신이 본 것에 일치하게 된다(250c). 이렇듯 개별적 특수성을 벗어나는 바라봄은 소크라테스가 현상적 형상들을 부정했던 과정의 핵심을 나타낸다. 왜냐하면 그 변형의 특성은 인간의 눈이 가진 개인적인 특정성에 존재하기 때문이다. 시각이 세계를 빛나게 만드는 것은 오로지 궁극적인 "고유성"을 가정함으로써만 가능하다. 다시 말해, 오직 시각이 그 자체가 됨으로써만 다른 창조물과 사물을 그들의 **존재**로 옮겨줄 수 있는 것이다.[31]

『파이드로스』는 『향연』이나 『국가』처럼 특정 신체의 독특한 아름다움을 보는 일에 내재된 쾌락에 대해 많은 설명을 제시하지 않는다. 하지만 적어도 그 즐거움의 강도에 대해서만은 분명히 인식하고 있다. 그러한 아름다움은 "광기", "갈망", "기쁨"을 일으키고, 응시하는 사람의 영혼에서 "가장 달콤한 쾌락"을 유도한다(251d, e). 그 쾌락을 맛본 사람은 "결코 그것을 포기하려 하지 않는다". 『파이드로스』는 세상의 사랑과 만족될 수 없는 욕망, 시간이 지남에 따라 더욱 강렬해지는 갈망을 끌어들인다(251a-e, 252a-b). 이 같은 아름다움은 발터 벤야민(Walter Benjamin)이 말했듯이, "우리의 눈이 결코 그 만족을 채울 수 없다는 사실을 우리에게 되새겨준다".[32]

『파이드로스』는 또 천상의 명상이 제공하는 전적으로 다른 쾌락에 대해 두 단락을 할애한다. 이 부분에서 강조하는 것은, 신성한 사랑이 보는 사람에게 가져다주는 전체성, 통합성, 완결성, 충만함, 그리고 만족이다. 아름다움의 형상은 "완벽하고", "단순하며", "확고부동하다". 뿐만 아니라 그것을 즐거워하는 사람들은 "전적으로 완벽하고 모든 것에서 자유롭다"(250c). 아름다움의 형상은 모든 상처를 치유하고 부적절한 것을 향상시키고 모든 공허(void)를 채우는 듯하다.

소크라테스가 『파이드로스』에서 세계관객성과 그 천상의 대응 사이에 두었던 차이는 우리로 하여금 각각의 중요한 점을 이해하도록 만든다. 세계관찰자는 욕망하는 주체로, 부족함에 승복하는 것 이상의 노력을 보여준다. 그는 자신의 채울 수 없는 결여에서 쾌락을 취한다는 사실을 알게 되었다. 욕망하는 주체가 자신의 불만족에서 즐거움을 이끌어내는 이유는, 그것이 아름다움의 근원임을 알기 때문이다. 『국가』에서 소크라테스가 제시한 최고선은 아름다움의 근원이 아니다. 소크라테스가 대화편의 중반쯤에서 찬양했던 탈(脫)구체화된, 추상적인 시각의 종류는 반대로 욕망의 끝을 나타낸다. 동굴 우화 속 주인공은 주체성이 완전히 소멸된 상태로 남겨지지 않는다. 그는 동굴 밖으로 자신을 이끈 사람들에 의해 다시 한번 그곳으로 돌아가도록 강요되지만,[33] 그럼에도 불구하고 『국가』에도 『파이드로스』나 『향연』과 같이 욕망에 대한 갈망이 전체적으로 스며 있다. 결국 모든 형이상학의 배후동력이라 할 수 있는 욕망의 끝을 향한 이러한 욕망은, 싫증보다는 즐거움을 허용하는 무능력을 가리키는 것으로써, 언캐니하게도 프로이트 (Sigmund Freud)가 「자아와 이드(The Ego and The Id)」에서 말했던 죽음충동 (destrudo)에 근접하는 것이다.[34]

창조이야기 1

『국가』 제7권에서 소크라테스는 최고선을 모든 가시적 사물들의 "원인"으로 묘사한다(516c). 이 말은 『티마에우스(Timaeus)』에 나오는 것으로,『국가』의 기초가 되는 대화편 말미에서 찾을 수 있다(17b-19b). 여기서 소크라테스는 암묵적으로 인정하며 듣는 입장을 취한다.[35] 티마에우스는 조물주(Demiurge)가 세상을 어떻게 창조했는가에 대해 묘사한다.『티마에우스』는『국가』의 논쟁 일부를 이야기하면서 시작되고, 또 형상에 대해서도 언급하기 때문에 창조이야기는 최고선이 가시적인 것들을 "야기했다"고 설명하는 것처럼 보인다. 그러나『티마에우스』의 서사는 여러 가지 중요한 면에서『국가』제7권과 대조를 이룬다.

우선,『국가』제7권의 신성한 원인에 대한 소크라테스의 설명과 달리,『티마에우스』의 창조이야기는 부계원칙과 모계원칙 양자 모두를 다룬다.『티마에우스』의 부계원칙은 플라톤이『국가』에서 형상(Forms)에 은유한 것과 동일한 것으로, 조물주가 세계를 창조한 작인이다. 이러한 조물주의 추상적인 구조적 대응 짝을『국가』에서 찾자면 최고선이라고 말할 수 있을 것이다. 반면, 모계원칙은 질료(matter)이다. 티마에우스는 형상을 부여하고 번식하는 부계원칙의 속성과 함께, 풍부한 수용력과 흡수성을 자랑하는 모계원칙의 질료적 특성을 또한 강조한다. 모계원칙에는 내재적으로 형상적 속성이 없다. 그것은 순수하게 수용적이며, 어떤 형태이든 부계원칙에 의해 부여된다는 것을 가정하고 있다. 티마에우스는 "우선, 우리는 세 가지 종류의 사물들을 명심할 필요가 있다"고 말한다.

그것은 존재하게 되는 것, 그리고 존재하게 되는 것에 뒤따라 만들어지는 것, 또 그 존재하게 되는 것의 근원이다. 사실, 수용하는 것을 어머니에, 근원을 아버지에, 그리고 둘 사이의 본성을 자식에 비교하는 것이 적절하다. […]

(50c-51b).

이 부분은 『국가』에서 소크라테스가 그토록 강조했던 형상의 부여와 단일성(oneness)의 원칙에 명백하게 도전하는 것처럼 보일 수도 있지만,36) 적어도 부계원칙이 가진 궁극적 우위성은 도전받지 않고 남는다. 그런데 우리가 이 부분과 『국가』 제7권을 상호 참조하면 혼란스러워질 가능성이 있다. 동굴의 우화에서 소크라테스는, 티마에우스가 제시한 것처럼 세계는 최고선의 충실한 복제들로 구성되어 있지 않고 오히려 열등한 시뮬라크르, 즉 질이 떨어지고 부적절한 모사들로 이루어져 있다고 주장한다(514a-c, 532b-c). 이로써 그는 부계원칙으로부터의 일탈을 창조된 세계로 전가시키고, 분리되어 종속적이지 않은 모계원칙만이 설명할 수 있는 형상들을 그 세계에 귀속시킨다. 이 초기 문헌의 관점에서 보면, 모계원칙은 부계원칙 아래에서 단순히 매개하는 역할이 아니라, 오히려 스스로 작용하는 힘으로 존재한다. 사실상 동굴의 우화는 결국 모든 가시적 사물들의 근원이 부계원칙이 아니라 모계원칙일 수 있다는 가능성을 제기한다.

루스 이리가레이(Luce Irigaray)는 『티마에우스』와 『국가』 사이에서 논란이 되는 모순과 상호연관성을 창조에 대한 대안적 설명의 기초로 삼았다. 이는 우리가 동굴의 우화를 탈형이상학적 방식으로 읽는 데 도움을 줄 것이다. 『타자인 여성의 반사경(Speculum of the Other Woman)』에서 이리가레이는 어머니/질료 자체가 어떤 적합한 의미를 결여하고 있기 때문에, 자신에게 부과된 어떤 형상이든 변질시킬 수밖에 없음을 지적한다. 이때 어머니/질료는 오직 "나쁜(bad)" 복제, 즉 모방하는 것을 희화화(戱畵化)하는 복제들의 생산에만 자신을 내주게 된다.37) 모계원칙은 이처럼 저급한 형상들에게 조차 "충성스럽지" 않다. "아버지의 흔적"의 몇 가지 버전을 위해 "준비되어 있는 깨끗한 석판"38)일지 모르지만, 그 석판은 언제라도 다른 것을 새기기 위해 말끔히 지워질 수 있다. 이리가레이는 어머니/질료의 속성을 다음처럼 묘사한다. "불안정하고, 일정하지 않고, 변덕스럽고, 충실하지 않은 상태에서, 모든 존재를 자신 안에 받아들일 준비가 되어 있는 듯 보인다. 그들의 흔적을 남기지 않으면서. 또한 어떤 기억도 없이"(307).

이리가레이는 조물주의 위치에서 아버지를 끌어내고 그 자리에 어머니를 위치시킨다. 그는 『티마에우스』의 주장처럼, 부계원칙이 세계의 근원이 될 수 없음을 보여준다. 형상들은 "시각상, 정향상, 혹은 의미상 모든 변화, 모든 변형 또는 개조"에 대립한다(320). 그들은 영원한 동질성 속에 스스로를 보존하며, 더 상위의 작인 아래에서 통합된다. 그 작인이 『국가』의 최고선이건 『티마에우스』의 조물주이건 간에, 논리적으로 형상들은 이 글의 처음에 플라톤이 현상적 영역과 관련지었던 모든 물질적이고 원근법적인 복수성의 "근원"으로 설정될 수 없다. 세계창조에 대한 유일한 설명은 차라리 정반대의 원칙들, 즉 복수성, 가변성, 형상적 혁신으로 기우는 원칙들에 의해 가능해진다. 이 반대원칙은 가장 가까운 곳에 있다. 그것은 두말할 나위 없이, 어머니/질료이다.

이리가레이가 동굴의 우화를 꼬집으며 제시한 대안적인 창조이야기는 이 문헌에 대해 적어도 한 가지 의미에서 진실일 수 있다. 말하자면, 그것은 우리로 하여금 돌아서서 우리의 기원을 대면하도록 북돋운다(245). 그러나 이리가레이의 "기원"이 의미하는 것은 태양이 아니라 동굴 뒤의 "이상한" 장면이다. 여기서 이 기원과의 대면이 무엇을 내포하는지 말하는 게 결코 쉽지 않다. 이리가레이는 우리에게 플라톤의 우화에서 세계를 표상하는 지하의 그림자들은 "그것의 생산을 위한 시간과 시제의 복잡성을 요구한다"(287)고 말한다. 그에 따르면, 복제가 원본을 따르는 순차적 내러티브로 창조이야기를 말하려는 한, 우리는 결코 그림자들을 이해하지 못하게 된다.

한편으로 이리가레이는, 또 다른 관점에서 동굴의 우화에 충실하다. 그는 플라톤처럼 외양의 영역을 그림자, 복제물, 가짜, 시뮬라크르, 거울이미지, 전통적으로 무시되어 온 외양의 다른 형상들과 연결짓는다(246). 그러나 이리가레이는 소크라테스와는 달리 그러한 시각적 형상들에 진실을 부여하는 데 서슴지 않는다. 그의 관심을 끄는 진실은 천상을 바라봄으로써 얻어지는 것이 아니라 오히려 창조물과 사물이 그 자체를 뛰어넘는 무언가를 가리키게 되는 순간, 그 무언가가 마침내 표상이 되는 때를 가정하는 것이다. 「플라톤의 히스테리(Plato's Hysteria)」에서 이리가레이는 "가짜, 가면, 환영에 배타적 특권을 부여하자. 왜냐하면 최소한 그것들은 우리가 진실다운 것에 대해 느끼는 향수를 가끔씩이라도 유발하기 때문이다"라고 말한다(269).

나는 티마에우스가 말한 "보이지도 않고 특징도 없는" 사물을 이리가레이가 독해하는 방식에 매료되었는데, 그것은 모든 외양에 대한 기초를 제공한다고 볼 수 있다. 비록 이 어머니/질료가 모든 예상에 저항하고 스스로 어떤 특성을 갖지 않더라도 말이다. 이리가레이는 어머니/질료 분석을 통해 단일성과 형상-부여 원리의 우월성뿐만 아니라 이성과 지식의 우위성에도 도전한다. 그는 지성 그 자체라 할 수 있는 이성적이고 자기현시적인 근원적 동인(prime mover)을 대체하여, 항상 변화하는 잠재적인 욕동을 제시했다고 할 수 있다. 게다가 끝없이 변화하는 이 물질성은 그것이 취하는 형태들에 의해 그 자체가 형성되고 규명되기 때문에 인과관계를 개념화하는 우리의 일상적 방식에 도전적이다. 여기서 원인은 결과에 의해 결정되는 것이다.

이 "반기초적인 기초"를 소위 "모계적인" 것으로 특징지음으로써 이리가레이는 그것에 자체적인 정체성을 부여하고 모든 것을 폄하하는데, 이 점이 그의 논지에 있어 가장 과격한 부분이다. 그러나 이리가레이는 이렇듯 생산적인 "무(無)"의 실제적 위치를 동굴의 우화 내에 설정하는 데에는 실패한다. 요컨대, 동굴 우화의 생성원리로 주목할 수 있는 것은 질료라기보다는 빛(light)이라 봐야 하기 때문이다. 그러나 나는 여기서 우화 속의 비유적인 태양에 우선권을 부여하려는 의도가 결코 아니다. 나의 입장 또한 이리가레이와 같이 태양숭배 개념을 반대하는 것이기 때문이다.

창조이야기 2

라캉(Jacques Lacan)은 자신의 일곱 번째 세미나에서[39] 또 다른 창조이야기를 발전시킨다. 이는 우리가 『국가』와 『티마에우스』를 함께 읽는 일에 도전하도록 힘을 실어준다. 티마에우스의 창조이야기처럼 라캉은 신비한 비(非)개체(nonentity)를 제시한다. 비개체는 그 자체로 어떤 본질적인 속성이 결여돼 있으면서도 시각적 형상들의 무한함을 취할 수 있는 존재이다. 라캉의 창조이야기 역시 이 비개체에 생성력을 부여한다. 이러한 원동인은 라캉이 "사물(das Ding)"이라고 부르는 것으로, 이것은 "욕망의 불가능한 비대상(nonobject)"이다. 사물은 우리 각자가 하나의 주체가 되기 위해 희생시켜야 하는 것, 그 상실로 인해 다른 존재들이 우리에게 유의미해질 수 있는 것을 말한다. 사물이 종종 비유적으로 어머니와 혼용될지라도, 그것은 결국 모계적인 것도 부계적인 것도 아니다.[40] 라캉은 사물을 질료보다는 광휘(radiance)와 관련짓는다. 우리가 세상을 "밝힐 수 있는" 능력은 바로 여기에 빚지고 있다는 것이다.[41]

내가 지금 시도하고 있는 일이 프로이트가 이미 『쾌락 원칙을 넘어서(*Beyond the Pleasure Principle*)』에서 했던 논의를 되풀이하는 일에 지나지 않는 것처럼 보일 수도 있다.[42] 완전한 만족에 이르는 퇴로가 막혀 있기 때문에, 우리는 최초의 금지된 욕망의 대상에서[43] 다른 대상들로 정감을 옮겨 앞으로 나아가는 것 외엔 다른 선택의 여지가 없다. 이와 같이 뒤따르는 대상들은 근원적 대상에 실제로 속하는 것의 수령자(recipients)라는 사실에 그 가치가 있다. 그렇다면 "빛"이란 최초에 사랑을 받았던 것에 내재돼 있는 가치의 다른 이름이면서, 또한 촛불의 이동과 같이 최초의 불꽃이 훨씬 더 먼 영역들에 까지 그 화염을 옮기는 "전위(displacement)"와 같은 것이라 말할 수 있을 것이다.

비록 라캉이 일차 언어에서 멀어진 전위의 수령자가 됨으로써만 심적 가치를 취할 수 있다고 주장했을지라도, 욕망에 대한 그의 설명은 여러 가지 면에서 프로이트와 매우 다르다. 그에 따르면 사물은 우리가 처음으로 욕망하는 것이 아니다. 그것은 오로지 그 부재에서, 그리고 소급적 상징화의 결과로 욕망의 대상이 되는 것이다. 욕망의 연속적인 실제대상의 형태로 구체화되면서 말이다. 사물은 상실 이전에는 완전히 불특정적이다. 어떠한 특성도, 속성도 없는 그것은 "야만의 현존"과 같다. 라캉이 "로마담론"에서 말했듯이 사물은 무의미한 "지금 여기(hic et nunc)"이며, 다시 회복시킬 수 없는 어떤 것이다.[44] 만약 프로이트의 설명처럼, 우리에게 계속 나아가는 것 외에 어떤 선택의 여지가 없다면, 이는 단순히 퇴로가 막혀 있기 때문이 아니다. 돌아갈 대상이 없기 때문이며, 우리를 기다리는 최초의 상실된 대상이 존재하지 않기 때문이다.

결국, 우리를 만족으로 인도하는 퇴로는 어디에도 없다는 것인데, 여기에는 두 가지 중요한 이유가 있다. 첫째, "지금 여기"의 회복은 결국 주체로서의 자신을 소멸시키는 것이다. 시공간의 무거운 현전은 중압감을 줄 뿐 아니라 리비도적으로도 치명적일 수 있다. 오직 계속적으로 갱신되는 상징화를 통해서만 욕망의 주체로서 스스로를 구성하고 지킬 수 있다. 둘째, 우리는 뒤로 물러나기보다 앞으로 나아가야 하는데, 그것이 세상이 눈에 나타나고 "**존재**하게" 되는 조건이기 때문이다.

라캉은 "태초에 말씀이 있었다. 다시 말해 기표가 있었다"라고 『세미나 VII(*The Seminar of Jacques Lacan, Book VII*)』에서 말했다(213). 비록 그가 여기서 세계를 촉발시키는 신의 말이 포함된 성서적 설명을 인용하는 듯 보일지라도, 그가 원초적 가치를 부여하는 발화행위는 결국 언어적이라기보다 리비도적, 즉 성적 에너지와 관계된다.[45] 이것은 또한 실존하는 것보다 소크라테스가 "아름다움"이라고 부른, 실제 이상의 것(more-than-reality)을 조성한다. 우리는 다른 사람이나 사물이 "불가능한 욕망의 비대상"을 구체화시킬 때 이 아름다움이라는 선물을 부여한다. 다시 말해, 육체가 없는 상태의 어떤 것을 구체화하고 비가시적인 것을 가시화할 때, 아름다움을 부여하는 것이다.

많은 주체들은 그들의 "존재"를 세계의 보편적 "**존재**"로 바꾸기 위해 여간해서 자신들의 창조적인 잠재성을 발동시키지 않는다. 대신 그들은 공허를 닫아버리려 하는데, 사실 이 공허를 개방하는 것은 주체성 자체와 같은 의미인 것이다. 지금까지 보았듯이 소크라테스의 전형적 관찰자는 그러한 주체를 나타낸다. 동굴에서 나와 바깥세계로 향하는 여행을 통해 이 관찰자는 사물의 매혹적인 소리에 굴복한다고 말할 수 있다. 그는 결여의 아픔과 작열하는 욕망으로부터 빠져나와, 존재의 충만함과 완전함으로 이끄는 유혹에 항복하게 된다. 그 유혹은 우리 모두에게 언제나 강렬한 것이다. 이는 명백히 이제껏 간접적인 빛에 비춰온 창조물과 사물에서 돌아서서 빛 자체의 근원으로 향하는 것을 뜻한다. 그러나 내가 밝히고자 하는 이것의 진정한 의미는, 창조물과 사물을 각성의 영역에서 밀어내 다시 모호함으로 돌려보낸다는 것이다.

소크라테스의 관찰자는 이런 방식으로 다른 존재들을 "폭력적으로" 대하는 일에 망설임이 없다. 그는 이 존재들이 영원한 아름다움의 창백한 복제물들, 즉 단순한 대체물이자 대용물이라고 되새긴다. 그가 추구하는 광휘는 간접적인 형태로만 볼 수 있다. 실제로 그 빛은 그러한 형태로만 존재한다. 왜냐하면 빛은 현존을 통해서가 아니라 은유적인 태양의 결여를 통해 창조되기 때문이다. 이 빛은 또한 그가 전달할 수 있을 뿐 소유할 수는 없는 것이다. 볼 수 있기 전에 그는 빛을 전해 줘야만 한다.

따라서 이제 소크라테스가 "최고선"이라고 부른 것이 사실상 근본적으로는 사악한 것임이 명백해진다. 이는 상상할 수 있는 가장 극단적인 파괴의 형태를 통하는데, 다시 말해 외양을 무효화시킨다. 게다가 그가 찬양하는 기쁨이 내포하는 것은 "순수한 빛남"의 궁극적 실현이 아니다. 소크라테스가 동굴의 우화에서 묘사한 주체의 여정을 마친다면, 우리는 광휘가 아니라 어둠을 발견하게 될 것인데, 그것은 **존재**가 아니라 '지금 여기'의 공허한 무의미인 것이다. 현상적 형상들에서 멀어지는 우리의 기나긴 여정에서 조우할 유일한 향유(jouissance)는 순수한 소멸의 무아경이다.[46]

보기를 위한 보기
Seeing for the
Sake of Seeing

창조이야기 3

이제껏 몇 가지 파격적 방식으로 설명했던 논의는 사실 동굴의 우화가 이미 예견한 것이라고 볼 수 있다. 『국가』 제7권 말미의 핵심구절에서 플라톤은 태양을 "최고선의 소산"이라고 규명하고, "최고선이 그 유추로 얻은 것"이라 본다(508b). 이것은 스탠리 피쉬(Stanley Fish)의 말을 빌 때, "자기-소모적 발언"이라고 부를 수 있다.47) 플라톤은 태양을 최고선의 소산이라고 설명하면서 최고선에 대해 시간적으로 최우선이라는 점과 모든 것의 근원이라는 지위를 부여한다. 그러나 태양을 최고선의 유사물로 묘사하면서, 그는 둘을 비(非)통시적(a-diachronic) 관계에 놓는다. 우리가 라캉에게서 배웠듯이, 모든 반영적 혹은 유추적 관계들의 장(場)인 상상계 안에는 시간이 존재하지 않기 때문이다.48)

소크라테스는 『국가』 제7권에서 최고선이 태양보다 시간적으로 우선이라는 것뿐 아니라, 양자 간의 결정적인 관계를 다시 한번 명확히 밝힌다(517b-c). 그러나 그의 논쟁 중 "실행"이라고 부른 것에서 효과는 원인을 앞선다. 시간상의 질서가 먼저 오고 그것이 지적인 것에 형상을 부여한다. 소크라테스는 이렇듯 뒤바뀐 시간의 순서를 바로잡는 데 결코 성공하지 못한다. 『국가』 제7권 전체에서 그는 우리로 하여금 최고선으로 가장(假裝)한 태양을 이해하기보다는, 태양이라는 외양을 통해 최고선을 이해하도록 북돋운다. 죄수가 세상의 동굴 밖으로 나와 동굴 너머의 하늘을 향할 때, 그가 다시 한번 마주치게 되는 것은 우리의 현세적 거주지의 현상적 형상이다. 동일한 것이 언캐니하게 돌아오는 것이다. 하늘과 땅을 넘어서는 길은 없는 듯 보인다. 결국, 소크라테스는 죄수에게 동굴의 자리에서 일어나 모든 것의 명백한 이유를 알기 위한 회귀의 여행을 하게 한 다음, 놀랍게도 그를 다시 동굴로 들여보낸다.

따라서 소크라테스의 최고선은 라캉의 '사물'이 갖고 있는 일시적 복잡성을 모두 지니고 있다. 그것은 기원을 나타내지만, 오직 시간적으로 뒤에 오는 상징화를 통해 그와 같이 구성된다. 게다가, 상징화 과정을 전복시킴으로써 이 잃어버린 기원을 회복하려는 어떤 시도도 실패할 운명에 처한다. 태양의 다른 쪽에서 찾을 수 있는 최고선은 없다. 더불어 죄수가 천체를 향해 그의 눈을 들어 올리는 데 성공하는 것도 지극히 어려운 일이다. 결국, 동굴의 우화는 그것이 끝날 때 시작되는 것이다. 세계관객성과 함께 말이다. 만약 우리가 오늘날 『즐거운 학문(The Gay Science)』의 출판 이후 한 세기가 넘도록 플라톤을 지속적으로 읽는다면, 그것은 최소한 이런 이유 때문이다.

창조이야기 4

우리가 스스로 익숙하게 여기는 관점이 아닌 시각으로 다른 사람들이 우리를 볼 때, 우리는 보통 그들이 제대로 보지 않는다거나, 아니면 심지어 우리 스스로가 되지 못하게 한다고 비난한다. 우리는 모든 시각적인 "확대(augmentation)"를 부당한 식민지화나 종속의 과정으로 체험한다. 나는 이러한 시각적 가정에 대해 매우 다른 전제로 접근한다. 다시 말해, 우리를 우리 자신의 눈으로 본 것은 언제나 타인이었으며, "우리 자신"이라는 것은 결코 될 수 없다는 것이 나의 생각이다. 우리는 나타나고, 그래서 존재할 수 있지만, 이는 오직 다른 사람들이 우리를 "비춰줄" 때에만 그러하다. 비춰진다는 것은 우리가 스스로를 결코 볼 수 없는 지점에서 보여진다는 것을 의미한다. 이는 우리 자신보다는 아름다움에 대한 다른 사람의 생각을 구체화하는 것을 뜻하기도 한다. 따라서 우리의 "근본"은 이상하게도 비(非)본질적이라 할 수 있다.

그렇다고 해서 본다는 것이 세상을 자유롭게 결정할 권리를 갖는다는 얘기는 아니다. 보는 것이 할 수 있는 것을 이해하는 만큼, 보는 것이 할 수 없거나 해서는 안 되는 점을 파악하는 일이 중요하다. 이것과 관련하여 창조에 대한 또 하나의 이야기가 우리에게 도움을 준다. 바로 성경의 「창세기」에 나오는 에피소드다. 이는 원래 라캉이 『세미나 Ⅶ』[49]에서 한 번 이상 언급했던 것으로, 신이 두 가지의 다른 상징행위를 수행하고 있다는 것을 보여준다. 그 중 하나는 그 자신에게 힘을 부여하는 것이다. 언어든 시각적인 것이든, 그 힘은 기표의 역량이나 그 적절한 한계 모두를 능가한다. 다른 하나는 세계관객성의 예를 제시한다는 사실이다.

「창세기」 첫 구절은 무에서 유를 창조하는 환상에 강력한 표현을 부여한다. 신이 "빛이 있으라"고 말하자 최초로 빛이 생성된다.[50] 또한 "물 한 가운데 궁창이 있으라. 그리고 물과 물이 분리돼라"(1.6)고 말하자 물과 하늘이 즉시 나눠진다. 신의 말은 어디에서 나오는지 알 수 없지만 모든 것을 만들어낸다. 천지창조에 대한 이러한 설명은 "수행적 주권자"에 관해 상상할 수 있는 가장 놀라운 예를 보여주는 것이다. 이전의 어떤 권위나 전례를 갖지 않고, 그 실행에서 말하는 것은 적시에, 정확하게 이루어진다. 이는 우리가 알고 있는 언어의 현실을 완전히 부인한다. 언어적 현실이란, 말의 화자인 우리가 말하는 만큼 말해진다고 생각하고, 우리가 가질 수 있는 유일한 기호적 자유는 이미 말해진 것을 재맥락화하고 재구성하는 정도라 여기는 것이다. 우리의 발언은 항상 우리로부터 빠져나가고, 어떤 수행도 그것이 의도하는 것을 실행하지 못하는 현실이 바로 언어적 현실이다.[51] 그러기에 창조에 관한 성경 이야기는 형이상학의 역사에서 힘을 발하는 의지에 관한 가장 극단적인 예를 나타낸다.

그러나 「창세기」 첫 장은 존재하게 하는 행위와 보는 행위를 분명하고 단호하게 구별한다. 보는 것은, 무(無)에서 우주를 밖으로 끄집어내는 일에 아무런 역할을 하지 않는다. 신성한 보기는 단지 뒤이어 작용하게 되며, 세상을 향해 그저 "좋다"라고 말한다. 신은 그가 창조한 것-이미 존재하는 것-을 바라보며, 그것이 훌륭하다고 말한다(1.3). 보는 것에 관한 이러한 설명은 우리로 하여금 외양이 수행적 주권자의 범주를 벗어나는 점을 이해하도록 만든다. 다시 말해, 우리는 이를 통해 보는 것이 전능하지 않다는 것을 배운다. 본다는 것은 바라는 대로 정확히 작용할 수 없다. 보는 것은 세상을 창조할 수도 없으며, 오직 존재가 이미 있는 곳에 아름다움을 제시할 수 있을 뿐이다. 게다가 보는 것은 한 방향으로 이루어지는 행위가 아니다. 내가 확신의 빛으로 비추는 그 존재는 스스로의 형상을 나에게 보도록 제공하며 아름다움을 구체화시킨다. 그러고 나서, 나와 그 존재는 함께 그것의 외양을 만들어낸다.

「창세기」의 다음 장은 외양을 "보기"의 측면이 아니라 스펙터클에서 초래된 사건으로 개념화한다. 그러나 이는 우리로 하여금 기존의 모든 정신분석적이고 철학적인 범주를 벗어나도록 강요한다. 이번 장에서 배운 대로, 창조된 것들은 이제 상징화되어야만 한다. 신은 모든 동물과 새들의 이름을 짓기 위해 아담 앞으로 데려온다. 아담은 각 창조물들을 차례로 바라보면서 적합한 이름을 붙인다.

동물과 새의 이름을 명명하는 것은 타락 이전에 있었던 일이기 때문에, 이 사건은 타락이 일어나기 전 언어의 예를 제공하는 듯 보일 수

보기를 위한 보기
Seeing for the
Sake of Seeing

있다. 그 언어들은 우리의 언어처럼 사물과 분리되거나 심지어 대조적인 관계에 있는 것이 아니라, 마술적 혹은 연속적인 관계에 있다. 그러나 문제의 구절은 다른 것을 제시하는데 그것을 여기에 인용한다. "여호와 하나님이 흙으로 각종 들짐승과 공중의 각종 새를 지으시고 아담이 무엇이라고 부르나 보시려고 그것들을 그에게로 이끌어 가시니 아담이 각 생물을 부르는 것이 곧 그 이름이 되었더라"(2.19).

아담이 명명할 이름들을 "듣기"보다는 보기를 원하는 신의 속성은, 언어를 사물자체와 연결시키기보다 보는 것이 이를 참조하도록 만든다. 이는 말의 기능이 우리가 스스로를 발견하는 세계를 묘사하기보다, 우리가 어떻게 세상을 보는지를 다른 사람들에게 전달하는 데 있다는 것을 의미한다. 「창세기」 2장 19절은 또한 자신 앞에 있는 동물들을 아담이 어떻게 볼 것인지에 대해 신이 미리 알지 못한다는 점을 암시한다. 얼마 되지 않는 언어행위를 통해 세상을 만들어낼 수 있는 신성한 존재는 인간의 "보기"에 접근하기 위해 말에 의존한다. 이와 같이, 설명할 수 없는 "실패한" 신의 예지력은 보는 것의 절대적인 개별성을 강조한다. 타락 이전부터 각 주체의 눈이 본 것은 그 눈에만 고유한 것이다.

동시에 「창세기」 2장 19절은 바라봄의 주체를 전제로 한다. 성경의 창조이야기는 아담의 상징화 행위보다는 "본다"는 지각적 자극에 시간적인 우선권을 준다. 즉, 「창세기」는 동물과 새가 아담 앞에 보여진 다음에야 그가 그 존재의 이름을 말할 수 있음을 우리에게 알려준다.[52] 성경이 신에 대해 말하는 것은 또한 결과적으로 아담에 대해 말하는 것이라 할 수 있다. 신 또한 아담 앞에 놓인 창조물을 그가 무엇이라 부를지 보아야만 했던 것이다. 또한 「창세기」의 저자는 아담이 각각의 동물이나 새를 바라볼 때 부르는 단어가 그 존재의 이름이라고 이야기하고 있다.

　타락 이전의 언어가, 규명한 사물들의 실존적 실제에 관여한다는 언급을 믿지 않는다 하더라도, 「창세기」의 이 같은 구절들은 창조물과 사물에 대한 우리의 상징화가 그것들의 매우 특정한 시각적 호소에 반응하여 생성된다는 것을, 또한 세계가 우리에게서 이끌어내는 것은 객관적이라기보다 주관적 반응이라는 사실을 알려준다. 우리는 창조물과 사물의 호소력에 대해 매우 특정한 방식으로 답하게 된다. 오직 그렇게 함으로써만 우리는 아담처럼, 호명하는 그 이름을 말할 수 있는 것이다.

동굴 안

　『국가』에서 표면상의 유대관계로부터 벗어나 동굴 밖으로 끌려나온 죄수가 이 세계를 "보지 않는" 것이라 말할 수 있었다면, 그가 뒤에 남겨두고 떠난 동료들은 우리가 세계 관찰에 대해 더 깊은 생각을 할 수 있도록 남겨진 예비적 모델이라고 볼 수 있다. 동굴에서 동료가 사라졌다고 해서 사람들은 그들을 사로잡는 활동에서 결코 벗어나지 않는다. 그들은 여전한 방식으로 이 세계의 사물들을 바라보고 생각한다. 비록 표면적으로 계몽된 죄수가 동굴로 다시 돌아와 그들에게 동굴 위의 지적인 영역에 대한 정보를 알려준다 할지라도,[53] 그들은 더 나은 세계를 위해 이 세계를 포기하려 하지 않는다(516e-517a). 그들은 자신이 하는 일의 중요성을 확신하는 듯 보인다.

　세속에 충실할 필요성을 넘어 우리는 이러한 사람들로부터 세계관 객성에 대해 무엇을 배울 수 있는가? 플라톤은 무엇보다 죄수들이 그

보기를 위한 보기
Seeing for the
Sake of Seeing

들이 보는 것에 대해 말로 소통한다고 제시한다(515b).[54] 「창세기」에 따르면, 언어는 다른 사람의 보는 것을 "바라보기" 위한 수단을 제공한다. 최소한 동굴의 우화에 대한 아렌트의 재해석에서는, 이렇듯 시각을 말로 번역하는 것이 사회적 명제를 구성하는 듯하다. 왜냐하면 사실상 각각의 죄수들은 서로 다른 것을 보기 때문이다. 아렌트는 벽에 비춰진 이미지를 관찰자의 억견(臆見, doxsai)으로 규명한다. 즉, "무엇이 어떻게 그들에게 나타나는가?"(94)가 문제인 것이다. 같은 글 전반부에서 아렌트는 이러한 억견에서 "무엇"은 모든 죄수들에게 공통적일 수 있는 반면, "어떻게"는 상당히 개인화되어 있음을 암시한다. 그리스인에게 억견(doxa)이라는 개념은 "세계가 그 자체로 나에게 열린다는 것으로 이해"되며, 이 가정은 "세계는 모든 사람에게 그 안에서의 그들의 위치에 따라 다르게 열린다"는 것을 의미한다(80).

이러한 시각적인 차이는 영구적인데, 사태의 수용적인 자세를 형성한다고 볼 수 있다. 죄수들은 만장일치를 향해 일을 진행해 가지 않는다. 또한 동굴/세계에 대한 그들의 다양한 시각들 사이에 최종적인 결정이 가능할 순간이 오리라고 꿈꾸지 않는다. 오히려 그들은 자신의 시각적 차이를 받아들이고 한껏 즐기는 듯하다. 아렌트는 이런 점에서 그들은 "모든 실용적 요구들로부터 독립한 채, 보는 것 자체를 사랑한다"고 말한다(96). 그들의 시각적 다양성은 사회적 상호작용을 위한 기반과 그 존재의 이유를 제공한다.

세계관찰자는 필연적으로 그의 특정한 시점을 통해 바라본다. 왜냐하면 그 지점에서만 관찰자의 확신이 가능하기 때문이다. 하이데거는 『시간 개념의 역사(History of the Concept of the Time)』와 『존재와 시간(Being and Time)』에서 인간존재의 구성적인 상태는 "세계 안에" 있다고 주장했다.55) 비록 이것이 보편적인 인간의 조건일지라도 이는 언제나 고도로 특정하다. 개별적인 인간존재는 특정한 거기(da 혹은 "there")를 차지한다. 이것이 현존재(Dasein) 또는 "거기에 있음(there-being)"이다.56) 비록 하이데거가 이에 대한 근거는 제공하지 않았지만, 나는 이 장에서 우리 각각이 보는 "거기"는 결국 기호적이라고 주장할 것이다. "거기"는 고유한 욕망의 언어를 표상하는데, 이를 통해 주체는 세계를 상징화하게 된다. 비록 우리가 각자의 심적 공허를 갖고 같은 방식으로 욕망에 진입할지라도, 아름다움을 특정하게 만드는 과정은 언제나 개별화된다. 주체는 아름다움을 구체화한 모든 대상들에 대한 기억을 지닌다. 이러한 기억과 회상의 보고(寶庫)는 새로운 존재와 사물에 대해 주체가 "염려(care)"57)할 수 있는 일종의 "어법"을 제공한다. 시각적 확신의 모든 행위는 비정형과 규명할 수 없는 욕망의 비대상의 육화(肉化)를 통해 일어난다. 뿐만 아니라, 이전에 이루어진 육화들이 다시 시각적으로 구현된 것들을 통해서도 일어난다.

물론 이것이 우리가 일반적으로 다른 존재를 보는 방식은 아니다. 우리는, 우리의 시각을 이 세계에 집중하는 데 성공했을 때조차도 진정으로 보지 않는다. 다시 말해, 우리가 표면상으로 더 진실한 영역에 끌리지 않고 이 세계에 집중하여 그 영역을 창조하는 권력을 우리 자신에게 남용하지 않을 때에도 우리는 제대로 보지 않는다. 오히려 우리는 다른 존재들을 마치 그들이 우리 앞에 서있어 잡을 수 있고 알 수 있는 대상인 양 다룬다. 마치 손에 잡힐 듯한 "눈앞의 존재"인 것처럼 말이다.58) 우리는 다른 존재들이 나타나도록 허락하지 않는다. 왜냐하면 우리는 "우리 자신"이 아니기 때문이다. 비록 우리 중 어느 누구도 사실상 세계 속에서 개별적 관점을 갖는 것을 절대 그만두지 않는다 해

보기를 위한 보기
Seeing for the
Sake of Seeing

도, 우리는 대부분 그 관점에 관련하여 어느새 심적으로 전위된다. (개별적 관점을 특정하게 지키지 않고 옮기게 된다는 뜻-옮긴이 주) 우리 자신을 망각함을 통해 우리는 "세상사람(they)" 안으로 흡수되는 것이다.59)

"세상사람" 안에서 우리를 잃었을 때, 우리는 "우리 자신"이 아닐 뿐만 아니라 타자들이 "그들 자신"이 되지 못하는 것을 막을 수 없다. 그 순간 우리는 타자에 대해 부주의(care-less)해진다고 말할 수 있을 것이다. 그러나 우리 자신과 세계 사이의 관계는 원인과 결과가 아니어야 한다. 우리는 처음에 우리의 "거기에 있음"을 포용하고 그 다음에 타자들을 보살피는 것이 아니다. 오히려 우리는 타자들을 배려함으로써 우리 자신이 된다. 아렌트는 아우구스틴에 대한 자신의 책에서 이 원리를 놀라울 정도로 명확히 보여주었다. 이는 일찍이 아렌트가 지적 대상으로 삼았던 아우구스틴으로부터 배운 것으로, "인간은 자족적이지 않기 때문에 항상 그 자신 밖에 있는 어떤 것을 욕망한다. 자신이 누구인가에 대한 인간의 의문은 오로지 그의 욕망의 대상에 의해서만 풀어낼 수 있다. [⋯] 그의 사랑이 각각 다르듯이 그러한 것은 개별적이다".60) 다시 한번 우리는 진지하게 비본질적 방식으로 "본질"을 생각할 수밖에 없게 된다.61)

동굴의 우화는 우리에게 가치 있는 도움을 준다. 그것은 세계관객성을 플라톤이 칭송한 정신적인 관점에서 분리시킬 뿐 아니라, 보는 것을 일상적인 보기로부터 떼어낸다. 우리가 『국가』에서 배우듯, 그림자 게임에서 가장 능숙한 이들은 "그림자가 지나감에 따라 그 정체성을 가장 예리하게 규명하는 자들이고, 초기에, 이후에 그리고 동시에 오는 것을 제일 잘 기억하는 자이며, 따라서 미래를 가장 잘 예견하는 자이다"(516c-d). 그들은 과거를 찾아내는 기대 속에서 미래를 본다.

우리 각자가 거주하는 "거기"는 공간적인 만큼 시간적이다. 이상하게 들릴지 모르겠지만, 오로지 시간에 대한 특정한 관계를 통해서만 현존재는 세계 속에서 그 지위를 차지한다. 인간존재를 "거기에 있음"으로 정의한 철학자는 현존재에 대해 "그 자체로 시간이다"라고 주저 없이 말한다.[62] 우리 각자가 현존한다고 말하는 시간이 바로 우리의 과거이며, 그 시간은 우리를 앞서는 만큼이나 우리 뒤를 따른다.[63] 내가 앞으로 논의하게 될 이 시간은 결국 욕망의 시간이다. 욕망의 시간은 일종의 언어의 가장(假裝)으로 지속되며, 어떤 순간이든지 우리를 무언가를 지향하는 존재로 주장하게 만든다. 우리가 시간을 자신의 것으로 만들고 우리의 "거기"를 가정하는 때는, 오로지 우리가 언어의 발화자로서 자신을 붙잡을 뿐만 아니라 다른 창조물과 사물을 드러내기 위한 행위자(agent)로서 언어의 사용을 배우는 순간이다. 따라서 세계관찰자는 단지 과거가 그에게 회귀하는 존재가 아니다. 그는 과거가 가져올 새로운 양상에 스스로를 열어두는 자이다. 세계관찰자는 현재 안에 그 과거의 변형이 나타날 것을 예상하고 확신한다.

지금까지 나는 동굴의 우화를 "본다"는 것의 개별성(singularity)에 대한 알레고리처럼 묘사해왔다. 사실 소크라테스는 외양을 촉발하는 보기의 하나를 "보기의 복수성(plurality)"으로 나타냈다.[64] 동굴을 "탈출한" 죄수는 진실을 향한 고독한 여행을 이뤘음에도, 오직 탈출한 그 지점에서만 다른 모든 "진실 추구자들"과 동일한 시각의 형식으로 진입한다. 뒤에 남아있는 죄수들은 집단성 안에서만 각각의 개성을 깨닫는다고 말할 수 있을 것이다. 그렇다면 우리는 이러한 시각의 복수성에 대한 강조를 어떻게 이해해야 하는가?

첫째, 세계를 볼 수 있는 시각이 가능하면 많아야 한다는 것이 중요

보기를 위한 보기
Seeing for the Sake of Seeing

하다. 어떤 것을 보는 개별적 관점이 많을수록, **존재** 속으로 그 관점이 더 풍부히 개입되기 때문이다. 더욱이 개인적으로 세계를 더 많이 조망할수록, 시각을 통해 세계 속 각각의 존재나 모든 존재가 밝혀지게 될 기회는 더 늘어나게 된다. 니체는 『즐거운 학문』에서 세계 확신에 도전하여 반(反)형이상학적으로 이를 풀어가는 데 전념했다. 그는 세계 확신에 무한히 몰두하는 꿈을 꾸었다. 즉, 모든 것이 아무리 유감스럽고, 추하고, 끔찍할지라도 그것에 대한 확신을 갖기를 꿈꾸는 것이다. 그러나 니체는 이것이 불가능한 과업이라는 사실을 발견하고 때때로 눈길을 돌려야만 한다고 고백한다(223). 살아있는 존재에게 이것은 언제나 진실이다. 우리 중 어느 누구도 바라보는 모든 것을 아름답게 생각할 수는 없다. 모든 사람들은 매일 플라톤의 디오티마(Diotima)가 여러 번 설명한 지양(Aufhebung)을 행하며, 어떤 특정한 신체들로부터 사랑스러움의 사고를 고양시킨다.[65] 그러므로 확신에 찬 보기란 "집합적 보기"로서, 어떤 다른 눈들이 할 수 없을 때 각각의 눈들이 모여 선을 이루는 것이다.

그리고 하나의 보기가 가능하기 위해서는 다른 보기들이 존재해야 한다. 어떠한 개별적 존재를 하나의 단일한 시점에서 볼 때, 우리는 그것을 구체화할 수밖에 없다. 창조물이나 사물을 그것의 **존재**로 방면(放免, release)하기 위해 우리는 관점의 다양성으로 이를 이해해야만 한다. 그러나 그것이 보여질 수 있는 가능한 관점들을 모두 고려하기 위하여 그 존재에 대한 우리의 모든 시각행위에서 분투해야 한다는 뜻은 아니다. 그러한 총체성은 불가능하다. 충만한 **존재**로 어떠한 사물을 구성하는 관점은 무한하기 때문이다. 게다가 창조물과 사물은 언제나 부분적으로는 은폐된 채 있는데, 이 은폐는 모호함뿐만 아니라 보호도 제공하는 것이다.[66] 중요한 것은 우리 각자가 우리의 보기가 갖는 특정성과 부분성을 이해해야 한다는 점이다. 동굴의 우화는 타인의 존재와 말에 경청함으로써 우리 각자가 이러한 이해가 가능한 지점으로 접근할 수 있다고 이야기한다.

세계관객성에 있어서 개별성과 복수성을 함께 고려할 때, 우리는 시간에 의해 설정되는 다른 방식을 이해할 수 있다. 외양을 만들어내는 집합적 보기는 "갑자기" 일어나는 법이 없다. 그것은 시간에 따라 전개된다. 즉, 하나의 보기에 대해 다른 보기들이 도전하고, 확증하고, 혹은 무효화시키면서 이를 점차 확장시켜 나가는 것이다. 따라서 존재는 공간에서 뿐만 아니라 시간에서도 전체성을 벗어난다고 말할 수 있다. 사실 지금까지 명백한 사실은, **존재**는 "되어간다"는 점이다. 그리고 이러한 "되어감"은 죽음으로도 안정에 다다르지 못한다. 오랜 시간 뒤에 주어진 개별적인 존재가 세계 속에서 신체적으로 존재하기를 멈췄다 하더라도, 그것은 여전히 기억으로 남아 이를 확신한 모든 정신 속에 "거주한다". 이러한 각각의 정신에서 **존재**는 일관성 있고 안정된 개체(entity)가 아니라, 다양하고 고도로 개별화된 소리와 이미지의 집합이다. 그리고 이것은 유동과 변형의 끝없는 과정에서 포착된다.

정신분석학과 철학 사이에서

나는 이 장에서 표면상 양립되지 않는 두 개의 단어를 썼는데, 바로 정신분석학과 철학이다. 어떤 경우에 나는 개별적 존재들이 그들의 **존재**로 진입하게 하는 것의 중요성에 대해 논했다. 또한 주체성, 욕망 그리고 기억에 대해 말했다. 하이데거는 **존재**를 규명하는데 심리적이지 않은 용어로 명기하기를 주장했다. 다른 한편, 정신분석학은 리차드슨 (William J. Richardson)이 "**존재-의문**(Being-question)"이라 부른 것을 제기하려 한 적이 없다.67) 그렇다면, 누가 혹은 무엇이 나에게 이런 방식으로 두 단어를 혼합할 권리를 "허락"하는가?

대답은 물론 아무도 또한 어떤 것도 아니다. 정신분석학과 철학 중 어느 한 편으로 안전하게 속하는 것보다 그 사이에 위치하면서, 나는 내 스스로에게 보통 일어나는 담론적인 제재를 두지 않았다. 그런 방식은 그렇게 하지 않았다면 부인했을 지도 모르는 것들을 스스로 인식하도록 만들었다. 내 담론은 욕망 그 자체만큼이나 근거가 없을지 모른다. 내가 제안하는 것은 단지 이 관점이 열어 보이는 유한하고 개별적인 시각에서 보이는 것이다. 다른 사람들은 내 작업들이 닫아버린 많은 관점들을 갖고 내가 이해하지 못한 것을 이해할 것이다.

"사이(betweenness)"의 지점에서 볼 때 "주체(subject)"라는 단어는, 세계를 객관적으로 이해하려는 사람들은 인정할 수 없는 것처럼 보인다. 이는 이미 하이데거가 「세계상(世界像)의 시대(The Age of the World Picture)」와 「기술에 대한 논구(The Question Concerning Technology)」에서 주장했던 것이다.68) 한 인간이 그 "세속에 있는" 상태를 가정하는 것은 주체성의 위상에서 벌어지는 일이다. 하이데거는 자신의 초기 저술에서 이 조건을 개념화하는 핵심 개념들로 "죽음을 향한 **존재**", "던져짐", "반복", "염려"69) 등을 제시했다. 이 모든 것들은 심리적으로 특정한 개념들로써, 이 책에서 적절하게 다뤄지게 될 것이다.

만약 철학이 현존재의 심리적 조건을 분명히 하기 위해 정신분석학을 필요로 한다면, 정신분석학은 또한 철학적 개념이 제시하는 도전을 절실히 요구한다. 현존재의 개념은 정신분석학이 비가시적으로 만들기 위해 기능했던 것들을 가시적으로 만든다. 이는 우리 각자가 세계 안에 있다는 것이 갖는 세계에 대한 의미이다. 하이데거는 『형이상학이란 무엇인가?(*What is Metaphysics?*)』의 말미에서 형이상학의 기본적 질문을 "왜 거기에 존재가 있으며, 왜 없음(無)이 아닌가?"라고 제시했다.70) 그러면서 우리가 개별적 존재를 넘어 **존재**로 움직일 수 있는 것은 오로지 이 없음의 가능성을 대면함으로써 가능하다고 주장했다. 정신분석학도 이 과업을 자체적으로 연구할 필요가 있다. 라캉 이후 이같은 담론 내에서 연구하는 우리들은 주체가 공허를 중심으로 맴도는 것으로 이해하기 시작했다. 어떤 의미에서 우리 각자는 아무것도 아니다.71) 우리는 이러한 공허에서 메아리치는 **존재**에 대한 외침을 어떻게 들어야할지 배운 적이 없다. 우리는 "없음(no-thing)"이 세계와 우리 자신을 뒤얽히도록 연결시키며, 세계의 사건들을 우리의 것으로 만든다는 사실을 아직 이해하지 못한다.

참고
note & reference

01. 보기를 위한 보기

note

.

.

.

1 Friedrich Nietzsche, *The Will to Power*, trans. Walter Kaufmann and R. J. Hollingdale (New York: Vintage, 1967), pp. 305-331; Hannah Arendt, *The Life of the Mind* (New York: Harcourt, Brace, 1978), pp. 19-40을 참조할 것.

2 두 가지 가능성을 열어두기 위해, 여기서 나는 "플라톤(Platon)"보다 "플라톤의 소크라테스(Socrates)"라고 명기했다. 첫째, 플라톤의 소크라테스식 대화의 중심인물이 언제나 플라톤을 대변하는 것은 아니다. 둘째, 그가 언제나 역사적인 소크라테스에 대한 견해를 피력한 것도 아니다. 그러나 나는 플라톤의 소크라테스와 플라톤을 명확하게 구분해야 한다고 주장하고 싶지 않다. 플라톤의 말인지, 소크라테스의 말인지 불분명하더라도 이 표현이 뜻하는 것이 우리가 "플라톤주의"라고 간주하는 데 전혀 문제가 없다. 게다가 이러한 플라톤철학은 하나의 철학적 가설의 구조를 넘어 실제적인 힘이 되어왔고, 또 되고 있는 중이다. 그러나 몇몇 고전학자들은 "플라톤의 소크라테스"와 "플라톤" 사이에 분명한 선을 긋는다. 예를 들어, 하이랜드(Drew A. Hyland)는 *Finitude and Transcendence in the Platonic Dialogue* (Albany: State University of New York Press, 1995)에서, 각각의 플라톤식 대화는 "인물 성격의 유형들"을 드러낸다고 주장했다. 그는 "각 사람과 상황이 나타나기 때문에, 사려 깊은 독자라면 그 입장을 가진 사람에 의해 밝혀질 수 있는 것이 무엇이며, 또 무엇이 감춰져 있는지를 알아차릴 수 있다"고 말했다. 또한 아리에티(James A. Arieti)는 플라톤철학의 대화가 전혀 철학적인 글이 아니며, 오히려 인물들과 그 행동으로 이뤄진 드라마라고 주장한다(*Interpreting Plato: The Dialogues as Drama* (Savage, Md.: Rowman and Littlefield, 1991)을 볼 것). 나는 지금부터 "플라톤의 소크라테스"를 간단하게 "소크라테스"라고 할 것이다.

3   『국가(*Republic*)』 제7권을 볼 것. 이 장의 『국가』에서 인용한 모든 글은 그럽(G. M. A. Grube)이 번역하고 리브(C. D. C. Reeve)가 수정·보완한 것에 따른다. 이 번역은 플라톤의 *Complete Works*, ed. John M. Cooper and D. S. Hutchinson (Indianapolis: Hackett, 1977)에서 볼 수 있다.

4   『국가』 제6권에 있는 견해(opinion)에 대한 소크라테스의 설명을 여기에 인용했다. 견해는 죄수가 동굴 벽 그림자를 실제(reality)라고 여기며 행사하는 지적 능력이다.

5   이것이 소크라테스가 『국가』 제6권 508a-d, 제7권 516a-b와 532a-c에서 "최고선"을 규명한 방식이다.

6   Friedrich Nietzsche, *The Gay Science*, trans. Walter Kaufmann (New York: Vintage, 1974), esp. pp. 181-182를 볼 것.

7   Martin Heidegger, "Plato's Doctrine of Truth", trans. Thomas Sheehan, in Heidegger, *Pathmarks*, ed. William McNeill (Cambridge: Cambridge University Press, 1998), pp. 155-182. 하이데거(Martin Heidegger)의 관점에서 동굴 우화는 이러한 개념들 중 첫 번째 개념에서 두 번째 개념으로의 철학적 전이를 드라마처럼 극화시킨다. 하이데거는 진리의 개념화를 위해 '숨겨진 것을 드러내는 것'으로 그의 언질을 명확히 한다.

8   아렌트(Hannah Arendt)의 두 가지 세계이론의 해체에 대해서는 *The Life of the Mind*, pp. 3-65를 볼 것.

9   "세계관찰자(world spectator)"라는 용어는 실버만이 만든 것이 아니고 한나 아렌트에게서 빌려온 것이다.—옮긴이 주. 아렌트는 『칸트의 정치철학에 대한 강의』에서 칸트학파의 세계시민주의를 논하는 맥락에서 이 말을 사용한다. *Lectures on Kant's Political Philosophy*, ed. Ronald Beiner (Chicago: University of Chicago Press, 1982), p.44. 아렌트는 "세계시민(world citizen)"의 개념보다 "세계관찰자(world spectator)"에 강한 선호를 나타냈다. 아렌트에게 후자가 전자보다 타당한 것은, 시민이란 "책임, 의무, 권리"에 있어 영토상, 공간적으로 제한된 영역을 지녔기 때문이다. 이에 비해, 세계관찰자는 명백하게 "방문하러 가는(goes visiting)"(43) 사람이면서도 이러한 책임, 의무, 권리를 지니는 것이다.

10   하이데거가 구별해서 쓰는 "Being"과 "being"에 대한 번역을 차별하기 위해 서체의 굵기에 차이를 두어, 각각 "**존재**"와 "존재"로 표기하고자 한다.—옮긴이 주.

11   Hannah Arendt, "Philosophy and Politics," *Social Research* 57, no. 1 (1990): 94.

12   Hannah Arendt, *The Life of the Mind*, pp. 19-23.

참고
note & reference

13 Martin Heidegger, "Letter on Humanism," in *Basic Writings*, ed. David Farrell Krell (San Francisco: HarperSanFrancisco, 1993), pp. 217-265.

14 Martin Heidegger, *On The Way to Language*, trans. Peter D. Hertz (San Francisco: HarperSanFrancisco, 1971); "Building Dwelling Thinking," Martin Heidegger, *Poetry, Language, Thought*, trans. Albert Hofstadter (New York: Harper and Row, 1971), pp. 143-161; 그리고 "…Poetically Man Dwells…," in Heidegger, *Poetry, Language, Thought*, pp. 211-229를 볼 것.

15 Hannah Arendt, *The Human Condition* (Chicago: University of Chicago Press, 1958), pp. 192, 198-199, 204; *On Revolution* (New York: Viking, 1963), pp. 99-109를 볼 것. 아렌트는 『정신의 삶(*The Life of the Mind*)』의 도입부분에서만 분명하게 시각적 견지에서 외양(appearance)에 대해 이론화한다.

16 Martin Heidegger, *An Introduction to Metaphysics*, trans. Ralph Manheim (New Haven, Conn.: Yale University Press, 1959), p. 66.

17 흥미롭게도 티마에우스(Timaeus)는 *Timaeus*에서 공간은 전적으로 세상적인 문제라고 말했다. 공간은 "존재하게 되는 모든 것을 위한 장소"이다. 그리고 이 공간은 "일종의 보잘것없는 사유작용에 의해 이해된다" (*Timaeus*, trans. Donald J. Zeyl, in Plato, *Complete Works*, ed. Cooper and Hutchinson, 52a, b를 볼 것). 이런 관점에 의하면, 우리가 철학적 사유를 심화해 나갈 때 공간적 좌표를 제일 먼저 무시하게 될 것으로 보인다. 이상하게도 티마에우스는 사람들의 일반적 기대나 나의 주장과는 달리, 이러한 좌표와 바라봄을 밀접하게 연관시키지는 않았다. 그는 공간의 이해가 "감각지각을 수반하지는 않는다"고 말한다. *Timaeus*에서 가져온 인용은 모두 제일(Donald J. Zeyl)의 번역을 따른 것이다.

18 나는 스투퍼(Jill Stouffer)로부터 그리스 고전에 대해 많이 배우는데, 그는 "원전을 글자 그대로 베끼는 것은 그네들의 눈과 기타 다른 감각들을 포기하는 것과 마찬가지다"라고 말한다. 그러나 시각이 개인적으로 명료되고, 다른 감각들은 집합적으로 끌어내는 사실을 볼 때, 확실히 시각이 최초의 희생이라는 것을 알 수 있다.

19 소크라테스가 "믿음(belief)"이라고 부른 것에 다다르는 것은 "생각(thought)"으로 이르는 과정의 전제조건이다. 그리고 "생각"으로의 과정은 "이해(understanding)"로 가는 전제조건이다. 이 논리는 육체적 아름다움에서 정신적 아름다움으로 이끄는 사다리에 대한 디오티마(Diotima)의 설명에서 작용하는 것과 비슷해 보일지도 모른다. 나는 "Understanding the Good: Sun, Line, and Cave," in *Plato's Republic: Critical Essays*, ed. Richard Kraut (Boulder, Colo.: Rowman and Littlefield, 1997), pp. 143-168에서 동

굴의 은유와 선분의 은유 사이의 차이를 논하는 아나스(Julia Annas)의 아주 상세하고 유용한 글을 참고했다.

20 Drew A. Hyland가 *Finitude and Transcendence in the Platonic Dialogue*에서 말한 것처럼, "어떤 것이 드러나게 하려면 누군가가 쳐다보아야만 한다".(144)

21 *Symposium* 210a-212b. 여기서 쓰인 대담번역은 Alexander Nehamas and Paul Woodruff in Plato, *Complete Works*, ed. Cooper and Hutchinson에서 제공받았다.

22 201.d에서 소크라테스는 디오티마가 그에게 말했던 것을 반복해 들려주는데 디오티마는 "만티네(Mantinea)의 여성"으로서 "이것뿐 아니라 다른 많은 것에 대해서도 지혜로웠다"고 알려진다. 소크라테스가 말한 것은 그대로 『향연(*Symposium*)』의 아폴로도로스(Apollodorus)에 의해 반복되고 있기 때문에, 플라톤은 소크라테스가 여기서 말하는 것과 자신을 구분하기 위해 세심한 신경을 썼을 수 있다. 그럼에도 불구하고, 적어도 한 고전 연구자는 최근에 이와 다른 주장을 했다. 네하마스(Alexander Nehamas)는, 소크라테스가 이 이야기를 디오티마에게서 끄집어낸다는 사실이, 소크라테스보다는 플라톤과 더욱 연관을 가진다는 것을 뜻한다고 주장한다. 그가 *Virtues of Authenticity: Essays on Plato and Socrates* (Princeton, N.J.: Princeton University Press, 1999), p. 304에서 지적했듯이, 소크라테스 자신은 디오티마를 이해하지 못했다고 말한 부분(206b)과 디오티마가 스크라테스는 "아마 사랑의 '가장 마지막 고난도의 미스터리'는 이해할 수 없었을 것"이라고 경고한 부분(210a)은 모두 소크라테스가 마지막 부분에 말한 것이 소크라테스보다는 플라톤 자신의 생각임을 밝히기 위한 플라톤식 글쓰기라고 할 수 있다.

23 플라톤의 *Symposium*, in *The Dialogues of Plato*, vol. 2, trans. R. E. Allen (New Haven, Conn.: Yale University Press, 1991)에 대해 언급하면서, 알렌(R. E. Allen)은 "아름다움은 선(Goodness)과 같은 것으로 다뤄지고 있다"라고 기술한다. 게다가 "『향연』의 위 구절은 『국가』를 향해 있으며, 선을 태양과 비교하고 있다"고 말한다.(85)

24 나는 이 단락에서 조이스(Michael Joyce)가 번역한 『향연』의 부분을 가져왔다. Plato, *The Collected Dialogues*, ed. Edith Hamilton and Huntington Cairns (Princeton, N.J.: Princeton University Press, 1989), p. 562를 보라. 내가 방금 인용한 것은 네하마스(Alexander Nehamas)와 우드러프(Paul Woodruff)가 쓴 다음과 같은 단락에서 나온다.

[아름다움의 형상(Form)]은 존재한다. 이는 태어나거나 소멸하는 것이 아니며, 커지거나 작아지는 것도 아니다. […] 그것은 이렇게 예쁘다거나 저렇게 못생긴 것도 아니며, 다른 것과 비교하여 어떤 때에는 아름다웠다가 다른 때에는 추해지는 것도 아니다. 여기서 아름답고 저기서 추하지도 않으며 마찬가지로 이 사람에게는 아름답고 저 사람들에게는 추한 것도 아니다. 얼굴이나 손 혹은 그밖에 인간의 몸에 속한 어떤 부

분으로 아름답게 가장하여 나타나는 것도 아니다. 인간에게 하나의 아이디어나 어떤 한 지식으로 보이지도 않을 것이다. 그것은 어디에도 있지 않고 […] 자기 혼자, 자기 안에, 그리고 언제나 형상을 지닌 어떤 하나로 존재한다(211a, b).

Phaedrus, trans. Alexander Nehamas and Paul Woodruff, in Cooper and Hutchinson. 나는 곳곳에서 네하마스와 우드러프가 번역한 이 대화를 사용할 것이다.

25   최근에 바르취(Shadi Bartsch)는 에로스와 바라보기를 긴밀하게 연결시키는 것이 그리스와 로마시대 이래 고전문학의 일관된 전통이라고 주장한다. "The Philosopher as Narcissist: Knowing Oneself in Classical Antiquity," in Robert S. Nelson, ed., *Seeing As Others Saw: Visuality Before and Beyond the Renaissance* (Cambridge: Cambridge University Press, forthcoming)을 보라. 여기서 긴밀하게 연결시키는 것이 그렇게 부정적인 방식으로만 설명되는 건 아니다.

26   알렌(R. E . Allen)은 또한 『향연』(77-78)의 형이상학적 궤도에 대해 설명하면서 이를 아무 문제없는 것으로 본다. 왜냐하면 디오티마가 그러하듯 "사랑의 적절한 대상"은 단순히 그렇게 보이는 것이라기보다는 실제로 존재하는 것이기 때문이다(104). 소크라테스적 존재(Socratic Being)를 이런 식으로 규정하는 것은 『향연』을 제대로 읽지 못한 탓이다. 콥(William S. Cobb)이 *Plato's Erotic Dialogues*, trans. William S. Cobb (Albany: State University of New York, 1993)에서 밝혔듯 『향연』에서는 우리가 칭송하거나 걱정할 만한 어떤 특별한 형이상학적인 궤도가 눈에 띄지는 않는다. 디오티마의 "이상적 연인(戀人)은 세상에 깊이 연루되어 있고, 일상적인 삶의 가치를 실천하며, 국가와 도시와 집안문제에 관심 있으며 유익한 대화에 참여한다"(76).

27   너스바움(Martha C. Nussbaum)은 『파이드로스(*Phaedrus*)』에서 인간의 아름다움에 대해 내가 찾은 것보다 훨씬 적은 공인(公認; 공식적인 인정)을 발견한 듯하다. 그는 *The Fragility of Goodness: Luck and Ethics in Greek Tragedy and Philosophy* (Cambridge: Cambridge University Press, 1986)에서 "예를 들어 잃어버릴 수 있는 아름다움, 선, 번영을 서로 사랑하는 대신" 소크라테스의 두 번째 연설에서도 묘사되었듯, 사랑하는 사람은 "서로 사랑하는 사람의 성격, 기억, 그리고 열정을 사랑한다. 이는 아리스토텔레스도 말했듯이 각 사람이 자신으로부터 가져오거나 혹은 자신 안에 있는 것이다"라고 주장한다(220). 『파이드로스』 도입부에서 네하마스와 우드러프는 현재 논의의 참뜻을 더욱 강하게 주장했다. "에로스는 아름다움에 마음을 빼앗기는 것이다. 그것은 표면상으로는 소년을 향해있으나 배후의 궁극적 추동력은 영혼이 목격한 아름다움을 다시 소유하려는 욕망과 그 회상이다. 게다가 아름다움 자체는 형상의 나머지 대리물로써, 우리가 비록 완벽하지는 않지만 회상할 수 있도록 도와주고, 우리로 하여금 더욱더 욕망하도록 한다"(xxiii).

47

28　　*Phaedrus* 250b–c.

29　　Gregory Vlastos, in "The Individual As Object of Love in Plato," *Platonic Studies* (Princeton, N.J.: Princeton University Press, 1981), pp. 3–34; 그리고 Page DuBois, *Sappho Is Burning* (Chicago: Chicago University Press, 1995), pp. 77–97.

30　　내가 설명하고자 하는 문단에서 사랑하는 사람은 거울 같은 기능을 한다. 그리고 사랑받는 사람은 거울을 통해 자신을 바라본다. 그러나 이 "자기(자신)"는 천상의 아름다움의 지연된 반영이다. 결과적으로, 사랑받는 사람도 사랑하는 사람을 사랑하면서 "자신이 무엇을 사랑하는 지 모르는 것이다"(225d).

31　　이 장의 후반부에서 밝히겠지만, 나에게는 "내 것이 됨(ownness)"이라는 의미는 자아의 승리가 아니라 그 반대이다.

32　　Walter Benjamin, "On Some Motifs in Baudelaire," in *Illuminations*, ed. Hannah Arendt, trans. Harry Zorn (London: Fontana, 1973), p. 183을 볼 것.

33　　소크라테스는 동굴의 우화를 이야기할 때, 죄수가 동굴로 돌아오는 것을 단지 추론적인 가능성으로 언급했다(516e). 그러나 동굴 우화의 이 부분을 설명하려면 동굴로 돌아오는 것은 필수적이다. 그는 글라우콘에게 다음과 같이 말했다. "우리가 이전에 말했던 연구에 도달하기 위해서 최상의 속성들(natures)을 강요하는 것이 설립자로서 우리의 임무일세. 즉, 올라가서 선을 보기 위해서는 그렇게 해야 하네. 그러나 그들이 올라가서 충분히 보았다면 그들이 오늘날 허용된 것들을 하도록 두어서는 안 되네 […] 다시 말해, 거기에 머물면서 동굴 속 죄수들에게 내려오기를 거부하도록 두어서는 안 된다는 말일세…"(519c–d). 이는 『국가』의 주요논점이 개인이 아니라 사회라는 것을 잘 알려준다.

34　　Sigmund Freud, *The Ego and the Id*, in *The Standard Edition of the Complete Psychological Works*, trans. James Strachey (London: Hogarth, 1961), vol. 19, pp. 40–59.

35　　소크라테스는 티마에우스가 말하도록 유도했으며, 그의 말을 결코 방해하지 않았다. 그는 티마에우스에게 그 대화를 끝까지 마칠 수 있도록 해주었다.

36　　소크라테스는 『국가』의 모든 논점, 즉 최고선을 설명할 때와 이상국가와 인간의 의무를 설명할 때 내내 단일성(oneness)을 강조한다. 자신이 어떻게 보일지 결정할 수 있는 유일한 천체인 태양의 빛 등, 단일성에 관해서는 다양한 견해가 있으나 이들 논점 중 첫 번째 것만이 현재논의와 관련이 있다. 따라서 나는 동굴의 우화에 의해 밝혀진 궤도가 다양한 그림자들에서 나온 움직임이라는 것을 지적하는 데에서 그칠 것이다.

37　　Luce Irigaray, *Speculum of the Other Woman*, trans. Gillian G. Gill (Ithaca,

N.Y.: Cornell University Press, 1985), p. 266.

38   이 은유는 질(Gillian G. Gill)이 제시한 것으로 프랑스어 텍스트에는 없다.

39   여기서 내가 번역이 되지 않은 라캉(Jacques Lacan)의 여덟 번째 세미나가 아니라, *The Seminar of Jacques Lacan, Book VII: The Ethics of Psychoanalysis,* 1959-1960, trans. Dennis Porter (New York: Norton, 1992)라는 제목으로 출판된 일곱 번째 세미나의 영어판을 설명하는 것에 놀랄 수도 있다. 여덟 번째 세미나에서 라캉은 플라톤의 『국가』를 자세히 읽는다. 나는 여덟 번째 세미나를 높이 평가하지만, 두 가지 이유에서 일곱 번째 세미나가 욕망에 대해 더 잘 설명하고 있다고 생각한다. 첫째, *Le Séminaire, livre VIII: Le transfert,* ed. Jacques-Alain Miller (Paris: Editions du Seuil, 1991), pp. 163-195에서 라캉은 소크라테스의 최고선 뒤에 숨겨진 원형이 "욕망의 불가능한 비대상"인 사물(das Ding)이 아니라 '대상 a(objet petit a)'라고 말한다. 그는 또한 남근(phallus)이 전형적인 "대상" a라고 주장한다. 이를 통해 라캉은 이전 해에 제시했던 욕망에 대한 그의 해방적인 설명을 취소하고 있는 셈이다.

40   라캉이 비록 이렇게 설명하고는 있지만, 그가 사물의 절대적인 불특정성을 주장할 때처럼 조심스럽지는 않다. 때때로 그는 이리가레이처럼 모성적 정체성을 사물에 속하는 것으로 돌린다. *The Seminar of Jacques Lacan, Book VII,* p. 68을 볼 것.

41   "사물"은 라캉이 *The Seminar of Jacques Lacan, Book VII*에서 빈번하게 언급하는 주제인데, 그 중에서도 pp. 43-84, 101-114, 129-130에서 가장 폭넓게 다루고 있다. 사물에서 멀어지는 "전위(displacement)"를 "조명(illumination)"과 관련짓는 것에 대해서는 pp. 58-59를 볼 것.

42   Sigmund Freud, *Beyond the Pleasure Principle,* in *The Standard Edition,* vol. 18, p. 42.

43   고전적으로는 어머니이지만 반드시 그럴 필요는 없다.

44   Jacques Lacan, "Function and Field of Speech and Language in Psychoanalysis," in *Écrits: A Selection,* trans. Alan Sheridan (New York: Norton, 1977), p. 65. 라캉은 상징화를 통해 잃어버린 것이 "존재"라고 종종 언급한다. 라캉적인 의미로 이 단어를 사용할 때마다 인용부호를 쓸 것이다.

45   "리비도적 발화행위(libidinal speech act)"의 개념에 대한 상세한 내용은 이 책의 2, 3, 5장을 볼 것.

46   라캉은 기표의 무효화를 동반하는 향유(jouissance)와 "파괴하려는 의지"를 동일시했다. *The Seminar of Jacques Lacan, Book VII,* p. 212를 보라.

47   피쉬(Stanley Fish)의 책, *Self-Consuming Artifact: The Experience of Seventeenth-Century Literature* (Berkeley: University of California Press, 1972)를 참조했다.

48   우리가 라캉의 "The Function and Field of Speech and Language in Psychoanalysis," in *Écrits*, pp. 30-113에서 배웠다시피, 이것이 라캉주의적 정신분석학자들이 상상계에 반대했던 주요 원인 중 하나이다.

49   위의 인용구에 대해서는 pp. 115-127, 213-214, 227을 볼 것.

50   Genesis 1.3, *The New Oxford Annotated Bible*, ed. Bruce M. Metzger and Roland E. Murphy (New York: Harcourt Brace Jovanovich, 1991)의 「창세기(*Genesis*)」 번역에 의거했다.

51   우리의 발화행위가 얽매어 있는 한계에 대한 상세한 설명은 Judith Butler, *Excitable Speech* (New York: Routledge, 1997)을 볼 것.

52   6장에서 논하겠지만, 그 사건은 신의 개입에 의존하지 않았다. 세계는 그 자체를 시각적으로 드러내는 데 참여한다. 실로, 세계는 내가 "외양(appearance)"이라고 부르는 사건 속에 언제나 함께 관여하는 행위자이다.

53   소크라테스는 그 죄수가 동료들에게 상층계에 대해 알려준다는 것을 명백히 말하지는 않았으나 후에 암시적으로 드러낸다. 왜냐하면, 소크라테스는 그 죄수가 "상층으로의 여행"을 수행했다는 것을 다른 죄수들이 이해했다고 묘사하기 때문이다.

54   소크라테스는 죄수들 사이의 말의 교환을 확실성보다는 가능성으로 특징지었다. 그는 "그리고 만약 그들이 서로 말할 수 있다면…"이라고 서술했다. 그러나 그가 연관시킨 많은 알레고리는 사실 죄수들이 "말을 한다"는 가정에 의존하고 있다.

55   Martin Heidegger, *Being and Time*, trans. John Macquarrie and Edward Robinson (San Francisco: HarperSanFrancisco, 1962), p. 78; Martin Heidegger, *History of the Concept of Time*, trans. Theodore Kisiel (Bloomington: Indiana University Press, 1992), pp. 156-160을 볼 것.

56   "현존재(Dasein)"의 의미에 대한 명확한 설명은 2장을 볼 것.

57   "염려(care)"는 하이데거의 개념이며, 그의 『존재와 시간(*Being and Time*)』에서 중점적으로 나타난다. 나는 비(非)하이데거적 방법으로 그 의미를 굴절시킬 것이다. "care"(독일어로 'Sorge')는 "관심"이나 "염려"로 번역할 수 있는데 역자는 "염려"로 표기하고자 한다. 하이데거가 이 개념으로 뜻한 의미는 심정적인 뜻뿐만 아니라 행위가 수반된

참고
note & reference

개념이면서, 특히 "보살핌"과 통하는 의미이기 때문에 "관심"보다는 "염려"로 번역하는 것이 더 적합하다고 생각한다. 이같이 "염려"로 번역한 선례로서 이기상을 들 수 있는데, 그는 "'염려'는 순수하게 존재론적-실존론적으로 사용되고 있으므로 걱정이나 걱정 없음 등과 같은 존재적인 의미의 존재경향은 그 의미에서 배제된다"고 말했다. (마르틴 하이데거, 이기상 역, 『존재와 시간』, 까치글방, 1998, pp. 263) 이와 유사하지만 의미의 차이를 갖는 "Besorgen"은 "배려", "Fuersorge"는 "심려"로 번역하는 것이 관례이다-옮긴이 주.

58 "손 안에 있는 것(presence-at-hand)"의 개념은 하이데거에게서 유래한다. 이에 대한 기본적인 정의는 『존재와 시간』 p. 42를 볼 것.

59 하이데거는 "일상성에서는 아무도 그 자신이 아니다. 그가 누구든지, 그가 어떻든지, 그는 아무도 아니다; 그럼에도 불구하고 모두는 서로 함께 [⋯] 우리의 일상성에서 살고 있는 이 아무도 아닌 사람이 [세상사람]이다"라고 말한다. *The Concept of Time*, trans. William McNeill (Oxford: Blackwell, 1992), pp. 8e-9e.

60 Hannah Arendt, *Love and Saint Augustine*, ed. Joanna Vecchiarelli Scott and Judith Chelius Stark (Chicago: University of Chicago Press, 1996), p. 18.

61 이것은 매우 소크라테스다운 방식인 듯하다. 소크라테스는 『파이드로스』에서 완벽한 것을 사랑하는 사람은 또한 그 자신도 완벽해진다고 말한다. 그러나 소크라테스의 설명에서 연인은 모든 개인적인 동기를 포기함으로써 그가 사랑하는 것을 닮게 된다. 최고선이나 아름다움의 형상에 관련되어 완전한 감수성을 얻게 되는 것이다.
내 설명에서 사랑은 사랑하는 대상과 소극적으로 융화되는 것이 아니라, 시각적 상징작용을 통해서 사랑하는 대상에 적극적으로 빛을 비추는 것이다. 우리가 우리 각자의 입장에서 또는 "세상사람"들로부터 우리 자신을 개별화하는 것은 상징화 과정을 통해서이다.

62 Martin Heidegger, *The Concept of Time*, pp. 13e-14e.

63 Martin Heidegger, *Being and Time*, p. 41.

64 아렌트는 다양한 시각이 존재하는 세계의 중요성에 대해 주장하며 『인간의 조건(The Human Condition)』에서 다음과 같이 서술한다. "사물(things)의 정체성이 바뀌지 않으면서 다양한 관점으로 보일 수 있기에, 그 주위에 모인 사람들은 그들이 동일한 것도 완전히 다양하게 본다는 것을 인식하게 되는데, 거기에서 세상의 실제가 믿을 만하고 또 진실하게 나타날 수 있다."

65 다수의 우리는 괴물같이 흉물스런 세계에 대한 근거 없는 확신을 접하게 된다. 결국 모든 행동이 환호를 받을 만한 가치가 있지 않고, 또 우리가 인정하는 모든 창조물이 우리의 인정을 받을 정도로 가치 있는 것도 아니다. 그러나 니체(Friedrich Nietzsche)가

명확히 한 것처럼, 우리 앞에 있는 위험은 우리가 너무 많은 아름다운 것들을 발견하게 되는 것이 아니라, 오히려 발견할 아름다움이 너무 적다는 것이다.

66 이것은 하이데거가 *Parmenides*, trans. André Schuwer and Richard Rojcewicz (Bloomington: Indiana University Press, 1992), pp. 13, 62–63에서 강조했던 점이다.

67 William J. Richardson, "Psychoanalysis and the Being-question," in *Interpreting Lacan*, ed. Joseph H. Smith and William Kerrigan (New Haven, Conn.: Yale University Press, 1983), pp. 139–159.

68 Martin Heidegger, "The Age of the World Picture," in *The Question Concerning Technology and Other Essays*, trans. William Lovitt (New York: Harper and Row, 1977), pp. 115–154; "The Question Concerning Technology," in *The Question Concerning Technology and Other Essays*, pp. 3–35.

69 "염려(care)"의 뜻과 번역에 대해서는 주 57을 다시 보라.

70 Martin Heidegger, "What Is Metaphysics?," in *Basic Writings*, p. 110.

71 나는 라캉의 두 번째 세미나에서 이 부분을 가져왔다. 특히 *The Seminar of Jacques Lacan, Book II: The Ego in Freud's Theory and in the Technique of Psychoanalysis*, 1954–1955, trans. Sylvana Tomaselli (New York: Norton, 1991), pp. 165–171을 볼 것. 그러나 라캉이 주체의 한가운데에 존재하는 "공허(void)"뿐만 아니라 "욕망의 불가능한 비대상"이나 "없음에의 욕망"을 이론화시킨 부분은 두 번째보다는 일곱 번째 세미나에서이다.

02. 책 먹 기

들어가기

들어가기
introduction

2장 책 먹기에서 실버만은 세계가 탈은폐되는 장이 우리에게 무엇을 의미하는지 하이데거의 「사물」과 라캉의 『세미나 Ⅶ』 사이를 오가면서 이론화한다. 실버만은 '염려', '던져진 상황'(언어, 친족구조, 오이디푸스 콤플렉스), '죽음을 향한 존재' 등의 개념을 통해 하이데거의 현존재가 어떻게 세계를 드러나게 하는지를 탐색한다. 실버만은 우리가 친족구조, 언어, 죽음에 던져졌다는 이유만으로 세계는 존재할 수 있으며 우리의 마음과 세계 안에는 다른 사람과 사물을 위한 공간이 만들어지고 그렇게 해서 사물과 다른 사람이 우리에게 중요해질 수 있다고 한다.

이 장은 특히 우리가 결여하고 의미화하려는 모든 행위가 결코 만족될 수 없다는 것을 뜻하는 불가능한 욕망의 비대상, 즉 라캉이 『세미나 Ⅶ』에서 사물이라고 표현한 것이 무엇이고 어떠한 방식으로 드러나게 되는지 우리 욕망의 언어를 통해 설명하는 데 주력하고 있다. 우리가 욕망의 언어를 말할 때 존재를 보이지 않는 어둠에서 밝은 빛으로 가져와 드러나게 하며 창조물이나 사물을 존재로 만든다고 한다. 여기서 사물을 만드는 것은 사물의 외부 형태보다 그것이 둘러싼 공허와 관련이 깊으며 사물의 본질에 다가간다는 것은 없음에서 공허로 향해간다는 것이다. 그리고 실버만은 다시 한번 『존재와 시간』의 중심 개념인 죽음을 향한 존재를 언급하면서 죽음을 통해 우리는 공허를 만드는 사람이 되고 사물화되는 능력을 획득할 수 있다고 한다.

이렇게 사물을 만든다는 것은 욕망의 언어를 통해서 기표를 구현하는 것이다. 다시 말해 이는 2장의 주제인 '책을 먹는 것'을 의미한다. 결국, 우리가 리비도적 기표에 열정적일 때 '불가능한 욕망의 비대상'을 기적적으로 재생할 수 있고 특정한 사태를 사물의 지위로 올려놓을 수 있는 것이다.

황하연

02. 책 먹기

우리는 최근 몇 년 동안 주체성을 전치사와 관련해 생각해왔다. 스스로를 언어"의", 담론"의", 이데올로기"의" 주체라고 여겨온 것이다. 이 책의 관심사인 주체 역시 전치사와 함께 쓰인다. 주체는 세계 "안에" 있다. 그러나 "안에"라는 전치사를 다른 전치사들처럼 곧바로 이해할 수 있는 것은 아니다. 우리는 그저 세계 안에 태어났기 때문에 그 안에 존재하는 게 아니다. 대부분은 실제로 세계 안에 있다는 것과는 거리가 멀다. 역설적으로 들릴지 모르지만, 세계가 우리 안에 있을 때, 즉 우리의 마음 속에 세계가 머물고 펼쳐질 자리를 내어주었을 때에만 우리는 실제로 세계 안에 머무른다. 따라서 이 경우 "안에"라는 전치사는 공간적이기보다는 정감적이라고 할 수 있다.

"슈레버(Schreber) 이야기"는 프로이트가 편집증을 이론화하는 데 주요한 공헌을 한 것으로 알려져 있다. 그런데 우리는 이 문헌이 세계와 마음의 상호의존성에 대한 가장 중요한 정신분석학 논문이라는 점을 간과하고 있다. 프로이트는 슈레버의 병이 사랑할 능력이 없는 것이라고 말한다. 즉 슈레버의 병은 "지금까지 주변사람들과 외부세계로 집중되었던 리비도의 카텍시스(cathexis)[72]를 거둬들인 것"이라고 설명한다. 결론적으로 "그는 모든 것에 무관심하고 모든 것과 관계를 맺지 않았다".[73] 그러나 프로이트는 여기서 멈추지 않는다. 슈레버의 사례가 그저 외로운 한 영혼에 대한 이야기가 아니라 무언가 더 중요한 문제를 담고 있다는 것을 명확히 하려는 듯 프로이트는 엄청난 "파국", 즉 세상의 종말이 임박했다는 슈레버의 심정을 강조한다. 프로이트는

책 먹기
Eating the Book

그 상황을 설명하기 위해 괴테(Johann Wolfgang von Goethe)의 『파우스트(Faust)』에서 다음 단락을 인용하여 슈레버의 주관적인 상태를 보편적인 차원에서 살펴보도록 하고 있다.

> 슬프도다! 슬프도다!
> 너는 파괴해버렸구나.
> 강력한 주먹으로
> 그 아름다운 세상을!
> 그것은 파멸로 내던져졌다.
> 반신반인의 일격에 산산이 부서졌다!
> 〔…〕
> 인간의 아이들을 위해
> 더 강하게
> 더욱 화려하게
> 그것을 다시 지어라.
> 너 자신의 가슴 속에 그것을 새로 지어라!(70)[74]

여기서 요점은 세계가 우리에게 주관적으로 존재하지 않는다고 해서 실제로 세계가 존재하지 않는 건 아니라는 사실이다. 우리는 존재를 부여하거나 거둬들일 능력을 가지고 있지 않다. 우리의 힘은 그보다 더 크기도, 더 작기도 하다. 우리는 다른 창조물이나 사물이 은폐의 어둠 속에서 계속 쇠하게 될지, 아니면 존재의 빛 속으로 들어가게 될지를 결정한다. 즉, 우리는 그들이 드러나게 될지 아닐지를 결정한다. 그리고 프로이트가 괴테의 글을 통해 말하고자 한 것처럼, 그 결정은 우리가 그들이 나타날 수 있는 열린 공간을 제공하느냐 여부에 달려 있다. 이 공간의 이름은 다양하다. 괴테는 그것을 "가슴"이라고 불렀고, 하이데거는 "빛이 비춰지도록 자리를 마련함(clearing)", 라캉은 "존재의 결여(manque-à-être)"라고 명명했다.

괴테의 신체적 은유는 우리의 논의에서 더 이상의 역할을 하지 않는다. 그러나 빛이 비춰지도록 자리를 마련함과 존재의 결여라는 두 개념은 뒤에서 중요하게 다루어질 것이다. 여기에서 나는 세계가 탈은폐(disclosure)되는 장이 우리에게 무엇을 의미하는지를 하이데거와 라캉 사이를 오가며 이론화하려고 한다.

'현존재'

현존재란 하이데거의 용어로, 내가 주체라고 부르는 것이다. 그러나 하이데거는 주체라는 단어를 사용하는 것을 아주 싫어할 것이다. 그는 주체를 역사적으로 특정한 형태의 인간존재성을 일컫기 위해 사용했다. 주체는 데카르트(Rene Descartes)가 『방법서설(Discourse on Method)』과 『성찰록(Meditation on First Philosophy)』에서 처음 언급했으며, 니체의 저작에서 가장 잘 설명하고 있다. 하이데거에게 주체는 표상을 통해 세계를 객관화하려는 자를 뜻한다. 그들은 인식론적으로 세계를 정복하고 자신을 만물의 중심으로 만들려고 한다. 하이데거에게 있어 주체란 순수하게 권력을 향한 의지이다.[75]

"주체"를 이처럼 독특하게 정의하는 것에 대해 어떤 식의 반감을 갖고 있든지 간에 우리는 하이데거에게 감사해야 한다. 주체보다 현존재를 선호함으로써, 하이데거는 인간존재성에 대한 우리의 생각을 개념적으로 재구성하도록 만들었기 때문이다. 현존재는 일상적인 독일어로 "실존(existence)"을 의미하지만 하이데거는 이를 다른 뜻으로 사용한다. 그는 일반적 의미가 가리고 있는 문자 그대로의 의미에 주의를 기울이는데, 바로 "거기에 있음" 또는 관용어법에 맞는 영어로 번역 하자면 "being-there"이다.[76] 우리는 흔히 현존재를 사람이라고 생각하고 있기 때문에 현존재의 "존재"가 명사가 아니라 동사라는 점에 놀란다. 이를 통해서 하이데거는 철학적 주체성과 문법적 주체성 이외에도 인간존재성에 대해 생각해보도록 요구하는 듯하다. 즉, 그는 우리 자신을 개체보다는 행위로서, 비실제적으로 개념화하도록 유도하고 있다.

이 행위란 무엇일까? 우리는 대개 "존재"를 행위라고 생각하지 않는다. 심지어 "존재"가 결국 어떤 위치와 관련된 상태를 의미할 때도 그렇다. 사실 문법학자들은 동사 'to be'를 "수동태"라고 말하는 경향이 있다. 이때 "거기에 있다(to be there)"는 "세계 안에 있다(to be in the world)"는 것을 의미한다. 그런데 하이데거는 『존재와 시간』에서 "존재"는 다른 인간존재와 "함께" 있음(being)을 의미한다고 말한다(155). 또한 그것은 사물들의 "곁에 나란히" 있는 것을 뜻하기도 한다(155-156). 공간적이기보다는 "염려"의 형태로, 우리는 "함께" 그리고 "곁에 나란히" 있는 것이다. 여기서 염려의 형태는 여러 가지이다. "무언가와 연관이 있는 것, 무언가를 생산하는 것, 무언가를 보살피고 돌보는 것, […] 책임을 떠맡는 것, 성취하는 것, 탐구하는 것, 질문하는 것, 관찰하는 것, 토론하는 것, 결정하는 것 등등…"(83).

현존재에 대한 이러한 정의는 행위의 영역과 아무런 관련이 없어 보일 수도 있다. 그러나 하이데거에게 "행위"는 관습적인 의미와는 다르다. 「휴머니즘에 대하여」에서 그는 "행위의 본질은 성취이다. 그리고 성취한다는 것은 무엇인가를 그 본질에 이르기까지 완전히 전개하는 것이며, 충만한 데까지 이끄는 것이다"[77]라고 말한다. 이는 우리가 진심으로 세계가 드러나도록 염려할 때 이루어지며, 그런 경우 우리는 다른 창조물과 사물에게 "자리를 내어준다".[78] 그렇게 우리는 "대개 자신을 좀처럼 보여주지 않는" 것을 빛으로 이끌어 낸다. 보이지 않는 것에서 보이는 것으로 이동시키는 것이다.[79]

하지만 안타깝게도 모든 형태의 염려가 존재를 드러내거나 다른 존재와 "조우하게" 하는 것은 아니다. 우리 대부분이 『존재와 시간』에서 "진정하지 않다"[80]고 일컬어지는 방법으로 다른 창조물이나 사물과 "함께" 있기 때문이다(163-168). 우리는 현상보다는 눈 앞에 있는 개체로서 그들에게 열중한다. 즉, 그들을 구체화하거나 실체화한다는 의미다.[81] 이는 우리가 "세상사람"에게 빠져들고 몰입하기 때문에 가능한 것이다.

"세상사람"에게 몰입하는 존재는 우리가 눈 앞에 있는 개체로서 다른 존재를 이해하도록 북돋운다. 이는 단일한 지점에서 그들을 본다는 것을 의미한다. 또한 "세상사람"에 대한 열중은 다른 창조물과 사물을 지각좌표를 통해서 보게 만든다. 이때 우리 문화에서 가장 강조되고 자주 반복되는 지각좌표는 "보여지도록 주어진 것(given-to-be-seen)"을 통해 우리와 세계 사이에 거의 자동적으로 끼어든다.[82] 비록 우리가 세계 안에 있더라도 진정하지 않은 순간이라면, 우리는 진실로 "거기"에 있는 게 아니다.

『존재와 시간』에서 하이데거는 오직 "그 자신을 시간 속에 있게" 할 때에만 현존재는 "거기"에 있고(417), 충만하며, 언제나 유일한 특수성을 가지고 나타난다고 주장한다. "세상 안에" 있다는 것은 가장 심오한 의미에서 볼 때 시간성 안에 있다는 것을 의미한다. 시간성은 우리가 흔히 말하는 개인적 특질(personhood)이라는 개념과 대립된다. 왜냐하면 시간성은 자신의 바깥에 있는, 결코 점유될 수 없는 곳에서만 거주하는 무아경의 존재를 만들기 때문이다. 살아 있는 한 우리는 결코 무아경의 존재가 될 수 없다. 거기에는 항상 해결될 수 없는, 결정적인 무언가가 있기 때문이다. 이후로 더 이상 해결되지 않는 문제도 없고, 우리가 누구인지에 대한 의문도 풀리게 되는 운명적 사건이 있는데, 그것은 바로 죽음이다(276-277). 그러나 죽음과 함께 우리는 더 이상 존재하지 않는다. 아니, 우리가 적절히 "있을" 순간조차 없다. 오히려 존재는 우리가 맞이하게 될 죽음의 순간에 정의되어야만 하며, 이는 미래완료의 의미를 갖는다.

죽음이 현재에 결정적인 영향을 미칠지라도 우리들 대부분은 사는 동안 죽음에 굴복해야 한다는 사실을 근본적으로 부인한다. 하이데거에 따르면 죽음이란 다른 사람에게만 일어나는 일이다.[83] 이러한 부인은 치명적인데, 그로 인해 가장 중요한 활동무대 중 하나인 자유를 향한 우리의 제한된 능력을 수행할 수 있는 무대를 포기하게 되기 때문이다. 요컨대 『존재와 시간』은, 우리가 어떤 사람이 되어 있을지 죽음이 결정한다고 하더라도, 은유적인 발화행위에 참여하게 해줄 죽음이라는 사건과 관계 맺기는 가능하다고 말한다.

> 현존재가 죽음을 예상해서 이를 본질적으로 강력한 것으로 만든다면 죽음에서 자유로워져 자신의 뛰어난 능력인 유한한 자유의 힘을 깨달을 것이다. 그런 선택을 하기로 했을 때에만 "있는" 그 자유 속에서 현존재는 선택을 포기

하는 무력함을 극복할 수 있으며, 열린 상황의 사건들에 대한 명확한 시각을 가질 수 있게 된다(436).

"죽음을 본질적으로 강력한 것으로 만든다"는 말은 "죽음으로 향한다"는 것이다.[84] "죽음을 향한 **존재**(Being-toward-death)"는 자신의 현재를 낳는 미래를 예상하고 주체를 그곳으로 향하게 한다. 또한 이것은 개별화(individuation)를 의미한다. 죽음은 우리 각자가 그야말로 혼자가 되는 순간이다. 죽음은 누구와도 공유할 수 없는, 아무도 우리를 그것으로부터 면제해줄 수 없는 사건이다. 죽음을 향한 **존재**는 결국 예전에 빠져들어 있던 "세상사람"으로부터 주체를 고립시킨다. 그렇게 죽음은 현존재를 개별화하여 "그 자신에게 이르게 한다"(308).

죽음을 향한 **존재**는 우리를 미래로 향하게 할 뿐만 아니라 "던져진 상황"에 주목하도록 만든다. 이는 죽음을 향한 **존재**가 현존재를 개별화하는 또 다른 방법이다. 하이데거가 보기에 "상황"이라는 말은 무엇보다도 "현사실적(factical)"이다.[85] 상황은 세계 내 **존재**(Being-in-the-world)의 구체적인 요소와 관련이 있다. 하이데거가 자주 언급하고 있지는 않지만, "상황"이라는 범주는 인간의 가능성을 한정하는 사회적·지리적·생태적 환경과 같은 개념들을 담아낼 수 있는 듯싶다. 우리는 역사 속으로, 언어 속으로 던져졌다고 말할 수 있는 것이다.[86]

이러한 점에서 "던져짐"은 "우리의 기초나 토대를 통제할 수 없음"을 의미한다. 하이데거가 『존재와 시간』에서 말했듯이 우리는 "결코 […] 우리의 가장 자신다운 **존재**를 처음부터 끝까지 마음대로 지배할 수 없다"(330). 죽음처럼 "던져짐"은 모든 종류의 유한성에 대한 강한 은유이다. 달리 말하자면, 우리가 이 속박에서 벗어나려할 때가 아니라 그것을 "선택"할 때 우리는 "작은 자유"[87]를 얻을 수 있다. 이 한계를 받아들여야만 우리는 앞으로 맞이하게 될 것을 결정하는 데 참여하고, 이를 일종의 작인으로 변형시킬 수 있게 된다.

이제 죽음을 향한 **존재**를 가능하도록 만든 개별화는 전통적인 "개인적 특질"과 어떠한 연관도 없다는 것이 밝혀진 듯하다. 하이데거가 보기에 "죽음 속으로 던져짐"을 깨닫는다는 것은 "아님" 또는 "아무것도 아님"[88]으로서의 자신을 받아들이는 일이다. 이 기표들은 인간주체성 또는 현존재가 어떤 의미에서는 "존재"라기보다 "존재하지 않음(not being)"일 수 있다는 것을 암시한다. "현재 이 순간에 존재하지 않음", "죽음의 통제 속에 존재하지 않음", "자기 자신의 장소에 존재하지 않음" 등등….

그렇다면 세계를 드러내는 염려와 죽음을 향한 **존재**를 어떻게 함께 생각해야할까? 하이데거는 이 두 가지를 진정한 현존재 또는 세계 내 **존재**와 연결시켰다. 『존재와 시간』에서 하이데거는 죽음을 향한 **존재**가 우리의 내·외부에서, 우리를 "세상사람"에게서 고립시킬 뿐만 아니라 "세상사람"이 자신을 드러내는 텅 빈 발화를 그치게 한다고 말한다. 뒤따르는 침묵 속에서 우리는 전에 듣지 못했던 부름을 들을 수 있게 된다. 그 부름은 우리 자신으로부터 나오며, 우리를 자신에게로 불러들인다. 우리는 죄책감을 느끼거나, 하이데거가 가끔 언급하듯이, 양심적일 준비가 되면서 그 부름을 듣는다. 이 죄는 실제의 악행과는 아무 상관이 없지만 그렇다고 결코 면죄될 수 있는 것도 아니다. 죄책감은 오히려 우리의 한계성을, 결국은 다른 창조물과 사물에 대한 존재론적인 책임이나 빚을 마음에 새기는 방법이다.[89] "죽음을 향하는" 순간에 우리 자신이 향하게 되는 자아는 염려하는 자아이기 때문이다.[90]

그러면 염려하는 자아란 무엇인가? 존재를 드러내는 능력은 주체의 능력에 속한 것인가? 이 질문에 대한 답은 현존재의 "던져짐"을 더 이해해야만 얻을 수 있다.

던져짐

우리 각자가 던져진 상황은 한편으로 문화적이고 다른 한편으로는 매우 독특하다. 이는 하이데거가 개인과 집단을 대립시키는 경향이 있기 때문인데, 그는 이 두 가지가 얼마나 복잡하게 중첩되어 있는지를 이해하기 어렵게 만든다. 더불어 정신분석학의 관심사가 하이데거에게는 "존재적"인 것과 연관된 것처럼 보이기 때문이다. 그리고 언어와 현존재에 대한 하이데거의 언급이 끊임없이 그가 존재론이라 여기는 것에 집중되어 있는 대신, 염려를 이해하는 데 가장 설명적인 가치를 가지는 현존재의 "위치해 있음"에 대해 어떠한 고려도 하고 있지 않기 때문이다. 여기서 현존재의 "위치해 있음"은 언어로의 진입과 근친상간금기를 말한다. 따라서 세계 안에 있다(in-the-worldness)는 말의 뉘앙스를 이해하기 위해서는 표면상 하이데거의 관점이 아닌 방향에서 하이데거의 사상을 확장시켜야 할 필요가 있다.

앞서 말했듯이 우리는 특정한 사회적·경제적 상황뿐만 아니라 언어 속으로도 던져진다. 라캉이 말했듯이 언어 속에 던져진다는 것은 우리가 태어나기 전부터 있어 왔고 죽은 후에도 계속될, 모든 점에서 우리보다 더 커다란 언어체계에 의존한다는 것을 의미한다.[91] 우리는 언어가 우리에게 말하기를 허용할 때에만 이를 사용할 수 있으며, 언어의 규칙은 그 사용법을 결정한다. 언어를 쓰거나 말할 때, 우리의 단어들은 항상 의도했던 것보다 더 많거나 더 적게 진술한다. 이 모든 점을 고려한다면 우리가 언어를 말하는 게 아니라 언어가 우리에게 말한다고 할 수 있을 것이다.[92]

우리는 필요하다고 해서 단독으로 언어를 다시 만들어내거나, 고안한 것으로 대체할 수 없다. 언어체계는 의사소통이 가능해야 하기 때문이다. 결국, 우리는 사물이 무엇인지 말하기 위해 언어를 사용할 수 없다. 단어의 의미는 다른 단어들과의 관계에서 비롯되는 것이지, 지시하는 것과의 관계에서 파생되는 게 아니다. 심지어 기의는 지시대상을 대체하거나 비운다고까지 할 수 있다. 라캉에게 단어는 사물의 "살해"를 야기하는 것이다.[93]

"나"라는 단어를 말하면서 주체 역시 현상학적인 "사라짐"[94]을 경험한다. 때문에 언어 속으로 던져진다는 것은 죽음에 바쳐진다는 것을 뜻한다.[95] 실제로 라캉은 다른 무엇보다 기표를 통해서 우리가 죽음을 향한 **존재**[96]임을 경험할 수 있다고 말한다. 언어로 진입하는 순간 유아주체는 "존재"냐 의미냐 하는 양자택일의 순간에 직면하게 된다.[97] 그는 필연적으로 의미를 선택하는데, 의미 없이 인간은 존재할 수 없기 때문이다. 그때부터 그는 존재의 결여로 고통 받는다. 그럼에도 불구하고 주체가 자신을 "아님" 또는 "아무것도 아님"이라고 인정할 준비가 되면, 그에게는 다시 한번 한정된 자유가 찾아온다.

페르디낭 드 소쉬르(Ferdinand de Saussure)는 단어의 가치가 두 종류의 차이, 즉 계열체(paradigm)와 통합체(syntagm)를 통해 정의된다고 말한다.[98] 계열체는 언어체계인 랑그(langue)의 범위에서 한 단어가 다른 단어로 연결되는 관계이다. 단어는 그 말의 동의어나 동음이의어, 그리고 "항목"을 구성하는 단어들과의 차이를 통해서 정의된다(예를 들어 빨강이라는 단어와 파랑, 노랑, 초록, 검정이라는 단어들). 이 관계는 불변하는 것이 아니라 안정적으로 보일 뿐이다. "내 앞에" 혹은 "내 뒤에" "언제나 나보다 크다"라는 말에서 알 수 있듯이 단어들 간의 관계가 언어를 정의한다.

그러나 단어의 가치는 계열체적 관계뿐만 아니라 통합적이거나 추론적인 관계, 즉 말과 말이 둘러싸고 있는 부분의 구체적인 절, 문장, 문단 사이의 관계에 의해서도 규정된다. 단어의 조합은 계열체적 관계만큼 체계화되지 않는데, 이는 우리 모두가 다양한 맥락에서 같은 단어를 쓸 수 있어야 하기 때문이다. 이처럼 단어의 배열은 항상 일정한 규칙에 종속되지만 시인들은 이러한 규칙들이 변칙적이라는 것을 안다. 따라서 통합체적 관계는 우리가 단어에 대해 가지고 있는 계열체적인 예상을 뒤집고, 새롭고 놀라운 방향으로 그 단어의 뜻을 확장시킬 수 있다.

또한 우리는 단어를 선택하는 단계에서 상당한 자유를 누릴 수 있다. 우리가 말하고자 하는 상세한 사항을 전달하기 위해서 계열체와 관련된 많은 단어들 중 어떤 특정한 단어를 고를 수 있는 것이다. 여기에서 중요한 점은, 하나의 계열체의 단어와 또 다른 계열체의 단어를 서로 정렬하고, 결합하고, 또는 대체시킴으로써 의미론적 변형이 촉발될 수 있다는 사실이다.

그러나 내가 "개별화"라고 말한 것은 "목소리", "스타일", "개인 언어" 그리고 그 외의 전형적으로 발화하는 주체라고 여기는 것을 가리키는 언어적 표지 같은 특질과는 부분적으로만 연관되어 있다. 결정적으로 개별화는 우리가 세계를 어떻게 상징화하느냐와 관련이 있다. 다른 존재를 위해 기호화하는 능력을 펼친다는 것은, 겉으로는 화자로서의 우리 자신에게서 나와 외부의 지시물을 가리키는 일처럼 보이겠지만, 사실 단일한 주체의 어떤 발화보다 더 구조적이다. 새로운 창조물이나 사물에 이름을 붙일 때마다 우리는 이전에 살았던 사람들과 점점 더 달라진다. 그러나 이러한 상징적 능력은 어렸을 때 한 번이 아니라 두 번의 상실을 경험한 주체에게만 해당된다. 우리는 첫 번째 상실과 마찬가지로 두 번째 상실도 책임질 필요가 없다. 이 또한 이미 존재하는 상징적 질서에 우리가 진입한 결과로만 발생하는 일이기 때문이다.

모든 현존재(Dasein)에서 "거기(da)"는 "언어적 구성", "역사", "일련의 특별한 사회와 경제적 환경"뿐 아니라, "친족구조(kinship structure)"도 내포한다. 클로드 레비 스트로스(Claude Lévi-Strauss)가 주장했듯이 "친족구조"는 사실상 일련의 근친상간금기와 같다.[99] 이는 특정한 성적 대상을 소유하는 것이 불가능하다는 것을 의미한다. 우리는 관습적으로 지정된 친족구조 안에 던져져 있는데, 여기에서는 오이디푸스 콤플렉스를 통해 부모와 아이들 간의 성적교류를 금하고 있다.

오이디푸스 콤플렉스의 두 가지 전형적인 결론은, 주체는 성적 차이 안에 놓인다고 가정되며, 첫사랑의 대상으로서 어머니나 아버지를 무의식적 수준에 위치시킨다는 것이다. 이러한 이유로 오이디푸스 콤플렉스의 우선적인 기능은 대개 사회적 규범화라고 여겨져 왔다. 나 역시 이전에는 오이디푸스 콤플렉스가 그러한 전략에 적합하다고 생각했지만 더 이상 확신하지는 않는다. 그러나 분명히 오이디푸스 콤플렉스는 환원될 수 없는 구조적 필요를 만족시킨다. 이는 레비 스트로스가 주장하듯이 가족들 사이의 교환을 촉진시키기보다는, 심적 개방에 영향을 준다.

가족적 집단을 성애화하면서 오이디푸스 콤플렉스는 우리가 주변

사람과 관계를 맺지 않고서는 아무것도 할 수 없다는 사실을 일깨운다. 사랑하는 것을 포기해야만 우리의 마음과 세계 안에는 다른 사람과 사물을 위한 "공간"이 만들어진다. 근원적 사랑의 대상을 잃는 것은 언제나 비극적이지만 이는 "염려"의 전제조건이다. 어릴 때 커다란 대가를 치러야만 사물과 다른 사람이 우리에게 "중요"해질 수 있다. 우리가 친족구조에 던져졌다는 이유만으로 세계는 "존재할" 수 있는 것이다.

'사물'

언어로의 진입이 단순히 "존재"의 "사라짐"을 촉발시키는 것만은 아니다. 이는 우리가 잃어버린 것을 상징화하려고 해도 결코 충족될 수 없는 욕구를 일으키기도 한다. "형언할 수 없다(Je ne sais quoi)"는 말은, 우리가 후에 결여하고 의미화하려는 모든 행위들이 결코 만족될 수 없다는 것을 뜻한다. 이는 대상보다는 비대상, 즉 불가능한 욕망의 비대상을 표상한다. 『세미나 Ⅶ』에서 라캉은 불가능한 욕망의 비대상을 "사물"[100])을 뜻하는 수많은 독일어 단어 중 하나인 das Ding으로 표현했다. 그는 이 사물이 그것의 상실보다 선재(preexist)하지는 않는다고 강조한다.[101])

"지금 여기"에서 존재의 경험은 완벽하게 말로 표현될 수 없다. 존재의 경험은 모든 종류의 상징화에 도전한다. 그러나 일단 현전이 사라지고 나면 그것은 예전과는 다른 상태가 되는데, 이는 상실한 충만을 의미한다.[102]) 왜냐하면 우리는 무언가를 먼저 있던 것이나 더 이상 우리에게 쓸모없는 것의 대리물로 만들어 버릴 때에만 욕망의 대상으로 삼을 수 있기 때문이다. 장 조제프 구(Jean-Joseph Goux)는 고화폐학에 관한 글에서 다음과 같이 말했다. "은유, 상징 기호, 표상, 가치가 창조되는 것은 언제나 대체를 통해서이다. 금지된 것, 결여된 것, 감춰져 있거나 상실한 것, 손상된 것을 대신하기는, 그 자체는 아니지만 그 자체로 제시될 수 있는 것과 동등한 어떤 것으로 대신하는 것을 뜻한다."[103] "존재"의 상실은 이러한 대체를 가능하게 한다.

그러나 욕망은 단순한 소급작용 이상의 것을 수반한다. 말하자면 그것은 "이름 지을 수 없는 것"에게 "이름을 지어주는 것"을 의미한다. 새로운 각각의 리비도적 대상은, 최초의 비대상으로 돌아가는 지시대상을 통해 가치를 이끌어 낸다. 욕망은 나중 것에 특징과 외관을 부여하고, "없음"을 "무엇인가"로 변형시킨다. 따라서 욕망한다는 것은 "이전부터 있어왔던 것"을 처음으로 구체화하는 일이자, 후에 다시 한번 더 구체화시키는 행위이다. 나중의 것은 끝없이 확장하는 범주로서, 계속해서 복잡하고 다면적인 기표의 집합을 구성하게 된다. 이는 과거에 우리 각자가 사랑했던 모든 과정의 기록과 우리 각자가 미래에 사랑할 새로운 길의 열림을 보여준다.

라캉은 근원적 사랑의 대상의 상실보다는 "존재"의 상실에서 욕망이 시작된다고 간주했다. 이로써 라캉은 오이디푸스적 혹은 안티오이디푸스적 정신분석학에 대해서 우리 모두가 오랫동안 꿈꿔왔던 길을 열어놓았다. 그러나 그 자신은 이런 방향으로 움직이는 데 그다지 관심을 보이지 않았다. 라캉은 계속해서 세미나와 글을 통해 언어로의 진입이 이중적이라고 주장했다. 그는 "존재"의 단순한 상실이나 "지금 여기" 그 자체로는 욕망의 수레바퀴를 움직이기에 충분치 않다고 말한다. 희생은 반복되고 상실은 재경험되어야만 한다. 그러므로 "존재"의 "사라짐"이나 "주체의 소멸(aphanisis)" 다음에는 오이디푸스 콤플렉스

와 거세위기[104]가 바짝 뒤따라주어야 한다.[105]

라캉이 이 점을 강력하게 반복적으로 주장하는 것은 분명 부분적으로는 이데올로기적인 이유 때문일 것이다. 그러나 그의 주장이 현존하는 사회적 관계들을 유지하기 위한 소망에서 나온 것만은 아니다. 첫 번째 상실 이후 두 번째 상실이 다시 일어날 때까지 상실을 경험하지 않을 수 있다는 점은 논쟁의 여지가 없어 보이기 때문이다. 실제로 우리 중 어느 누구도 "존재"보다 의미를 선택한다는 사실을 깨닫지 못한다. 우리는 부지불식간에 "존재"에서 의미로 이행할 뿐만 아니라, 그러한 이행을 겪은 후에야 실제로 존재하게 된다. 둘째, 모든 심적 가치의 조건인 소급작용은 사물이 포기될 때까지 빗나간다. 따라서 우리가 중요한 어떤 것을 상실했다고 말할 수 있는 것은 오직 이러한 근원적 상실의 은유적 반복을 통해서이다.

사물은 대상이라기보다는 비대상이기에, 그 자체만으로 우리와 사물의 세계를 연결시키기에는 충분치 않다. 이 중요한 기능은 인간이나 다른 존재가 우리의 첫 번째 실재대상으로 역할을 하면서 이루어진다. 따라서 리비도의 상징화는 전통적으로 부모의 기표에서 시작되고, 그 기표로 되돌아가는 끊임없는 지시대상을 통해서 지속된다. 게다가 우리는 오직 첫 번째 실재대상과의 관계 안에서만 각자의 사랑을 배운다. 왜냐하면 그 관계는 의존적이고 아마도 종종 현전을 억압하는 것으로만 구성되어 있기 때문이다. 그래서 "지금 여기"에서의 삶은 사랑이나 다른 실제 정감적인 관계와 반목한다. 결론적으로 우리는 그것을 "사랑하고" 나서 "잃는다"고 말할 수 없다. 오히려 정말로 힘겹게 "존재"를 상실하고 난 후에야 우리는 존재의 대리물을 사랑하는 법을 배운다. 오이디푸스 콤플렉스는 그러한 금기의 중요한 장이다.

5장에서 논의하겠지만 결국 사물이 불가능한 욕망의 비대상으로 분명하게 등장하는 것은 바로 근원적 사랑의 대상을 상실한 때이다. 이 두 번째 상실 전에 주체는 언어 안에 있지 않다. 그는 리비도적 실어증(aphasia)으로 고통 받는다. 근원적 사랑의 대상을 무의식으로 보낼 때에만 "지금 여기"는 마음에서 사라지고 리비도적 발화 속에서 주체가 생겨난다. 근친상간금기는 이러한 억압을 유지시키는 작인을 제공한다.

그럼에도 불구하고 주체의 고도로 특수화된 의미화 능력을 근원적 사랑의 대상의 상실에서 찾는 것은 모순적으로 보일 수도 있다. 우리는 심적 개별화를 위한 귀중한 공간이 없다는 사실을 정신분석학자들에게서 배우지 않았는가? 어머니를 사랑하고 상실한 사람이 자신의 어머니를 닮은 여자를 선택하는 것처럼, 사랑하는 아버지를 잃은 사람은 그 대체물로 자신의 아버지를 닮은 남자를 선택한다는 것을 말이다. 그리고 결국 부모의 모습이 상징적 구조와 비슷하지 않은가? 상징적 구조의 중요성은 근본적으로 개인을 넘어서는 것이다.

오이디푸스 콤플렉스의 이러한 관점이 반(反)정신분석학계와 대부분의 정신분석학계에서 보편적이기는 하지만 정작 프로이트 자신은 다른 관점을 제안한다. 그는 「슬픔과 우울증(Mourning and Melancholia)」에서 사랑의 대상을 기억들의 철저한 이질적인 병치(collocation)라고 정의한다. 우리가 동시에 접근할 수 없는 모든 기억의 병치의 상대적 중요성은 아마 시간이 지나면서 계속 바뀔 수 있을 것이다.[106] 그는 이러한 기억들 하나하나에 차례로 작별을 고해야만 하기에 슬픔의 과정이 지루하게 길다고 말한다.

그러나 놀랍게도 현상학은 안티오이디푸스적으로 욕망을 개념화하기보다는 어머니와 아버지를 유사한 방식으로 생각하게 한다. 하이데거는 무엇보다도 우리가 살고 있는 세계를 비실체화하는 것이 중요하다고 열정적으로 주장했다. 하이데거의 「사물(The Thing)」은, 사물을 눈 앞에 있는 대상들로 생각하지 말고 완전하면서도 총체화 할 수 없는 복잡성으로 드러내야 한다고 주장하는 유일한 글이다. 하이데거에 따르면, 우리가 단지를 진실한 존재로 이해할 때 그것은 보잘것없는 그릇이기를 멈추고 하늘과 땅, 인간과 신성을 위한 위대한 거주지가 된다.107) 하이데거가 보여준 것처럼 겉으로는 보잘 것 없는 단지조차 그렇게 풍부한 가치와 의미가 될 수 있는데, 하물며 우리가 처음 느낀 열정으로 가득차서 사랑하는 사람들을 사랑하게 된다면 그들은 얼마나 더 풍부한 가치와 의미를 가질 것인가?

물론 하이데거가 사물에 대해서 복잡하고 포괄적인 설명을 하는 것은 아니다. 그러나 정신분석학자는 부모에 대한 기억의 집합(mnemonic constellation)이 불러일으키는 리비도적인 이야기를 일반화하는 것이 얼마나 어려운지를 우리에게 말해준다. 꿈, 농담, 착각에 대한 프로이트의 분석은, 심적인 삶의 중심에 있는 전위(displacement)가 개인의식의 단순한 전이에 있지 않은 것처럼 광대한 문화의 절대적인 명령에 있는 것도 아니라는 것을 분명히 한다.108) 왜냐하면 모든 사랑의 대상이 불안정하고 이질적인 성질을 갖고 있고, 욕망은 완전히 예측 불가능한 방향으로 확장될 수 있기 때문이다. 예를 들어, 초기에 어머니를 대신하는 사랑의 대상은 젖냄새가 아니라 "페르세포네"라는 이름일 것이다. 유아주체에게 이 이름은 어머니의 이름인 "페넬로페"와 유사한 것으로 보이며, 어른이 되면서 수많은 우회와 완곡어법을 통해 고전문학에 대한 열정을 갖게 된다. 그리고 다른 주체에게 있어 "어머니"라는 단어는 예쁜 입 주변에 있는 점을 의미할 수도 있는데, 그녀는 오랜 후에 열여

덟 살짜리 소년의 얼굴에서 그 점을 다시 발견한다.

우리의 대상선택은 항상 특정한 지리적·사회적·경제적 그리고 역사적 환경 내에서 이루어진다. 이러한 환경들은 무의식의 의미망을 완전히 굴절시키고 특수화시킨다. 이런 관점에서 프로이트의 '늑대 인간(Wolfman)' 이야기 가운데 하녀의 역할을 생각해 볼 수 있다. 바닥을 청소하는 그녀의 자세가 중산층 남성에게 에로틱한 전이를 일으킨다.[109] 동시에 현재의 논의에 적절한 것은, 영어의 "glance(일별, 一瞥)"에서, 페티시즘에 관한 프로이트의 에세이에 나오는 독일어 Glanz(광채)로의 미끄러짐 속에 내재하는 위치상의 전위라고 할 수 있다. 여기서 한 언어와 문화에서 다른 언어나 문화로의 이동은 코의 반짝임(a shine on the nose)을 대용물이 되도록 결정한다.[110] 대부분의 주체들이 최초의 리비도를 어머니나 아버지에게 투여할지라도 어느 누구도 그것이 양자에서 어디로 향할지 미리 말하는 일은 불가능하다.

욕망의 언어

친족구조가 랑그를 나타내기는 하지만 우리가 이 랑그를 말할 때 수반되는 리비도적 행위는 파롤(parole), 즉 발화의 불연속적이거나 순간적인 예들을 구성하지는 않는다. 그보다 각각의 리비도적 행위는 선행하는 것들을 바탕으로 만들어지거나 때때로 이를 변형시키고, 후에 올 것을 예상하여 가능하게 하기도 한다. 또한 각각의 리비도적 발화행위는 발화의 의미를 이미 있던 것에서 찾는다. 이렇게 끊임없이 확장하고 변화하는 기표들의 집합이 언어, 즉 우리의 욕망의 언어를 구성한다. 우리가 자신을 스스로에게 소환시키는 부름을 듣게 되는 것은 적어도 이러한 집합의 부분을 힐끗 볼 때이다. 그리고 우리가 기표의 집합을 확장하는 일에 열정적이면 "거기"를 취할 수 있다.

그러나 우리는 욕망의 언어를 말할 때 우리 자신을 개별화하는 것을 넘어선다. 우리가 말한 것을 더 실제적이고 더 진실하며 더 "그 자체"가 되도록 표현한다. 이는 리비도의 의미작용이 존재론적인 힘을 가지고 있기 때문이다. 우리는 다른 존재가 사물을 구체화하도록 하면서 그것을 보이지 않는 어둠에서 밝은 빛으로 가져와 드러나게 한다. 그렇게 해서 우리는 창조물이나 사물을 **존재**(Being)로 만든다. 이는 터무니없는 주장으로 보일수도 있으며, 라캉이나 하이데거도 동의하지 않을지 모른다. 그러나 나의 주장은 앞서 언급했던 하이데거학파의 글을 읽은 라캉의 대담에 기초하고 있다.

내가 참고하고 있는 하이데거의 글은 「사물」이다. 이 글에서 하이데거는 사물"이라는" 것이 무엇인지 가장 심오한 차원에서 분명히 하고 있다. 또한 그는 "이미 현전하는 것을 드러나게 하기 위한" 순간에 그것이 즐기고 있는 상태가 무엇인지도 명확히 밝힌다(168). 즉, 그는 사물이 드러나는 순간 무엇이 되는지를 설명하려한다. 하이데거는 부분적으로 사물과 대상을 구별하고 또 어떤 부분에서는 현존재를 도예가에 확장 비교하여 명시한다.

대상과 달리 사물은 실체화하는 표상이 아니라고 하이데거는 말한다. 사물은 주체 앞에, 주체와 분리시켜 대립하도록 세워놓을 수 있는 게 아니다(167). 하이데거는 사물(das Ding)을 사물(thing)을 지시하는 것으로 사용한다. 그리고 그는 대상을 Gegenstand라는 합성어로 명시한다. Gegenstand는 "~에 대하여"라는 뜻을 가진 gegen과 "입장"을 의미하는 der Stand를 수반한다.

그러나 사물이 우리가 생산한 게 아니라면 미리 주어진 것도, 현존재의 출현에 선행하는 것도 아닐 터이다. 오히려 사물은 현존재와 세계 사이의 특정한 관계에서 생겨난 것이다. 그 관계는 모든 점에서 대상을 만들어내는 관계와 다르다. 하이데거는 이러한 관계를 "주의(vigilance)"라고 불렀는데 다른 말로 "염려"라고 할 수도 있다. 그는 "사물이 언제 어떻게 사물로 나타날 수 있는가?"라고 묻고 다음과 같이 신중하게 답한다. "사물은 인간이 만드는 방법으로 나타나지 않지만 인간이 주의를 기울이지 않는다고 나타나는 것도 아니다"(181).

이처럼 하이데거는 사물이 인간활동의 산물이 아니라고 주장한 다음, 사물을 만드는 것은 우리라고 하는 일치되지 않는 주장을 내세운다. 사물을 만드는 것은 외양보다는 오히려 그것이 둘러싸고 있는 비어 있음과 더욱 관련이 깊기 때문이다. 주의를 기울이는 현존재는 도예가에, 사물은 그가 만드는 항아리에 비유할 수 있다. 이 은유에서 도예가는 "정확히 말해, 항아리를 만들지 않는다". 오히려 그 형상 안에 공허(void)를 만든다고 할 수 있다. 하이데거가 말했듯이 "도예가는 처음부터 끝까지 손으로 만져서는 알 수 없는 공허를 유지하며, 그것을 에워싸고 있는 화병의 형상 안에 공허를 담아서 내놓는다"(169). 오히려 흙보다 공허에 항아리의 "사물성(thingness)"이 내포되어 있다고 할 수 있는 것이다. 이 점을 더욱 강조하기 위해 하이데거는 또 다른 은유로 그 안에 무언가를 담을 수 있는 항아리의 특성을 설명한다. 도예가는 공허를 항아리 안에 "붓는다"고 말할 수 있으며(172), 그렇게 함으로써 그는 항아리를 사물로 만든다.

현존재가 도예가를 닮았다는 것을 명확히 할 때, 하이데거는 『존재와 시간』의 중심 개념인 죽음을 향한 **존재**로 되돌아간다. 그는 "죽음은 무의 성지이다. 즉, 그것은 그저 존재하는 것이 아니라 **존재** 그 자체로 동시에 현전하는 것의 성지이다"라고 말하고 있다.111) 하이데거는 죽음을 통해 우리가 공허를 만드는 능력을 가진다고 말한다. 다시 말해, 사물의 본질에 다가간다는 것은 없음에서부터 공허로 향해 간다는 뜻이다. 그러나 죽을 수밖에 없는 운명은 반드시 전제되어야 하는 무엇이지, 인간의 당연한 특성은 아니다(179). 결론적으로 우리는 죽음을 향한 **존재**를 통해서만 "사물화되는(be-thing)" 능력을 획득할 수 있다.

『세미나 Ⅶ』에서 라캉은 하이데거의 글을 확장하고 전개하면서 공허의 의미를 변형시켜나간다. 그는 하이데거가 처음에 단지라고 은유했던 것을 화병이라고 바꾸어서 언급하면서 "사물성"을 정신분석의 관점으로 바라보지 않는다는 것을 분명히 한다. 라캉은 또한 "우리가 단지를 사물로 만드는 것은 단지의 형태에서 빈 공간을 만들어내는 과정을 통해서이다"라고 하는 하이데거의 주장을 계승한다. 그가 하이데거를 참조했다는 것은 「무로부터의 창조에 관하여(On creation ex nibilo)」에서 명확히 확인된다.112)

그러나 라캉은 우리가 만들려는 노력의 결과에 대해 사물이 아니라 사태(die Sache)라고 언급한다. 다른 곳에서와 마찬가지로 그는 여기서 사물이라는 말을 사태의 부재가 공허를 만들어 낸다는 뜻으로 사용한다. 따라서 라캉은 우리가 사물화되는 것이 단순히 없음을 만드는 일이 아니라는 사실을 이해하도록 해준다. 사물과 사태 사이의 관계를 형성하는 것도 마찬가지이다. 더욱 정확하게 말하자면, 사태를 비워서 생성되는 공간의 주변이 사물의 모양을 감싼다고 할 수 있을 것이다. 라캉은 『세미나 Ⅶ』에서 다음과 같이 말한다. "지금 당신이 내가 처음 제시한 관점으로 병을 본다면."

> 실재에서 사물이라고 부르는, 비어 있음의 존재를 표상하려는 대상으로 그 병을 본다면 이러한 비어 있음은 […] 그 자신을 없음이나 아무것도 아님으로 그 모습을 드러낸다. 그리고 그것은 도예가가 이러한 비어 있음을 바탕으로 직접 병을 만드는 이유이다. 내가 당신에게 말하고 있는 것과 같이, 마치 마법사처럼 구멍, 즉 무로부터 병을 만들어내는 이유이다.(121)

이미지 안에 공허를 만들 때 우리가 사물에 부여하는 가치는 외재적이다. 그 가치는 외부 어딘가에서 온다. 따라서 그 가치는 상품이 가지고 있는 가치, 궁극적으로 풍부하게 하기보다는 감소시키는 작용을 하는 가치의 한 종류로 보일지도 모른다. 그러나 라캉은 우리가 다른 창조물이나 사물의 형상에서 "없음"을 만들 때, 이러한 창조물이나 사물을 사물의 "존엄성"으로 "끌어 올린다"고 말한다(118). 따라서 그는 우리가 부여한 가치는 상대적이지도 동등하지도 않다고 설명한다.[113] 오히려 그것은 절대적이다. 또, 다른 존재가 불가능한 욕망의 비대상이 되도록 하는 일은 그 존재에게 측정가부를 능가하는 가치를 부여하는 것이고 "충만(all-in-all)"과 같은 어떤 구체적인 것으로 만드는 일이다. 이는 우리 가운데 어느 누구도 존재적으로 불가능하며 현전을 비워야만 하는 일이기에, 그러한 존재로 회귀할 방법은 결단코 없다. 상징화 행위는 다른 형상으로 반복될 수는 있지만 역전될 수는 없다.

내가 "절대적 가치"라고 부른 것과 마찬가지로 하이데거가 [114] 반대할 수 있는 개념에 대해 라캉은, "사물성"에 대한 현상학적인 설명을 심화시키고 사태를 대상과 동등하게 여긴다. 실제로 사태는 라캉에게 아주 훌륭한 욕망의 대상을 의미한다. 따라서 그는 하이데거가 결국 말로 옮기지 못한 것을 말하고 있는 것이다. 공허, 혹은 하이데거가 "빛이 비춰지도록 자리를 마련함"115)이라고 부르는 것은 심적 통일성을 가지고 있다. 그것은 시·공간의 현전을 제거함으로써 만들어지며 욕망이 지속적으로 작용되어야만 열리게 된다.

욕망의 윤리학

『세미나 Ⅶ』의 끝부분에서 라캉은 이전의 도덕적인 삶과 반대되는 윤리에 대해 상세히 다룬다. 인간은 욕망을 포기하면서가 아니라 실천하면서 전통적으로 도덕이라 불러온 것에 접근한다고 그는 주장한다. "결국 죄를 짓는 것은 우리의 욕망과 관계된 근원을 보여주는 일"이라고 그는 반복적으로 말한다(319, 321, 322).

이는 라캉주의자들만이 제시하는 윤리 같아 보이지만 하이데거 역시 「사물」에서 에로틱한 것과 윤리적인 것 사이의 밀접한 연관성을 강조했다. 그는 로마어 "실제(realitas)"와 인간의 "배려(concern)"116)사이의 어원학적 관계연구를 통해 사랑의 존재론적 이점을 찬양했다. 여기서 그가 설명하듯이 배려는 우리에게 중요한 것이고 더욱 실제가 되는 것이다(175-176). 하이데거는 사랑의 좋은 점들이 두 방향으로 흘러간다고 주장한다. 우리가 염려하면 세계와 함께 우리 자신도 풍요로워진다. 그는 마이스터 에크하르트(Meister Eckhart)의 말에 동의하면서 이렇게 말한다(176). "사랑은 사람을 그가 사랑하는 것으로 변화시키는 성질을 지녔다." 결국 하이데거도 죄를 짓는다는 개념과 애정을 갖는 데 실패한 것을 연결 짓는다. 우리가 죄를 짓지 않을 수 있다기보다 어쩔 수 없이 죄를 지어야 한다면, 어떤 의미에서 우리는 결코 충분한 애정을 가질 수 없기 때문이다.

같은 글 후반부에서 하이데거는 현존재와 단지 사이의 관계에 대해 설명한다. 그는 주의가 그 관계를 가능하게 하며, 어떤 특별한 종류의 "반영"을 일으킨다고 말한다. 이 반영은 닮음이 아니라 각자 자신의 자유를 지닌 사람과 사물이 그저 서로에게 속하는 것에 기초한다. 이는 서로를 "자유" 속에 "묶고" "감싸 준다". 하나의 단지를 **존재**로 만들면 우리 자신도 **존재** 속으로 들어가게 된다. 이를 가능한 한 구체적으로 주장하기 위해 하이데거는 단지가 액체를 담고, 부어내고, 받아들이고, 줄 수도 있는 능력이 있음을 상기시킨다. 이런 까닭에 무에서 사물을 불러내는 우리는 동시에 "사물화 된다"(181).

라캉은 『세미나 Ⅶ』에서 간접적이기는 하지만 이와 비슷한 주장을 펼친다. 그는 우리가 왜 욕망에 굴복해서는 안 되는지를 분명하게 밝히면서 독특한 은유를 사용한다. 라캉은 우리의 욕망이 "운명"이라고 말한다. 그런데 이 운명은 앞으로 나아가기보다는 되돌아오는 것이며 갚아야 하는 빚이기에, 만약 여기에서 벗어나고자 한다면 우리는 죄를 짓게 된다. 우리의 의무는 계속해서 특정한 선(good)으로 되돌아가는 것이다. 그는 "분석이 의미가 있다면 욕망은 그저 무의식의 주제를 지지하는 것에 지나지 않는다. 즉, 특정한 운명에 우리를 고착시키는 표명에 지나지 않는다. 그리고 운명은 집요하게 빚을 갚으라고 요구하며, 욕망은 계속 돌아오고 되돌아와서 다시 한번 우리를 운명의 트랙에 올려놓는다"고 설명한다(319).

『세미나 Ⅶ』과 「사물」을 상호 참조할 경우, 『세미나 Ⅶ』이 훨씬 도움이 된다. 두 글을 통해 라캉이 "우리의 관심사"라고 부른 것이 세계의 관심사라는 사실을 이해할 수 있을 것이다. "욕망은 계속 돌아오고 되돌아와서 우리를 운명의 트랙에 올려놓는다"는 말은 우리 각자가 특정한 사태를 사물의 지위로 올려놓는 능력, 특정한 창조물이나 사물을 실제 이상으로 빛나게 하는 능력을 즐긴다는 의미이다. 각자에게는 특정한 리비도적 이야기를 통해서 존재를 드러나게 하는 독특한 열림의 연속에 참여할 잠재력이 주어져 있다. 이 잠재력은 재능이라기보다는 의무다. 이를 깨닫지 못할 때 우리는 까닭 없이 죄를 짓게 되는 것이다.

라캉은 우리의 욕망의 길에 남아있는 것이 무엇을 의미하는지 상세히 설명하기 위해 여러 가지 은유를 쓴다. 욕망은 "우리의 향유로부터 먼 길"에 자취를 남긴다(185). 혹독한 대가를 치르거나 "존재"를 지불하고 희생을 각오해야 하는 것이다. 이는 "기표를 구현하는 것"(294), 결과적으로 "책을 먹는 것"을 의미한다(322). 이 마지막 은유를 통해 우리는 다시 신학의 영역에 돌아왔음을 알게 된다. 그리고 라캉 스스로도 딱 그만큼만 인정하는데, 그 은유는 종말에 대해 말하는 「요한계시록」에서 가져온 것이다.117) 여기서 「요한계시록」과 「창세기」는 일치한다고 볼 수 있다.

책을 먹는다는 것은 의미를 받아들인다는 뜻이다. "존재"의 가려짐을 경험하고 긍정한다는 의미이다. 이 "존재"의 가려짐은 그 자체로 훨씬 더 중요한 **존재**를 위한, 혹은 라캉이 "정확하게 계시론적인 창조"(294)라고 부른 것을 위한 조건이다. 그리고 다시 한번, "존재"에서 **존재**로의 이러한 지향은, 은유적인 단지나 세계가 그러한 것만큼이나 완벽하게 창조자에게서 일어나는 어떤 것이다. 창조자는 그가 창조하는 것이 된다.

라캉은 자전적인 이야기 형식으로 이런 변형의 조건에 대해 상세히 서술한다. "내가 책을 먹었을 때, 책이 살이 된 만큼 내가 책이 되었다." "말하자면 책이 내가 된 것이다"(322). 이 두 문장의 차이는 아주

작아보일지 모르지만 실상 어마어마하다. 이는 단순한 자기징수(self-expropriation)와 하이데거가 "징수적 전유(expropriative appropriation)"[118]라고 부른 것 사이의 차이이다. 달리 말하자면, 자아의 타자성을 탈취해서 이해하는 것이 아니라 타자의 시각에서 자아의 궁극적 고유성을 황홀하게 재발견하는 것이다.

기표의 열정

근친상간금기를 지키면서 모든 주체는 미래에서 과거를 찾도록 강요받는 자신을 발견한다. 그러나 모든 주체가 이러한 명령을 받아들이는 것은 아니다. 근원적인 사랑의 대상을 상실하는 것은 일반적으로 대립되는 두 가지 리비도적 충동(impulse) 중 하나를 일으킨다. 이 충동은 모든 전위가 그렇듯이 회귀하기를 고집하거나, 독특함을 가진 새로운 항을 안정적으로 만든다. 여기서 첫 번째 경우, 욕망은 이전에 있던 것과 그에 대한 대리물 사이의 유사성에만 오로지 집중하게 되어 있다. 두 번째 경우, 욕망은 이전의 모든 근원적 비대상의 내용으로부터 분리된 대치항에서 그 특성이 나타난다. 그리고 이 욕망은 잉여와 대용물에 우위성을 부여한다.

충동의 두 번째 지배 아래에 놓여 있는 주체는 현재에 뿌리를 두고 있는 욕망의 시간성을 벗어난다. 새롭게 사랑한 대상에서 "새로운 것"과 "다른 것"만을 보면서, 그는 지금 자신이 염려하고 있는 대상이 예전에 염려했던 것의 다른 형태에 불과하다는 사실을 인식하지 못한다. 결론적으로 그는 형상과 본질을 구분하지도, 이를 인식하지도 못한 채 다른 존재를 드러낸다. 강박적으로 과거로 돌아가기를 원하는 주체는 욕망의 시간성 밖에 존재하며, 열정이 기호와 관계된 일이라는 것을 전혀 이해하지 못한다. 그러나 이러한 주체는 맹목적이고 단순하게 다른 창조물과 사물을 쉽게 드러내지 않는다. 그는 완전히 드러내기를 거부한다. 그에게 존재하는 모든 것은 오로지 그것이 무엇이었는지에 대한 기억으로서만 가치를 가진다. 결론적으로 그는, 과거를 다시 구체화하기보다 현재를 육체로부터 분리한다.

지금까지의 논의를 명확히 하자면, 책을 먹는 것은 회귀를 강요하는 욕구도 아니고, 독특함을 안정화하려고 전념하는 것도 아니다. 하이데거와 라캉이 말하는 징수적 전유는 우리의 열정을 의미화 할 때뿐만이 아니라 리비도적 기표에 열정적일 때에도 일어날 수 있다. 리비도적 기표에 열정적이라는 것은, 우리가 염려할 수 있는 것이 과거에서 기인한다는 사실을 안다는 뜻이다. 또한 죽는 순간까지 항상 과거로 소급해서 재표명할 수밖에 없다는 것을 안다는 뜻이기도 하다. 이는 그 형상을 사랑하고 소중히 여기는 것을 의미하기도 하는데, 그러한 형상에서 불가능한 욕망의 비대상은 기적적으로 재생될 수 있다. 결국, 리비도적 기표에 열정적이라는 것은 수사학자가 새로운 은유와 환유에 대해 열정을 가진다는 사실을 뜻한다. 이는 새로운 모양이나 패턴, 색상 안에 공허를 만들어 내는 일에 지치지 않는다는 의미가 된다.

02. 책 먹 기

note

.

.

.

72 어떤 심리적 에너지가 표상이나 표상 군, 또는 육체의 일부분이나 대상 등에 달라붙은 것으로 '투여' 혹은 '집중'으로 번역된다. 여기에서는 맥락상 원어를 그대로 썼다ㅡ옮긴이 주.

73 Sigmund Freud, "Psycho-Analytic Notes on an Autobiographical Account of a Case of Paranoia," in *The Standard Edition of the Complete Psychological Works*, trans. James Strachey (London: Hogarth, 1958), vol. 12, pp. 69–70.

74 이 구절은 괴테(Johann Wolfgang von Goethe)의 『파우스트(*Faust*)』 제1막 4장에서 가져왔다.

75 "주체"에 관해서는 Martin Heidegger, "The Age of the World Pictures," in *The Question Concerning Technology and Other Essays*, trans. William Lovitt (New York: Harper and Row, 1977), pp. 115–154; "The Word of Nietzsche," in *The Question Concerning Technology and Other Essays*, pp. 87–90; 그리고 *Nietzsche*, trans. Joan Stambaugh, David Farell Krell, and Frank A. Capuzzi (San Francisco: HarperSanFrancisco, 1987), vols. 3과 4를 볼 것. 『존재와 시간』 p. 150에서 하이데거가 이미 언급했듯이, 그에게 "주체"는 인간성의 개념을 실체화하는 것을 의미한다. 그리고 현존재의 존재론과는 전혀 다른 것이다.

76 후기의 하이데거가 현존재라는 주체에 대해 이야기한 것과는 매우 다르게 보일지도 모릅니다. 하이데거는 『헤라클레이토스 세미나(*Heraclitus Seminar*)』에서 "거기에 있음(être-là)"이라는 현존재의 프랑스어 번역으로 인해 "『존재와 시간』에서 새로운 지위

로 얻은 모든 것이" 사라졌다고 주장했다(*Heraclitus Seminar*, 1966-1967, trans. Charles H. Seibert (University, Ala.: Alabama University Press, 1979), p. 126과 핑크(Eugene Fink)를 볼 것). 그러나 1945년 장 보프레(Jean Beaufret)에게 보내는 편지에서 하이데거는 현존재에 대해 명확히 했는데, 그에게는 행동적인 의미를 수반하는 것이었다. 이는 내가 현존재에 함의하려는 바이다. 그는 여기에서 "거기에 있음(being-the-there)"이라는 뜻을 가진 말을 사용함으로써 "진리(aletheia)를 드러내는" 존재의 지위를 현존재에게 준다 (Francoise Dastur, *Heidegger and the Question of Time*, trans. Francoise Raffoul and David Pettigrew (Atlantic Highlands, N.J.: Humanities Press International, 1988), p. 72를 볼 것).

77   Martin Heidegger, "Letter on Humanism," in *Basic Writings*, ed. David Farrell Krell (San Francisco: HarperSanFrancisco, 1993), p. 217.

78   Martin Heidegger, *Being and Time*, p. 146.

79   Martin Heidegger, *Being and Time*, p. 59. "비추다", "가시성", "비가시성" 같은 개념이 나에게는 문자 그대로의 의미를 지닌 반면, 하이데거에게는 은유적인 의미를 지닌다.

80   하이데거가 반복해서 강조했듯이 우리는 타락하거나 진정하지 않은 현존재를 영원히 능가할 수 없다. 그것은 모든 주체의 특징이다. 결국 "타락"은 도덕의 문제라기보다는 표현의 문제라고 할 수 있다.

81   "눈 앞에 있음(presence-at-hand)"은 그들의 존재적인 것이나 전(前)존재론적인 형상 안에서 갖는 사물의 특징이다. 인간존재는 결코 손 안의 것이 될 수 없다. 비록 우리가 종종 실수로 그들에게 지위를 부여하지만 말이다. 『존재와 시간』 p. 150을 볼 것.

82   라캉의 글에서 가져온 "보여지도록 주어진 것(given-to-be-seen)"에 관한 충분한 논의를 위해서는 나의 책, *The Threshold of the Visible World* (New York: Routledge, 1996), pp. 175-179를 볼 것.

83   Martin Heidegger, *Being and Time*, p. 297.

84   죽음을 향한 **존재**에 관한 일반적 논의는 『존재와 시간』, pp. 304-311을 볼 것.

85   『존재와 시간』 p. 435에서 하이데거는 "던져지면서 현존재는 세상에 복종하게 되고 다른 존재들과 현사실적으로(factically) 존재한다"고 쓴다. 그는 계속해서 "현사실적 (factical)"을 현존재의 "숙명"과 관련지어 말한다.

86   조르조 아감벤(Giorgio Agamben)도 우리가 언어로 진입하는 것은 "던져짐"의

중요한 특징을 구성한다고 주장한다. "Vocation and Voice", trans. Jeff Fort; Qui Parle 10, no.2 (1997): 95에서 그는 이렇게 쓴다. "사람은 […] 존재의 열림과 목소리 없는 언어, 본성이 없는 언어의 열림에 서 있다. 그는 이러한 열림에 던져지고 버려진다. 그리고 이러한 버려짐으로부터 그의 세계를 만들어야만 하고 언어로부터 그 자신의 목소리를 만들어야만 한다."

87   이 말은 라캉의 "Function and Field of Speech and Language in Psychoanalysis," in *Écrits*: A Selection, p. 48에서 가져왔다.

88   Martin Heidegger, *Being and Time*, p. 330.

89   독일 말로 죄(guilt)라는 뜻의 die Schuld는 복수로 쓰일 때는 "빚", 동사로 쓰일 때는 "빚을 지다"라는 뜻을 가진다.

90   죄와 염려라고 부르는 것에 대한 하이데거의 논의는 『존재와 시간』, pp. 312-348을 볼 것.

91   라캉의 언어에 대한 광범위한 논의와 언어체계가 어떻게 우리를 앞서고 뛰어넘는지에 대해서는 "The Function and Field of Speech and Language in Psychoanalysis," in *Écrits*, pp. 30-113을 볼 것.

92   하이데거는 "…Poetically Man Dwells…," in *Poetry, Language, Thought*, trans. Albert Hofstadter (New York: Harper and Row, 1971)에서 비슷한 논의를 한다. 그는 "언어는 사람의 지배자로 남는다"(215)고 주장하며, "엄밀히 말하자면, 말하는 것은 언어다"(216)라고 강조하기도 한다. 하이데거의 "Building Dwelling Thinking," *Basic Writing*, p. 348과 "The Way to Language", *On the Way to Language*, trans. Peter D. Hertz (San Francisco: HarperSanFrancisco, 1971), pp. 111-136을 볼 것.

93   Jacques Lacan, "Function and Field of Speech and Language in Psychoanalysis," in *Écrits*, p. 104.

94   라캉은 『정신분석의 네 가지 기본 개념(*Four Fundamental Concepts of Psycho-Analysis*)』, trans. Alan Sheridan (New York: Norton, 1978), p. 208에서 "사라짐"의 은유를 사용한다.

95   라캉은 『정신분석의 네 가지 기본 개념』, pp. 203-229에서 언어로의 진입에 대해 설명한다.

96   *The Seminar of Jacques Lacan, Book Ⅶ: The Ethics of Psychoanalysis*, 1959-1960, trans. Dennis Porter (New York: Norton, 1992), p. 195. 라캉 자신

도 "being-for-death(être-pour-la-mort)"라는 말을 쓰는데 이는 하이데거가 "Being-towards-death"라고 한 것을 참조한 것이다("Function and Field of Speech and Language in Psychoanalysis," in *Écrits*, p. 68을 볼 것).

97　Jacques Lacan, *Four Fundamental Concepts of Psycho-Analysis*, pp. 203-229.

98　Ferdinand de Saussure, *Course in General Linguistics*, trans. Wade Baskin (New York: McGraw-Hill, 1966)에서 설명한 언어적 관계에 기초하고 있다.

99　Claude Lévi-Strauss, *The Elementary Structures of Kinship*, trans. James Harle Bell, John Richard von Sturmer, and Rodney Needham (Boston: Beacon, 1969), pp. 3-68.

100　칸트의 물자체는 'Ding an sich'으로, 불가지론의 개념이다. 이에 반해 라캉의 사물인 'das Ding'은 현실계와 완전히 차단된 것이 아니다—옮긴이 주.

101　라캉의 사물에 관한 논의는 『세미나 Ⅶ(*The Seminar of Jacques Lacan, Book* Ⅶ)』, pp. 43-154를 볼 것.

102　Jacques Lacan, *The Seminar of Jacques Lacan, Book* Ⅶ, pp. 43-84, 101-114를 볼 것.

103　Jean-Joseph Goux, *Symbolic Economies: After Marx and Freud*, trans. Jennifer Curtiss Gage (Ithaca, N.Y.: Cornell University Press, 1990), p. 9.

104　6장에서 설명하겠지만 이 둘 사이의 시간적인 관계는 매우 복합적이다. 적어도 한 가지 점에서 표면상 후에 오는 것은 초기에 온 것보다 선행한다고 할 수 있다.

105　Jacques Lacan, *The Seminar of Jacques Lacan, Book* Ⅶ, pp. 19-70; "The Signification of the Phallus," in *Écrits*, pp. 281-91; *Vorstellungsrepräsentanz*에 관한 논의는 『정신분석의 네 가지 기본 개념』을 볼 것. 내가 여기서 제안한 논점과 다른 설명을 보려면 나의 글 "The Lacanian Phallus," in *Differences* 4, no. 1 (1992): pp. 84-115를 참조할 것.

106　Sigmund Freud, "Mourning and Melancholia," in *The Standard Edition*, vol. 14, pp. 255-256.

107　Martin Heidegger, "The Thing," *Poetry, Language, Thought*, pp. 172-174.

108 Sigmund Freud, *Interpretation of dreams*, in *The Standard Edition*, vol. 4 와 5를 볼 것. 그리고 *The Psychopathology of Everyday Life*, vol. 6과 *Jokes and Their Relation to the Unconscious*, vol. 8을 볼 것.

109 Sigmund Freud, "From the History of an Infantile Neurosis," in *The Standard Edition*, vol. 17, pp. 90-97.

110 Sigmund Freud, "Fetishism," in *The Standard Edition*, vol. 21, pp. 152-154.

111 이 문장은 독일어원문 "Der Tod ist der Schrein des Nichts, dessen nämlich, was in aller Hinsicht niemals etwas bloß Seiendes ist, was aber gleichwohl west, nämlich al das Sein Selbst"를 번역한 것이다. Martin Heidegger, "Das Ding," in *Bremer und Freiburgere Vorträge*, in *Gesamtausgabe* (Frankfurt am Main: Vittorio Klostermann, 1949), p. 18을 볼 것.

112 『세미나 Ⅶ』의 이 부분과 관련된 곳은 pp. 115-123이다.

113 Karl Marx, *Capital*, trans. Ben Fowkes (New York: Vintage, 1977), vol. 1, pp. 138-177. 이는 교환가치가 취할 수 있는 두 가지 형태이다. 상대적 개념으로 마르크스는 상품가치의 외재적 특징—상품이 가치의 명시를 위해 다른 상품과 갖는 상관관계를 강조했다. 가장 초기의 교환형태에서 상품의 상대적인 가치는 그 상품과 교환되는 다른 상품에 의해 결정되었다. 좀더 "발달된" 화폐형태의 교환에서 상품의 가치는 상품과 교환될 수 있는 돈의 양에 의해 결정된다. 교환가치는 다른 상품의 가치를 나타내는 기능을 가질 때 상품이 갖는 가치의 종류이다.

114 하이데거는 가치의 개념에 기초를 두는 생각에 반대했다. 그의 이러한 개념에 대한 가장 광범위한 비평은 *Nietzsche*, vols. 3과 4를 볼 것.

115 예를 들면 Martin Heidegger, "Letter on Humanism," in *Basic Writings*, ed. David Farrell Krell (San Francisco: HarperSanFrancisco, 1977), pp. 217-265를 볼 것.

116 배려(concern)는 주로 사물과의 관계상에서 언급되는 개념으로 사용목적을 내포한다. 따라서 '마련하다'로 번역할 수도 있다—옮긴이 주.

117 논쟁중인 이 구절은 「요한계시록(*Revelations*)」 10장 9-10절이다.

118 "The Thing," p. 179. 독일어로는 *enteignende Vereignen* ("Das Ding," p. 18을 볼 것).

03. 언어에 귀 기울이기

들어가기

들어가기
intro
duction

3장 언어에 귀 기울이기에서는 하이데거의 『존재와 시간』, 『언어에 이르는 길에서』 등과 라캉의 「정신분석학에서 발화와 언어의 기능과 영역」을 끌어와 "세계를 존재하게 하는 방법"에 대해 설명하고 있다. 이 책에서 논의하는 '존재한다'라는 것은 물리적으로 존재한다는 뜻이 아니라 정감적으로 드러난다는 의미이다. 먼저 하이데거는 우리가 하는 말을 통해 세계가 존재한다고 언급한다. 그에 따르면 말이란 화자와 세계 간의 관계이며, 이 관계는 정감적인 것이다. 라캉은 이를 더 확장하여 기호학으로 정감을 설명하면서, 우리는 말보다 바라봄을 통해 욕망의 언어를 말한다고 주장한다. 종합하면 욕망의 언어를 말한다는 것은 우리가 결여하고 있는 것을 채우기 위해 세계에 의미를 부여한다는 뜻과 같다.

실버만은 이에 더해 드러내는 말하기로서 시각과 언어를 접목하고자 한다. 하이데거에 따르면, 존재는 기분이나 마음상태를 통해 드러난다. 이때 감정은 주로 "있어왔음(having been)"이라는 표현과 같이 쓰이면서 시간성을 포함한다. 과거부터 있어왔던 세계와 조우하는 순간은 바로 '시각의 순간', 바라보는 순간이다. 반면 라캉은 정신분석적 상황을 공연에 비유하면서 피분석자가 과거를 이끌어내는 것은 "가득 찬 발화"를 통해서라고 말한다. 그런데 실버만은 공연의 말하기(대사)란 관객을 염두에 둔 것이라는 점을 지적하면서, 라캉의 비유에서 '보여주는 말하기'라는 개념을 이끌어낸다. 즉, 보여주기는 다른 사람의 시선을 위한 행위로써, 다른 이들이 보아주지 않으면 의미가 없다는 것이다.

이와 같이 세계는 의미가 부여되길 기다리고 있다. 다시 말해, 세계는 이미 열려 있는 영역이며, 우리가 보아주고 들어줄 때 비로소 존재하게 된다. 그러나 우리의 존재 역시 다른 사람들에게서 비롯되며, 그 본질은 전유되는 것이다.

박하나

03. 언어에 귀 기울이기

언어적 발화행위와는 달리 리비도적 발화행위는 거의 무의식적으로 이루어진다. 우리가 리비도적으로 발화할 때는 무엇을 말하고 있는지 모를 때가 많다. 자신이 현상계로부터 기표들을 계속해서 만들어내고 있다는 사실조차 알지 못한다. 수많은 여름날 동안 매일 그냥 지나쳤던 평범한 밀밭이 갑자기 반 고흐(Vincent van Gogh)의 그림과 같은 광채를 발한다 해도, 자신이 그것을 리비도적으로 의미화한 것이라고 생각하는 사람은 거의 없을 것이다. 이처럼 우리를 염려하게 만드는 기표들에 대해 알지 못하는 까닭은 무관심해서가 아니라 억압이 가로막고 있기 때문이다. 욕망의 언어가 나만의 가장 고유한 것을 의미한다고 해도, 결국 우리 대부분은 큰타자(the Other)의 지배를 받는다. 어떤 의미에서는 우리가 욕망의 언어를 말하는 것이 아니라 욕망의 언어가 우리를 말한다고 할 수 있다.

그렇다면 이전 장에서 설명했던 환희에 찬 상징화 상태에 어떻게 도달할 수 있단 말인가? 이 세상에서 어떤 주체가 욕망의 책을 "먹을" 수 있을 것인가? 우리를 염려하게 만드는 기표들의 집합을 "언어"라고 불러도 되는 것인가? 말의 첫 번째 기능은 커뮤니케이션이다. 한 손에서 다른 손으로 건네지는 동전처럼[119], 말은 사회 구성원들을 상호 연결시킨다. 만일 나의 리비도적 발화행위가 스스로에게조차 불분명하다면, 어떻게 다른 사람들이 이해하길 기대하겠는가?

신기하게 들릴지 모르지만, 우리를 염려하게 만드는 기표들의 집합은 전달할 수 있는 형태로 번역이 가능하다. 그리고 다른 주체에게 말하는 형식으로 욕망의 언어를 구체화하면 우리도 그것을 이해할 수 있게 된다. 또한 그럼으로써 다른 방법으로는 할 수 없었던 것, 즉 드러내는 능력을 나의 것으로 주장할 수 있다는 것을 깨닫게 된다. 이는 그 능력을 소유한다고 되는 것이 아니라, 하이데거와 라캉이 말했던 자기징수적인 전유로만 가능한 일이다.[120]

이렇게 주장하려고 하이데거와 라캉의 저작을 끌어오긴 했지만, 나는 이 책에서 여러 가지 방법으로 그 이상의 것을 이야기하려고 한다. 그러나 이는 외견상의 반박일 뿐이다. 나는 하이데거와 라캉을 다시 한번 서로 '대화하도록' 만들어, 염려하는 자아(the self)를 "내 것으로 만드는" 과정을 개념화하는 데 이론적인 지침으로 삼고자 한다. 그런데 이번에는 두 명이 아니라 세 명을 인용할 것이다. 라캉과『존재와 시간』의 하이데거, 그리고『파르메니데스(*Parmenides*)』와『언어에 이르는 길에서(*On the Way to Language*)』등을 저술한 후기 하이데거가 바로 그들이다.

존재의 집

하이데거의『형이상학 입문』은 1935년 세미나를 기초로 한 것이지만, 이 책에 등장하는 다음 문장은『존재와 시간』의 소제목으로 사용해도 좋았을 것이다. "태초에 숨겨진 메시지에 따르면, 인간은 존재의 문제로, 다시 말해 존재를 드러내기 위해 필요한 장소(the site)로 이해되어야 한다. 인간은 열림(openness)의 장소, 즉 '거기'이다."[121]『존재와 시간』의 하이데거에게 '드러난다는 것(disclosure)' 즉 탈은폐란 정의상으로 볼 때 인간의 행위이다. 현존재, 오직 현존재만이 빛이 비춰지도록 자리를 마련하여 **존재**가 나타나도록 할 수 있다. 다시 말해, 이 역할을 할 수 있는 것은 오로지 인간뿐이다. 이러한 방식으로 존재에 참여할 것인가 말 것인가 결정하는 것도 인간이다. 물론 그 천성에 따라 "결단력 있게" 참여하거나 "결단하지 않음으로" 참여하지 않을 수도 있다.

하지만 단순히 이렇게 주장하려고 하이데거를 끌어온 게 아니다. 이후의 하이데거는 의지라는 개념을 모두 버리고 인간의 작인에 대해 점점 의심하게 된다. 또한 인간을 중심에 둔 휴머니즘에 대해 회의를 느낀다. 그래서 하이데거의 후기 저작들을 보면, 결단력 있는 것보다 그냥 내버려 두는 것을 현존재의 바람직한 태도로 보고 있다.[122] 이제 **존재**를 탈은폐시키기 위한 다른 공간이 필요하게 되었으며, 하이데거는 언어 속에서 그 공간을 발견한다. 「휴머니즘에 대하여」에서 그는 "**존재**의 집(house)"을 제공하는 것은 현존재가 아니라 언어라고 주장한다.[123] 우리는 기껏해야 이 집의 거주자이자 관리인일 뿐이며, 때로는 그보다 더 못한 존재이기도 하다.

「휴머니즘에 대하여」에서 하이데거는 여전히 인간과 언어의 밀접한 관계에 대해 이야기한다. 말은 "**존재**의 집"일 뿐만 아니라 현존재의 "안식처(home)"이다(217). 그러나 「언어의 본질(*The Nature of Language*)」에서는 언어와 현존재의 이접적인 관계를 강조하기도 한다. 하이데거는 언어가 "우리보다 항상 앞서 있고" 우리는 언제나 말할 수 있는 능력 밖에 있다고 주장한다.[124] 또한 우리가 언어를 "사용하는 것"이 아니라 언어가 우리를 "사용"하며, 심지어는 언어가 우리를 "지배"한다고까지 주장한다. 우리는 오직 "언어를 견디내고", "언어에 의해 고통받고", "언어가 우리를 치고 넘어뜨릴 때 그저 그것을 받아들일" 수밖에 없다고 서술하는 것이다(57). 한편 「…인간은 시적으로 거주한다…

(…Poetically Man Dwells…)」에서 하이데거는 현존재와 언어를 완전히 분리시키고, 언어를 말하는 것인 동시에 말해지는 것으로 만든다. 여기에서 그는 "본래적으로 말하고 있는 것은 언어이다". "인간은 언어가 건네는 말을 들음으로써 언어에 응답하는 한에서만 비로소 말을 한다"라고 쓰고 있다.125)

그러나 **존재**를 드러내는 데 있어 언어의 우위성와 자율성을 강력히 주장하는 것 같은 이런 글에서조차, 하이데거는 현존재와 언어를 완전히 분리하여 개념화할 수 없다는 것을 인정했다. 그는 「언어의 본질」에서 "언어를 말하기 위해서는 사람이 꼭 필요하다"라고 썼다(90). 같은 글 다른 부분에서는 "세계가 나타나는 것"은 "말할 때" 뿐이며, 그러므로 인간의 입은 말이 피어나는 화단이라고 할 수 있다고 썼다.101)

빛이 비춰지도록 자리를 마련하는 곳이 어디인지는 「휴머니즘에 대하여」에서도 불분명하다. 그 문헌의 중요 구절 중 한 곳에서는 **존재**가 드러나는 장소를 언어라고 말하고 있지만(230), 그 전 페이지(229)에서는 현존재가 그 역할을 한다고 보고 있다. 하이데거는 지면의 많은 부분을 할애하여 이 반대되는 주장을 양립시킨다. 결국 하이데거의 궁극적인 주장은 사람이 언어를 통해 자신으로부터 벗어날 때, 즉 "탈-존(ek-sistent)"하는 한에서만 진실로 빛을 비출 수 있다는 것이다(252). "사람은 탈-존한 자로서 이렇게 가까이에서 '거기'의 밝음 속에 거주하지만, 아직도 이러한 거주를 고유하게 경험하거나 자기 것으로 떠맡을 능력이 없다"(241). 이는 언어가 비록 "**존재**의 집"일지라도 인간이라는 관리자가 적절히 도울 때에만 언어가 그 기능을 할 수 있다는 것을 의미하는 듯하다.

또한 하이데거는 후기 저작에서 여러 차례 언어를 개인화한다.

1942~1943년의 강의를 기초로 한 『파르메니데스』에서는 "시인의 시나 사상가의 논문은 그만의 적절하고 독특한 단어에서 떼어낼 수 없다"고 말한다.126) 하이데거는 존재를 드러내는 말을 특유의 단어라고 정의하여 말과 특정 화자를 연결시킴으로써, 이전에 언어와 현존재의 구별을 무효화시킨다. 그는 규격화된 언어와 "세상사람"이 쓰는 모든 표현들에 대해 계속 적대적인 입장을 취하기 때문에 이 문장은 강조할 수밖에 없다. 이후 「언어에 이르는 길」에서도 하이데거는 언어가 진가를 발휘하는 것은 고도로 개별화된 방법으로 말해질 때뿐이라고 다시 한번 힘주어 주장한다. "전유가 말 속에서 영향력을 발휘할 때, 우리는 그것이 '적절하다' 또는 '고유하다'라고 칭할 수 있다. 이렇게 말할 때, 이미 말해진 언어를 나만의 말로 적절하게 구사하는 것이다."127)

여기에서 전유에 해당되는 단어 "Appropriate"는 '잘 맞는'이라는 뜻으로 사용되기도 하지만, '특정한 화자에게 속한' 또는 '특정한 화자 고유의'라는 의미로 사용되기도 한다.128) 하이데거는 이중적인 의미를 가진 이 단어를 통해, 말하는 사람과 말이 분리될 수 없음을 증명한다. 오직 나를 드러낼 수 있는 말은 바로 나에게 속한 말, 내 고유의 말뿐이다. 이는 그러한 말이 단순한 개념이나 소리라기보다는 말하는 이와 세계 간의 "관계"이기 때문이다. 이러한 관계는 정감적이며, 우리는 이것을 '염려'라고 부른다.

이전까지는 현존재가 "존재의 집"이었으나 「휴머니즘에 대하여」를 기점으로 하여 하이데거는 언어를 "존재의 집"으로 규정한다. 그러나 놀랍게도 하이데거는 바로 이 텍스트에서 탈은폐가 정감을 바탕으로 한다는 점을 분명하고 열정적으로 설명하고 있다. "어떠한 '사물'이나 '사람'을 본질적으로 받아들인다는 것은 그것을 사랑한다는 것, 좋아한다는 것을 의미한다. 더 근원적으로 생각해보면, 좋아한다는 것은 본질을 선사하는 것이다. 좋아하면 무엇이든지 할 수 있게 된다. 무엇이든 할 수 있다는 것은 이런저런 일을 성취하는 것뿐만 아니라 어떤 것이 그 유래대로, 본질적으로 전개되도록 놔두는 것, 즉 존재하게끔 놓아두는 것도 할 수 있다는 뜻이다"(220). 이렇게 멋진 구절에도 합리적으로 설명할 수 없는 역설이 있다. 다른 사람들과 사물들을 받아들임으로써만 우리는 그들이 그들 자신이 되도록 놓아줄 수 있다는 역설, 우리 마음의 울타리 안에 그들을 품어야만 감추어졌던 그들이 나타날 수 있는 공간을 만들 수 있다는 역설 말이다.

물론 다른 이들에게 진리인 것은 우리에게도 진리이다. 또한 우리의 **존재**도 다른 곳에서 온 선물이다. 우리 대부분은 자신의 가치가 다른 이의 빈자리에서 비롯된다는 생각을 달가워하지 않는다. 그리고 나의 아름다움은 온전히 나의 것이라고 믿고 싶어 한다. 우리의 본질이 전유(데카르트적인 의미에서보다 하이데거적인 의미에서)할 뿐만 아니라 전유되기도 한다는 점은 아마 우리들이 받아들이기 가장 어려운 교훈일 것이다.

부재로 만들어진 현전

라캉은 정감(affect)에 대한 기호학적 근거를 자세히 설명하면서, 욕망이 없는 언어는 없으며 언어가 아닌 욕망은 없다는 것을 보여주었다. 이렇게 함으로써 그는 『존재와 시간』의 하이데거와 「휴머니즘에 대하여」의 하이데거를 함께 생각해 볼 여지를 마련해 준 것이다. 그러나 더욱 중요한 점은 라캉이 이 두 하이데거를 함께 생각해야만 하는 이유를 보여주었다는 사실이다. 빛을 비추는 것은 언어도, 현존재도 아니다. 그것은 현존재 안에서 언어에 의해 열린, 마음의 빈자리이다. 우리는 세계에 의미를 부여하여, 세계를 우리가 결여해온 것의 기표로 만들어서 세계가 나타나고 **존재**하게 한다.

라캉은 말이 사물을 "살해한다"고 했다.[129] 이와 반대로 하이데거는 "말이 사물을 **존재**하게 한다"고 말했다.[130] 그래서 내가 제안한 방식으로는 라캉의 언어이론과 하이데거의 언어이론이 조화되기 어려워 보일지도 모른다. 그러나 라캉은 「정신분석학에서 발화와 언어의 기능과 영역(Function and Field of Speech and Language in Psychoanalysis)」에서, 언어가 사물을 살해한다는 점을 언급한 다음 "사물의 세계를 만드는 것은 언어의 세계다"라고 하여 실질적으로는 하이데거와 같은 견해를 가지고 있음을 밝힌다(65). 요컨대, 라캉은 "살해한다"와 "창조한다"가 동일한 과정의 양면이라고 말하고 있는 것이다.

라캉은 언뜻 보기엔 대립적인 이 두 용어를 친절하게 개념화해주면서 사실상 하이데거의 주요 논점을 반복하며 확장한다. 하이데거의 주요 논점이란 사물이 출현하거나 사물로 드러나기 위해서는 "사물화"되어야만 한다는 것이다.[131] 그리고 무언가를 "사물화"한다는 것은 "현전"하도록 만드는 것이다. 그러나 이러한 특별한 현전은 정서적인 것이지 시·공간적인 것이 아니다. 사실상 정감적인 현전이 되려면 "지금 여기"에서 결여되어야 한다. 그렇기 때문에 사물은 "부재로 만들어진 현전"이다.[132] 라캉은 프로이트가 『쾌락 원칙을 넘어서』에서 이야기했던 포르트/다(fort/da) 게임을 빌어 '로마담론'에서 이를 명쾌하게 설명하고 있다.[133]

> 프로이트는 아이의 놀이를 지켜보다가 계속해서 반복되는 장난을 발견했다. 그 장난 속에서 부재는 말-이미 부재로 만들어진 현전-을 통해 그 자신에게 이름을 부여한다. 조절된 한 쌍의 소리에서 […] 사물들의 세계를 만들어내는 특별한 언어의 의미세계가 태어난다.(65)

나타난다는 것은 시간적인 사건이기 때문에, 사물이 나타나기 위해서는 지금 여기에서 잠시 사라져야만 한다. 다시 말해, 사물이 **존재**하기 위해서는 잠시 없어졌다가 소급작용과 예기(anticipation)라는 복잡한 과정을 거쳐 회복되어야만 한다. 라캉이『세미나 Ⅰ(The Seminar of Jacques Lacan, Book I)』에서 언급했듯, 말이 사물에게 주는 선물은 시간이다.134) 그렇다면 이제 하이데거가 후기에 강조했던 언어와 초기에 강조했던 현존재를 따로 떼어서 생각할 수 없는 이유를 알게 된다. 시간성은 엄밀히 말해 인간의 범주이기 때문에 오직 현존재만이 이 선물을 줄 수 있다. 말이 "사물의 시간"(라캉의 강조)이 될 수 있는 것은 과거와 미래가 존재할 수 있도록 현존재가 "거기"에 값을 지불했기 때문이다.

조금 전에 인용했던 구절에 따르면, **존재**라는 선물을 받을 수 있는 것은 언어 덕분이 아니라 "특정 언어" 덕분이다. 언뜻 보기에는 모든 말이 "지금 여기"를 사라지게 할 수 있는 것 같지만, 오직 고도로 개인화된 말만이 새로운 방법으로 "지금 여기"를 다시 살릴 수 있다. "특정 언어"라는 용어는 셰리단(Sheridan)의 부연설명인데, 라캉은 이를 랑그라고 표현했다. 그러나 라캉은『세미나 Ⅶ』에서 승화에 대해 논하면서 셰리단과 유사한 주장을 했다.135) 이 책에서 라캉은 모든 창조적인 상징화 행위의 배후에는 리비도적 결정요인이 있다고 주장했다. 적어도 이 책의 관점에서 보면「정신분석학에서 발화와 언어의 기능과 영역」에서 라캉이 제안한 세계를 만드는 기표의 능력에 대한 논의는 결국 하이데거가 말한 "전유"에서 나온 것이라고 볼 수 있다(전유는 말하는 이와 말해진 것 둘 다를 동시에 드러내도록 만든다). 현상학자들처럼 정신분석학자들도 언어는 "자신의 것이 될 때"에만 "현전"한다고 주장한다.

라캉과 하이데거가 여러 가지 면에서 언어에 대해 유사하게 설명하고 있음에도 불구하고, 내가 제안하는 방법으로 그 둘을 함께 읽기에는 아직도 극복하기 어려운 장애물이 하나 있다. 바로 하이데거가 언어를 기호라는 특성으로 이해하지 않는다는 점이다. 하이데거의 관점에서 말은 다른 말을 지시하기보다는 **존재**를 드러내는 것이다. 즉, 언어란 의미화(signify)하는 것이 아니라 보여주는 것이다. 한편, 라캉은 언제나 감사한 태도로 소쉬르와 레비 스트로스를 『에크리(Écrits)』에 빈번히 끌어들인다.[136]

그러나 하이데거가 의미작용이라는 개념을 거부한다고 해서 라캉과 반목한다고 생각한다면, 라캉이 그 개념에 제시한 복잡한 변화를 간과하는 것이다. 먼저 라캉은 소쉬르의 언어기호 개념을 무너뜨렸다. 그에게 있어 기의와 기표의 고정된 관계란 있을 수 없다. 기의는 오직 기표 아래로 미끄러질 뿐이다.[137] 결론적으로 말은 소쉬르가 격하시켰던 기호의 기능에 매일 수 없다.

또한 라캉은 소쉬르가 말에 부여한 우위성을 제거했는데 『세미나 Ⅶ』에 나오는 의미작용에 대한 설명을 보면 지각기표(perceptual signifier)는 말보다 앞선 것이며, 말에 기의를 부여하는 것이다. 우리는 말이 아닌 바라봄으로써 욕망의 언어를 표현한다. 즉, 말보다는 이미지를 통하여 우리는 대상(사태)을 '욕망의 불가능한 비대상'(사물)의 지위로 끌어올린다.

　라캉은 프로이트의 『과학적 심리학 초고(Project for a Scientific Psychology)』138)에 대한 광범위한 논의로 『세미나 Ⅶ』을 시작하는데, 프로이트의 이 책에는 무의식적 의미화의 사슬이자 시각적으로 우세한 '소통(Bahnung)'139)에 대한 이야기가 주로 나와 있다. 라캉은 또한 이 논의에서 무의식은 "지각기호(Wahrnehmungszeichen, sign of perception)"를 통해 말한다고 이야기했다(65). 그러면서 그는 성냥갑 더미(114), 환자가 그렸지만 놀라우리만치 훌륭한 그림(116-117), 패션 디자이너가 만든 모자와 드레스(99), 하이데거의 단지(119-121), 마카로니 누들(121), 사드(Marquis de Sade)의 작품 『쥐스틴느(Justine)』의 완벽한 아름다움(202) 등 거의 모두 본질적으로 시각적인 것들을 지각기호의 예로 들었다. 결과적으로 라캉은 실재계에서 지각적 의미작용이라는 행위가 중요하다는 사실을 강조한다.

　이 마지막 내용에서 라캉이 가장 중요하게 생각한 시각적 기표는 세잔(Paul Cézanne)의 정물화이다. 그는 이 그림에 대해 논한 구절에서, 세잔이 그린 사과가 세상의 지시대상을 강화하거나 고상하게 하는 힘을 가지고 있다고 했다. 라캉은 "모든 사람들은 세잔이 사과를 그리는 방법 속에 신비로움이 있다는 것을 알고 있다. 실재계와의 관계가 예술 속에서 부활하는 순간, 대상을 순수하게 드러내주기 때문이다. 그것은 가치의 회복과 연관된다"고 말한다(141). 이렇게 라캉은 **존재**와 표면, 실재와 재현의 오래된 대립을 해체한다. 그는 세잔의 사과가 자연 속의 과일을 얄팍하게 모사하는 행위나 이때까지 지속되어온 위와 같은 대립에서 벗어나, 미학적 구축이라는 더 높은 차원에서 실제 대응물을 더욱 진실하게 만드는 도구라고 말한다.

우리는 라캉이 말하는 세잔의 사과에 대한 설명을 통해 기표가 어떻게 사물을 살해하는 능력과 창조하는 능력을 동시에 가질 수 있는지 이해할 수 있다. 언어기표는 창조물과 사물을 부재하도록 만들며 "존재"의 "사라짐"을 야기할 수밖에 없다. 그러나 지각기표는 똑같은 창조물과 사물을 정감적으로 나타나게 할 수 있다. 비존재라는 어둠 속에서 그것들을 끌어내 **존재**라는 빛으로 인도할 수 있는 것이다. 그래서 창조적인 "말"이란 사실상 이미지이다.

그러나 나는 단순히 지각기표와 언어기표가 상호 대칭적이라는 말을 하려는 게 아니다. 비록 욕망의 언어가 주로 시각언어라 할지라도, 그 언어를 내 것으로 만드는 행위는 전통적으로 말을 통해서이다. 우리는 본 것을 말로 번역해서 나타낸다. 이는 언어가 다른 종류의 보는 방법을 알려줄 수 있다는 뜻이기도 하다. 바라보는 것이 "그 자체"가 되도록 만드는 작인이 바로 언어일 수 있다는 의미이다.

미래적 과거

『존재와 시간』에서 하이데거는 미래만큼이나 과거에도 관심을 갖는다. 사실상 그는 1927년에 쓴 이 글의 첫머리에서부터 현존재는 "그것의 과거이다. 분명하든 아니든 간에"(41)라고 강조하고 있다. 이는 사람이 상황에 던져져 있기 때문이다. 던져져 있다는 것은 우리가 죽을 수밖에 없는 운명인 것처럼 어쩔 수 없는 것이다. 또한 현존재를 과거라고 하는 것은 그 반복적인 힘으로 인하여 우리의 미래라고도 할 수 있는 무엇인가가 과거 안에 있기 때문이다. 하이데거는 과거와 미래를 교차대구법으로 설명하고 있으나, 그가 의도하는 바는 명확하지 않다.

하지만 그는 주로 우리의 기분이나 마음 상태를 통해 우리가 던져져 있음이 드러난다고 주장한다(173).

불안은 하이데거가 가장 관심 있어 하는 감정이다. 그는 주체가 "집에 있는" 듯 편안한 감정으로부터 비틀어질 때 불안이 일어난다고 말한다. "집에 있는" 듯한 감정은 주체가 "세상사람"에게 휩쓸려 있을 때 느낄 수 있지만, 불안이라는 감정은 "자신이 세계 내 **존재**(Being-in-the-world)라는 사실에 직면하게" 해준다(233). 불안은 우리의 유한함을 인식하게 만든다. 이 감정은 이 세상에 속해 있다는 것은 나의 "집에 있는" 것이 아니며, 환경을 마음대로 바꿀 수도 없다는 사실을 깨닫게 해준다. 그 밖의 것에 대해서는 별로 언급하지 않았지만, 하이데거는 계속해서 우리가 다른 감정들도 가지고 있다는 사실을 타자와 사물들에 대한 관계와 연결시킨다. 즉, 우리를 함께 있는 **존재**(Being-with), 나란히 있는 **존재**(Being-alongside)와 맺고 있는 관계에 연결시키는 것이다. 더 정확히 말하자면, 그는 감정이라는 것이 세계와 관계 맺는 능력을 나타낸다고 주장한다. "본질적으로 마음상태란 세상에 대하여 의견을 제안하는 것을 의미하며, 그로부터 나에게 중요한 무언가와 조우하게 된다"(177; 하이데거의 강조).

하이데거는 감정이 주로 "있어왔음(having been)"이라는 표현과 함께 사용되어 "시간적으로 한정된다"고 말한다. 다시 말해, 감정은 우리를 "무엇인가로 되돌아가게" 한다(390; 하이데거의 강조). 심지어 그는 현존재의 "거기 있음(thereness)"을 "있어왔음"과 동등하게 취급하기까지 한다. 그러나 이 과거는 미래로부터 비롯된다. 그것은 우리의 뒤가 아니라 앞에 있다. 하이데거는 "'있어왔음'의 특성은 미래에서 나오며, 이에 따라 '있어왔던' 미래가 […] 그 안에서 현재를 발현한다. 이러한 현상 속에서, 현재는 있어왔음이라는 과정 속에 포함되어 미래로 통합된다"고 말한다(374).

우리는 지금 우리에게 다가오는 것을 통해 과거에 있었던 것으로 되돌아간다. 그렇게 함으로써 미래적 과거는 우리가 다른 창조물과 사물을 염려하도록 만든다. 결과적으로 하이데거적 시간성이 가진 이러한 면은 정서적으로 충만한 표상들의 집합이 끊임없이 확장되고 있다는 관점에서 이해해야 한다. 여기에서 정감적으로 충만한 표상들은 각 주체의 욕망의 언어를 구성하고, 표상들 각각의 항목은 전에 있던 것으로 되돌아가, 전에 있던 것에서 그 가치를 끌어낸다.

그러나 『존재와 시간』은 라캉의 『세미나 Ⅶ』에 대응되는 텍스트 이상이다. 더불어 『세미나 Ⅶ』를 중요하게 평가하도록 해준다. 여기에서 하이데거는 과거를 반복하는 방법을 두 가지로 구분하는데, 하나가 진정하지 않은 현존재와 연결시키는 것이라면, 다른 하나는 진정한 현존재와 연결시키는 것이다. 하이데거는 보통 우리가 집단적 사고에 너무 열중해 있는 나머지 미래가 과거의 명령 아래 있다는 것을 이해하지 못한다고 말한다. 우리는 있어온 것에 완전히 얽매여 맹목적이고 수동적으로 그것을 반복한다. 그러나 의식적이고 능동적인 사람은 다른 종류의 반복이 가능하다. 우리는 탈출하려고 노력하기보다는 미래에 나타날 것을 환영함으로써 과거를 "겸손하게 보존"할 수 있다(448-449).

중요한 것은 이러한 반복이 정복(mastery)이 아니라는 점이다. 이 반복은 과거를 없애는 것도, 미래에 대한 과거의 영향력을 감소시키는 것도 아니다. 오히려 그것은 과거를 인지하게 하고, 그렇게 되어야만 한다는 것을 받아들이도록 만든다. 즉, 주체는 피할 수 없는 것을 다시 한 번 자유롭게 선택할 수 있게 된다. 심지어 주체는 미래 속에서 과거가 되풀이되는 것을 자신의 고유한 가능성으로서 환영하게 된다. 하이데거는 "진정한 역사성은 역사를 가능한 것의 '재귀'로서 이해한다. 또한 실존이 결단적인 반복을 통해서, 가능성을 향해 운명적인 동시에 시각적으로 열려 있을 때에만 그 가능성이 재귀한다는 사실을 진정한 역사성은 잘 알고 있다"라고 주장한다(444).

우리의 과거를 추정할 수 있는 마음상태를 지칭하는 하이데거의 용어, "결단"은 일반적으로 "결정"이나 "의지"와 같은 뜻이다. 『존재와 시간』에서도 결단이 이런 의미를 지닌다는 사실은 의심할 여지가 없다. 그러나 하이데거는 「예술작품의 근원(The Origin of the Work of Art)」에서 그 단어를 다르게 해석하기를 원한다. 그는 "결단"이 현존재 자신과의 관계보다, 현존재와 **존재**와의 관계를 특별하게 만든다고 말한다. 하이데거적인 의미에서 결단은 오직 나 자신만의 유익을 위해 스스로를 뛰어넘는 것이 아니라 세계를 향해 나 자신을 즐거이 확장시키는 행위이다. 하이데거는 "『존재와 시간』에서 말하는 결단이란 어떤 주체의 결의적 행위가 아니라, 그 안에 사로잡혀 있는 현존재를 그러한 상태로부터 풀어내어 **존재**의 열려 있음으로 개시하는 것이다"[140)라고 말하고 있다.

미래적 과거를 받아들일 때 우리는 비로소 세계를 향해 우리를 열 수 있다. 그렇게 함으로써만 과거가 세계의 시각적 형상들을 통해 우리에게 되돌아오기 때문이다. 언뜻 보기엔 이 주장이 비(非)하이데거적으로 보일지라도, 이는 하이데거의 "시각의 순간"이라는 표현에서 부분적으로 그 영감을 얻은 것이다(하이데거는 우리가 결단을 통해 '있어 온 것'과 조우하는 순간을 "시각의 순간"이라 말했다). 세계에 대해 염려할 때 세계가 나타날 수 있는 조건들이 능동적으로 활성화된다는 말도, 『존재와 시간』에서 직접 인용한 것이 아니라 그 정신에서 영감을 얻은 것이다. 결과적으로 죽음으로 향하는 **존재**(Being-toward-death), 그래서 타자의 존재를 배려하는 주체는 과거를 묻어버리거나, 잊거나, 초월하려 하지 않는다. 오히려 이 주체는 의미화의 집합을 재배치하는 새로운 가능성에 자신을 항상 열어놓는다. 이를 통해 그는 더욱 깊이 개별화될 수 있을 것이다. 현재 그리고 있어왔던 미래에 다시 나타나는 것에 개방적인 이 주체는, 자기도취적이고 유아적인 행동에 머물지 않고 염려라는 새로운 방향으로 스스로를 확장한다.

반복을 통한 자유

내가 방금 설명한 내용은 욕망의 윤리학 같은 것이다. 이 윤리학은 과거가 나타날 수 있는 다양하고도 새로운 형식들로 상징화하려는 하는 열망에 사로잡혀 있다. 그러나 기쁨과 해방을 주면서도 종잡을 수 없이 나타나는 회귀라는 개념을 정신분석학적으로 설명하기가 쉽지 않다. 대부분의 심리적 반복은 작인이 있기보다는 종속적으로 이루어지며, 분명한 현실 속에 깊이 감추어져 있어서 기호학으로 접근하기도 어렵다. 따라서 이런 상황을 의식적 결단만으로 뒤집기에는 여러모로 부족해 보인다.

프로이트가 『쾌락 원칙을 넘어서』와 「두려운 낯설음(*The Uncanny*)」에서 언급한 것처럼, 보통 우리는 과거를 강박적으로 반복한다. 프로이트는 이에 대한 예로써 외상(trauma)적 사건을 겪은 군인들의 원치 않는 기억에 대해 이야기한다.[141] 오후에 산책을 하다보면 가지 않으려고 의식적으로 노력해도 어느새 반복적으로 이탈리안 타운의 홍등가로 향하는 남자에 대해서도 언급한다.142) 또 다른 예로, 병으로 일찍 죽은 남편을 간호해야만 했던 여자가 다른 남자와 재혼했는데도 또 다시 비슷한 처지에 놓인 이야기를 들 수 있을 것이다.143) 강박적 반복에 의해 고통받은 사람들은 그 뒤에 숨어 있던 규칙성을 깨닫고는 다시 한번 놀라게 된다. 그들은 반복을 자신의 무의식 속에 특정한 기표가 "강요"된 것으로 받아들이지 않고 외부적 원인이 있다고 생각한다. 그들과 마찬가지로 우리도 심리적 "거기"를 구성하는 기표들을 무시하면서, 반복해서 출몰하는 사건들에 대해 그 원인이 전적으로 외부에 있는 것처럼 반응한다.

물론 프로이트의 『쾌락 원칙을 넘어서』에는 이런 종류의 반복만 언급되는 것은 아니다.144) 여기에는 그 유명한 포트/다 게임의 반복, 외상을 "말"하게 함으로써 거기에 익숙해지도록 만드는 치료 차원의 반복도 설명되어 있다. 그는 기억을 말로 표현할 때 그 기억의 정감을 "묶고" 직접성을 감소시킬 수 있다고 주장한다. 이렇게 우리는 과거와의 관계를 수동적인 것에서 능동적인 것으로 전환할 수 있다. 있어왔던 것을 진실로 "정복"할 수 있게 되는 것이다.145) 그러나 여기서 내가 이론화하려는 반복은 첫 번째 반복에 가깝다.

라캉은 「프로이트적인 것(The Freudian Thing)」에서 자신의 프로젝트는 엄밀한 의미에서 프로이트로 회귀하는 것이라고 주장한다.146) 그러나 라캉은 회귀가 때로는 단순한 복제 이상의 것을 만들어낸다는 사실을 극적으로 보여주면서, 프로이트가 하지 않았던 것들을 시도했다. 그것은 바로 어떻게 우리가 과거를 감당할 수 있는지에 대해 정신분석적으로 풍부하게 설명한 것이다. 그는 『존재와 시간』을 바탕으로 기표에 집요하게 초점을 맞춘다. 「정신분석학에서 발화와 언어의 기능과 영역」에서 라캉은 치료란 피분석자가 과거를 정복하는 것이 아니라 과거 스스로 주장하게 하는 것이라고 설명한다. 피분석자는 언어(verbe) 또는 말을 통해서 과거 스스로 주장하게 하지만, 아무 단어로나 그렇게 하는 것은 아니다. 그러기 위해서 피분석자는 "텅 빈" 발화(empty speech)가 아니라 "가득 찬" 발화(full speech)를 해야 하기 때문이다.

「정신분석학에서 발화와 언어의 기능과 영역」을 처음 읽을 때는 라캉이 프로이트와는 매우 다른 역할을 피분석자의 말에 부여하는 것이 잘 보이지 않는다. 피분석자가 가득 찬 발화를 하게 되는 과정을 훌륭히 묘사하고 있는 데도 이 글은 실망스럽게 첫 눈에는 진부해 보이기까지 한다. 라캉은 피분석자가 가득 찬 발화를 하면서 "환자 개인의 근원을 현재 시간으로 가져온다"라고 말한다.

> 그는 동시대 사람들이 이해할 수 있는 언어로, 그리고 더 나아가 동시대인들의 현재 담론을 전제로 하는 언어로 말한다. 이와 같이 서사시(epos)를 낭송할 때도 그 시 특유의 고어로, 심지어는 외국어로 고대이야기를 할 수도 있고, 배우들의 연기를 곁들여 현재 시간 속에서 진행할 수도 있다. 그러나 그것은 내레이션을 하던 중간에 따옴표로 인용한 간접화법 같은 것이다. 만약 그것을 상연한다면 코러스뿐만 아니라 관객들도 있는 무대 위에서가 될 것이다.(47)

이 구절은 치료적 맥락에서 과거를 "재현"하기보다는 "인용"하는 일이 중요하다는 점을 언급하려는 것처럼 보인다. 정감적·실존적으로 분리된 이러한 반복을 통해서 피분석자는 욕망으로 인해 수동적으로 말하던 사람에서 능동적인 발화자로 변화된다. 그렇기 때문에 반복은 과거를 "묶을" 뿐만 아니라 정복하기 위한 힘이 되는 것처럼 보인다.

그러나 이 구절은 과거를 정복하는 현존재가 아니라 큰타자에게 의존하는 현존재를 강조하려는 것이다. 또한 브레히트의 거리두기 모형이 아니라, 매우 원초적인 정감적 사건으로서 공연을 개념화하는 것이다. 더욱이 「정신분석학에서 발화와 언어의 기능과 영역」에서 인간의 주권에 관한 문제를 불러일으키는 구절은 이것만 있는 게 아니다. 이 글에서 가장 자주 인용되는 문단을 보면 하이데거가 "현존재의 던져짐"이라고 부른 것의 라캉 버전을 발견할 수 있다. 라캉은 정말 하이데거보다도 더 매몰차게, 우리의 미래가 과거에 의해 결정될 수 있음을 수많은 방법으로 설명하고 있다. 그리고 우리가 누구인지 정의하는 데 있어, 사실보다도 문자로 어떻게 표현하느냐가 더 중요하다고 설명한다. 그러나 결론적으로 그는 우리 자신이 우리의 배후를 조정할 수 없다는 하이데거적 결말을 보인다.

> 상징들은 인간의 삶을 네트워크 속에 넣어버린다. 인간이 세상에 태어나기도 전에 그 상징의 네트워크는 총체적으로 엮여 있어서, '피와 살을 가진' 인간을 만들어낸다. 또한 요정의 선물을 주지 못한다 하더라도, 별이라는 선물, 즉 운명이라는 형태로 인간을 태어나게 한다. 그리고 상징들은 인간을 충직하게 만들 수도 있고 변절하게 만들 수도 있는 언어를 준다. 그것은 행위의 법칙이 되어 사람이 태어나기도 전에, 심지어 죽음 이후까지 인간을 따라다닌다. 말(words)을 통해 그의 결말(죽음)은 그 의미를 발견하는데, 마지막 심판에서 말은 그의 존재를 용서하기도 하고 정죄하기도 한다.(68)

라캉은 이 복잡한 문장 끝부분에서 오직 한가지만이 이 절대적으로 예정된 것을 비켜갈 수 있음을 알려준다. 죽음을 "위한" 또는 죽음으로

"향하는" 것만이 운명을 벗어나는 방법이다.

라캉은 '로마담론'에서도 『존재와 시간』의 정신을 이어가지만, 여기에서 한 걸음 더 나아간다. 그는 하이데거에게 빌려온 모형에서 한 가지 개념, 즉 전통적 작인과 같은 (존재론적 개념과 더불어 행위가 포함된) 결단을 제거한다. 라캉은 마지막을 향해 가는 우리의 현 위치를 알게 되는 것은 의식적인 의지나 결단을 통해서가 아니라 가득 찬 발화를 통해서라고 주장한다. 「정신분석학에서 발화와 언어의 기능과 영역」에서 죽음을 향한 존재는 광범위한 의미가 되어버린다. 그리고 라캉은 언어적 반복을 과거를 정복하기 위한 도구로 표현하지 않고, 그 능력이 우리를 정의하는 한계들에 맞서 우리를 길러낸다고 예찬했다.

텅 빈 발화는 가득 찬 발화에 대립되는 것이다. 텅 빈 발화는 피분석자 편에서 자신이 "누구"인지를 말할 때 사용하는 언어이다. 시공간적으로 자신을 표현할 수 있다는 믿음, 그리고 언어가 자기소유(self-possession)에 효과적인 도구라는 믿음 하에 그들은 텅 빈 발화를 한다. 그러나 이는 자기소유를 이루게 하는 것이 아니라, "점차, 그리고 영원히 자기를 빼앗기게" 되는 원인이 된다(42). 텅 빈 발화를 하면 할수록 우리는 시간에서 빠져나와 물건이나 "조각상"처럼 굳어버린다(43). 그리하여 결국 주체로서의 자신을 부정하게 된다.

텅 빈 발화는 두 번째 의미에서도 상징화의 거부를 의미한다고 할 수 있다. 피분석자는 과거를 불러일으키는 형태적 형상들에 대해 마치 그 가치와 의미가 그 속에 내재되어 있었던 것처럼 반응하는데, 이때 하게 되는 문자 그대로 또는 은유적인 발언이 바로 텅 빈 발화이다. 여기서 피분석자는 기표를 "실체화"하거나 "가득 채우려고" 한다. 즉, 기표를 그 자체와 동일화한다. 그는 시간성을 인정하지 않으며, 심리적으로 중요한 모든 사건들의 가치와 의미가 그 전후의 사건과 연관되어 있다는 것에도 동의하지 않는다. 또한 피분석자는 자신이 대상을 선택하거나 다른 리비도적 행위를 이행함으로써 욕망의 언어를 말하고 있다는 것을 알지 못한다. 일반적으로 분석초기단계에서 피분석자들이 이와 같은 텅 빈 발화를 한다.

원칙상, 분석의 다음 단계는 주체가 가득 찬 발화를 하도록 이끌어내는 것이다. 피분석자는 직접적으로든 은유로든 사실은 자신이 말하고 있는 단어들이 기표라는 것을 이해할 때 가득 찬 발화를 하게 된다. 이때 그 기표는 사물 같은 것도 아니고, "무엇"이라고 말할 수 있는 것도 아니다. 단지 다른 기표들에 대한 소급작용과 예기일 뿐이다. 또한 가득 찬 발화란 "지금 여기"에 존재하게 하려고 과거에 선택한 것들 내에서 개인적인 체계의 의미작용이 일어난다는 것을 인식하면서 하는 발화이다. 라캉은 이러한 개인적인 체계의 의미작용을 "일차적 언어(primary language)"라고 불렀다(81; 라캉의 강조).

사람이 욕망을 표현하는 데 특정한 언어를 사용한다는 점을 이해하면 과거가 미래 속에서 어쩔 수 없이 반복된다는 사실을 알게 된다. 또한 이전에 리비도적으로 선택한 것들이 그 사람이 말하고 있는 언어에서 드러난다는 점도 알게 된다. 자신이 욕망을 표현하기 위해 특정언어를 사용하는 사람이라는 사실을 이해하면, 자연히 과거의 미래적 속성을 깨닫고, "과거의 우연한 사건들이 필연적이라는 것을 알게 되어 과거를 다시 이해할 수 있게 된다"(48).

그러나 욕망의 언어를 취한다는 것은 과거의 미래적 속성을 이해하는 것 이상이다. 그것은 또한 우리가 존재의 결여라는 조건 하에서 말한다는 사실을 받아들인다는 뜻이다. 즉 "존재"가 부족한 존재임을 받아들인다는 것이다. 이는 말이 사물을 "살해하는" 효과 때문이기도 하고, 주체성이 결국 의미하는 바가 "완결되지 않은, 긴 발화(long speech)"와 같은 것이기 때문이기도 하다.147) 이 발화는 마치 문장처럼 마지막 구두점과 함께 그 의미가 결정될 것이다.

라캉은 「무의식에서 문자의 작인(The Agency of the Letter in Unconscious)」에서 "속성상 기표는 항상 그 앞의 차원을 생각해야 의미를 예상할 수 있다"라고 말한다. 즉 "'나는 절대…' 라든지 '상관없긴 하지만 그건…', '그렇기는 한데 아마…'와 같이 중요한 단어를 말하려다 만 문장에서 볼 수 있는 것처럼"(153), 우리는 의미를 기다리는 끊임없는 관계 속에 놓여 있다. 다른 이의 말에 귀 기울일 때도, 혼자 행동하고 대상을 선택할 때도 우리는 그 의미를 기다린다. 우리가 했던 전체 이야기에 소급적으로 의미를 부여하여 우리가 어떤 사람이 될 것인지 결정하는 말은 죽음의 순간에 이루어지기 때문에, 욕망의 언어를 취한다는 것은 그 사건을 "고유하고 무조건적이며, 다른 것으로 대체할 수 없는 확실한 가능성, 그러나 확인할 수 없는 것"148)으로 이해하는 것이다. 결론적으로 그것은 죽음을 "위한" 것 혹은 죽음을 "향한" 것이 된다.

비록 욕망의 언어를 취하는 것은 우리의 한계를 깨닫게 하지만, 그럼에도 우리 모두가 자유에 이르게 될 것을 가장 잘 보여준다. 능동적으로 욕망의 언어를 말하기 시작한 사람은 과거가 아직 완전하게 기록되지 않았다는 것을 이해한다. "그가 삶 속에서 실현한 것은 '~였다'라는 과거가 아니다. 왜냐하면 그것은 더 이상 '~이다' 안에 포함된 '~해왔다'라는 과거분사적인 의미가 아니라 '그는 ~하다'를 위한 '그는 계속 ~할 것이다'라는 미래형이기 때문이다."149) 그러므로 그는 '~가 됨(being)'이라는 마비에서 풀려나 '되어감'이라는 유동성 속으로 들어간다.

언어가 우리에게 말하게 두기

라캉의 피분석자는 재현과 전이를 통해서만 가득 찬 발화를 하게 되므로, 과거를 드러내는 언어적 반복을 하기 위해서는 꼭 분석가가 있어야만 한다. 전이하는 동안 분석가는 물리적으로는 존재하지만 은유적으로는 부재한다. 그는 피분석자의 과거 인생 속의 인물이나 인물들의 집합을 대리한다. 그 과정을 통해 분석가는 억압으로 감추어진 것을 면밀히 살펴볼 수 있게 된다. 전이작업을 하는 동안 피분석자는 마침내 분석가와의 관계가 지금 일어나고 있는 현실이 아니라 이전에 있던 관계를 되풀이하는 것이라는 사실을 이해하게 된다.[150] 그 다음부터 분석가의 중요한 역할은 듣는 이로서 존재하는 것이다. 첫 부분에서 전이에 대한 라캉의 정의는 프로이트에 충실하지만 마지막 부분에 이르면 그 의미는 달라진다.

프로이트의 설명에 의하면 전이를 통한 작업이란 분석가와 그에게 맡겨진 상징적 역할이 아무런 관계가 없다는 것을 이해하는 데 도달하는 것이다. 분석가는 결과적으로 분석의 마무리에서는 그 자신으로서, 더 이상 과거에 동화될 수 없는 것으로서 있어야만 한다.[151] 반면 라캉에게 분석가는 단순히 "듣는 이"라는 구조적인 위치를 점유하여 치료를 촉진하는 사람이다. 피분석자는 분석가가 그저 듣는 사람이라는 것을 이해하게 됨으로써, 그리고 그 이해를 바탕으로 말함으로써 전이작업을 수행한다.

이는 다른 이에게 말을 한다는 행위가 모든 발화가 본질적으로 가지고 있는 대화적인 속성을 이해하는 것이기 때문이며, 실제로든 리비도적으로든 타인에게 발화할 때에만 우리는 우리가 말하고 있는 것을 "들을" 수 있기 때문이다. 우리가 누군가와 진정한 대화를 시작할 때 우리의 말은 변형된 모습으로, 현실감이 상실된 기표로서 우리에게 되돌아온다.152) 결과적으로 라캉은 『세미나 I』에서 분석적 교환을 "돌고 도는 대화"로 규정한다.

> 주체가 […] 제안한 것은 모두 분석가의 입장, 즉 B에서 들리게 된다. 분석가가 그것을 듣고 있지만 한편으로는 주체도 그것을 듣는다. 담론이 메아리처럼 돌아오는 것은 이미지가 거울에 비쳐 반사되는 것과 똑같다. 이 돌고 도는 대화는 […] 결국 [주체]를 [무의식 속의 자기]에게로 데려가야만 한다.(283-284)

하이데거도 언어를 듣는 것을 강조하며, 말하기보다 듣기에 특권을 부여한다. 「언어에 이르는 길」에서는 심지어 "언어를 듣는다는 것은 말하기의 완전한 형태이다. 경청은 다른 방법으로는 말할 수 없는 것을 말하게 하기 때문이다"라고 제안한다. "무엇보다, 그리고 원래 언어는 발화라는 본질적인 속성에 순종한다 […] 언어가 말하는 것은 앞서 발화된 말, 그리고 언어 속에 설계되어 있으나 지금까지 발화되지 않은 말에서 솟아오른다 […] 따라서 우리는 언어가 말하도록 내버려둘 때, 이러한 방법으로 언어를 듣는다"(124). 그러나 하이데거는 경청을 끝이라고 여기지 않는다. 그는 오히려 이러한 듣는 행위에 다른 어떤 것, 즉 전유나 (존재와 시간의 각각의 고유성을 가능하게 하는 상호귀속의) 사건(Ereignis)으로 가는 "길"로서의 특권을 부여한다. 하이데거는 또한 『언어에 이르는 길에서』의 다른 에세이에서 우리 자신의 언어뿐만 아니라 다른 사람들의 언어를 경청할 때 고유한 유익이 있음을 여러 차례 보여준다. 결국 그는 시종일관 시각적인 관점에서 전유를 특징짓는다.

그는 전유가 "찬란하게 나타나도록" 만드는 것(126), 보이도록 두는 것 (122), 또는 보여주는 것(가장 많이 쓰는 표현)이라고 말한다.

돌고 도는 대화

"돌고 도는 대화"라는 개념은 듣는 이와 말하는 이의 상호활동의 가능성을 암시한다. 따라서 일반적으로 생각하는 것보다 훨씬 더 잠재적인 사회성을 전이로부터 이끌어낼 수 있다. 라캉은 『세미나 Ⅶ』의 다른 부분에서 한층 더 나아간 이론적 모델을 제시한다. 『세미나 Ⅶ』 초반의 주요구절을 보면, 그는 다른 사람이 듣고 있다는 것을 인식하면서 말하는 모든 상황을 전이에 포함시킴으로써 전이의 범주를 일반화한다. 또한 그렇게 한 말은 말하는 사람뿐만 아니라 듣는 사람도 변화시킬 수 있다고 주장한다. 라캉은 "본질적으로, 우리가 고려하고 있는 효과적인 전이란 말하는 행위이다. 사실상 전이는 진정으로, 그리고 온전한 태도로 말할 때마다 일어난다 […] 현존하는 두 존재의 본성을 변화시키는 그 무언가가 일어나는 것이다"라고 서술했다(109).

이제까지 우리는 전이가 말하는 이를 어떻게 변화시키는가에 대해 살펴보았다. 그러나 전이가 듣는 이를 어떻게 변화시키는지에 대해서는 아직 언급하지 않았다. 그 사건을 정신분석적 용어로 개념화한다면 역(易)전이인데, 역전이는 청각적 변화를 이해하기 위한 일차적인 모델이다. 그러나 여기서 라캉은 놀랍게도 정신분석의 테두리를 넘어서 전이를 개념화한다. 그는 앞의 인용구에서도 가득 찬 발화를 공연을 하고 있는 상황에 빗대어 설명한 바 있다. 비록 분석 상황을 공연에 비유한 단순한 것이었지만, 이는 또 다른 중요한 영역에 대해 깊이 생각하게 한다. 그 영역이란 다름 아닌 미학인데, 그 속에서는 돌고 도는 대화가 일어나고 항상 세계 그 자체가 중심적 이슈가 된다. 여기에서 중요한 것은 듣기에 대한 이러한 설명이 라캉적 패러다임보다는 하이데거적 패러다임에 더 잘 맞는다는 점이다.

> 〔피분석자는〕 자신의 근원들을 현재 시간으로 〔정확히 되돌려놓는다〕. 그는 동시대 사람들이 이해할 수 있는 언어로, 그리고 더 나아가 동시대인들의 현재 담론을 전제로 하는 언어로 말한다. 이와 같이 서사시(epos)를 낭송할 때도 그 시 특유의 고어로, 심지어는 외국어로 고대이야기를 할 수도 있고, 배우들의 연기를 곁들여 현재 시간 속에서 진행할 수도 있다. 그러나 그것은 내레이션을 하던 중간에 따옴표로 인용한 간접화법 같은 것이다. 만약 그것을 상연한다면 코러스뿐만 아니라 관객들도 있는 무대 위에서가 될 것이다. (46-47)

처음에는 라캉의 공연 비유가 이상적인 분석 상황을 잘 이해할 수 있도록 배려한 것처럼 보인다. "훌륭한" 비유에서 은유적인 용어가 문자 그대로의 의미를 담아내는 것처럼 말이다. 특정 공연에서처럼, 가득 찬 발화로 말해진 것은 실시간의 사건을 표현하는 것이 아니라 기표들의 집합이라는 것을 알 수 있다. 말하는 사람은 증상으로든 대사로든, 자신의 말들이 이전에 있었던 말을 반복하는 것임을 드러낸다. 이렇게 거리두기를 한 사람은 외재적(exteriority)인 관계를 자신의 담론으로 바꾼 것이 아니다. 그는 자신의 일대기를 표현하는 게 아니기 때문에 "따옴표"를 사용해서 말하는데, 이는 그가 하는 말이 큰타자의 위치에서 인용문의 형태로 되돌아온다는 것을 뜻한다.

그러나 좀더 살펴보면, 공연으로 은유하는 것은 여러 가지 면에서 본래의 취지를 벗어난 것처럼 보인다. 첫째, 라캉은 공연이라는 행위로 표현하면서, 주체를 상징계로 통합시키는 아주 개인적인 형태의 반복에서 관심을 돌려 철저히 사회적인 상호작용으로 향한다. 사회적인 상호작용에서는 말하는 대상이 큰타자가 아니라 타자들의 집합체가 된다. 또한 여기에는 두 부류의 타자들의 집합체가 있는데, 바로 코러스와 관객들이다. 이들 중 구조적으로는 코러스만이 분석가에 비유될 수 있다. 코러스만이 말하는 이의 담론에 대해 "구두점을 찍을"[153] 수 있기 때문이다. 관객에게는 그러한 기능이 없다. 따라서 라캉의 비유에서 관객은 근본적으로 잉여항이다.

그러나 이 잉여항은 중심적으로 구조화하는 역할을 나타낸다. 그는 배우가 "동시대 사람들이 이해할 수 있는 언어로, 그리고 더 나아가 동시대인들의 현재 담론을 전제로 하는 언어로 말한다"고 주장하면서, 언어로 하는 발화든 리비도로 하는 발화든, 이름붙일 수 있는 모든 발화는 한 명의 다른 주체와 대화하는 것이기도 하지만 추상적인 언어 체계와 대화하는 것이라는 점을 상기시킨다. 따라서 듣는다는 것은 기표가 있는 그대로 이해될 수 있는 장을 의미하기도 하고, 랑그라는 초월할 수 없는 지평을 의미하기도 한다. 라캉은 또한 공연의 계획에서부터 상연까지 모든 단계에서 공연상황이 명료하게 이해되도록 조정된다고 주장한다.

그러나 이는 청중이 고정된 패러다임을 가지고 있으며, 말하는 자가 그 패러다임에 맞춰야한다는 뜻이 아니다. 이 경우 랑그는 언어의 공시적인 차원을, 파롤은 통시적인 차원을 표상하는 것[154]이 아니다. 라캉은 말할 때 고려해야 하는 담론적인 기준을 시간적으로 두 번 한정시켰다. 이에 따르면 배우는 적어도 어느 정도 자신의 언어를 언어체계에 맞추어야 하는데, 그것은 "동시대적"이거나 "현재의" 것이어야 한다. 따라서 이는 아마도 파롤의 압력에 대한 반응으로, 시간을 넘어 변화하는 언어체계임이 분명하다. 명료하게 말한다는 것은 여러 사람들이 이구동성으로 말하는 것처럼 정확하게 말한다는 뜻이 아니라, 동시대적인 랑그에 따라 이야기한다는 의미이다. 라캉은 당대인들이 현재 담론에 관해 말한다는 개념이 얼마나 넓은 의미인지를 분명히 보여준다. 심지어 그것은 "고어"나 "외국어"로 말할 때에도 만족될 수 있다.

전통적으로 "외국어"를 말한다는 것은 치료적인 맥락보다 미학적인 맥락에서 해왔던 일이기 때문에, 예로 든 이러한 말하기의 마지막 특징 역시 라캉 은유를 전달한다기보다는 대의에 더 맞는 듯하다. 가득 찬 발화와 공연에서의 말하기가 처음에는 유사해 보였지만, 공연과 정신분석 상황의 차이는 점점 더 명확해진다. 그러나 우리는 이 구절이 말하는 미학적인 듣기에 대해서는 아직 다 살펴보지는 않았다.

하이데거는 「언어에 이르는 길」에서 일종의 "보여주는" "말하기"에 대해 언급했다.[155] 라캉 또한 논의하고 있는 이 구절에서, 말에게 보여주는 능력을 부여했다. 즉 그는 배우의 이야기를 듣는 사람들을 "듣는 이"가 아니라 "관객"[156]으로 특징지으면서 이야기가 진행되는 동안 그들이 무언가를 보도록 강요된다는 것을 암시하는 것처럼 표현한다. "보여주는 말하기"는 말이 되지 않는 표현이지만, 하이데거와 라캉 모두에게 매우 유용한 개념이다. 이를 통해 언어 자체는 감춰지도록 작동된다는 것을 알게 되기 때문이다.

우리는 통상적으로 우리가 입 밖으로 내뱉는 말을 듣는다. 따라서 우리는 우리가 말하고 있는 것을 알고 있다는 인상을 갖는다. 또한 우리는 듣기를 말을 입 밖으로 낸 후에 하는 것, 그에 대한 반응으로 하는 것으로 간주한다. 반면에 어떤 것을 보여줄 때, 우리는 우리가 보여주고 있는 것을 볼 수 없다. "보여주기"는 관객이 있어야만 그 의미와 존재이유가 도출되는 행위이다. 다시 말해, 보여주기는 다른 사람이 존재할 때에만, 그리고 다른 사람을 위해서만 하는 행위인 것이다. 이 두 방식 모두에서, 말하기가 듣는 이에 의존하는 것보다, 보여주기가 관객에게 훨씬 더 많이 의존하고 있음을 알 수 있다. 그러나 라캉은 말하기를 보여주기로 특징지으며, 말하기도 이런 기능(말하는 자보다는 말 걸어진 자에게서 실현됨)을 지니고 있음을 주장했다.

그러나 여기서 "관객"은 단순히 "듣는 이"를 비유한 것이 아니다. 비시각적이거나 형태를 부정하는 것일지라도, 모든 예술작품은 처음부터 끝까지 시각을 지지하는 행위일 수밖에 없다.[157] 예술작품은 주체가 지각현상을 아름다움으로 표현할 때 시작된다. 그 이유가 무엇이든 간에 예술작품의 끝은 두 번째 주체가 이미지에서 아름다움을 발견할 때이다. 정의하자면 예술가와 관객은 둘 다 관찰자인데 예술이란 더 이상 단순화할 수 없는 그 본질상, 개별적 시각이 심리적으로 조우할 때만 발견할 수 있는 것을 외재화·집합화한 것이기 때문이다. 그때가 바로 현현(appearance)의 순간이다. 예술작품은 이러한 대화법으로 사람과 색, 사물을 드러내며, 때로는 단순히 그 자신을 나타내기도 한다.

라캉은 공연 행위의 예로 "고어" 혹은 "외국어"를 사용하는 것을 들면서, 정신분석과 예술의 또 다른 결정적 차이를 드러낸다. 정신분석은 우리를 우리 자신에게 데려감으로써만 그 목적을 달성할 수 있다. 즉 우리가 자신의 말을 하는 사람이 되어야만 목적을 달성하는 것이다. 그러나 예술은 근본적으로 다른 역할을 한다. 예술은 우리를 더 범세계적인 관찰자 혹은 "세계를 바라보는" 관찰자로 만들어야만 그 목적을 달성한다. 시대착오적이거나 소외된 것처럼 보일 때조차도, 관찰자란 우리에게 속하지 않은 "거기"에서 볼 수 있어야 한다. 정리하자면, 우리에게 속하지 않은 "거기"에서 바라본다는 것은 우리에게 속하지 않은 "거기"에서 염려하는 것이기도 하다. 실제 듣는 이나 비유적인 듣는 이는, 내가 지금까지 주장한 것보다 훨씬 심오한 의미에서 미학적인 작업이 실현되는 장이다. 다시 말해, 미학적인 작업은 한 주체가 다른 주체와 시각 현상으로 소통할 때, 그리고 정감으로 소통할 때 이루어진다. 그러나 그 차이는 결국 비어 있는 것(an empty one)이다. 다음 두 장에서 설명하겠지만, 바라본다는 것은 염려하는 것이다.

세계의 열린 영역을 열어두기

궁극적으로 예술은 말하는 이가 아니라 듣는 이에게서 실현된다. 그럼에도 불구하고 예술은 "빛이 비춰지도록 자리를 마련함" 혹은 존재의 결여와 같이 탈은폐된 공간을 열기 위한 또 다른 이름에 불과해 보인다. 그러나 엄밀히 말해 그렇지 않다. 하이데거는 「예술작품의 근원」에서 예술은 "여는" 것이 아니라, "열림(the Open)의 개방성에 빛이 비춰지도록 자리를 마련하는 것"이라고 말했다(62). 예술은 공간을 창조하는 것이 아니라 "그 공간성을 위한 공간을 창조하는 것이다"(45). 그 공간성이란 "세계의 세계화" 속에 축적된다. 예술은 열림을 자유롭게 하기보다는 "열림의 자유를 해방시킨다". 그리고 예술은 "그 자체의 구조 안에서 그것을 확립시킨다"(45).

나는 2장의 서두에서 현존재는 하나의 개체라기보다는 행위라고 주장했다. 이 장을 마치면서 나는 예술작품도 이와 같다고 말하고 싶다. 예술작품은 하나의 인공물이 아니라 하나의 행위이다. 현존재가 행하는 행위와 예술이 행하는 행위에는 공통되는 중요한 점이 하나 있다. 바로 형상을 부여한다는 점이다. 예술은 우리가 매일 참여하는 가치창조와 같이, 형상을 만들고 주물을 뜨고 조각을 한다. 그러나 이러한 활동들이 모두 같다고 말할 수는 없다. 현존재는 염려를 통해서 공허로부터 세계를 불러내며, 무로부터 어떤 것을 만들어낸다. 한편, 예술은 염려가 만들어낸 빛을 외부로 표현하고 보호할 수 있는 구조를 만들어낸다. 예술은 "세계의 열림"을 "열어두기" 때문에, 세계는 있는 그대로 파악될 수 있다(45). 예술작품은 **존재**의 집 주위에 정원을 만드는 일과 같다. 여기서 정원이란 다른 사람들의 시선을 끄는 장이다.

그렇다면 거주하는 "주인"과 잠시 머무는 자들은 어떤 차이가 있을까. 예술이 주인의 "거기 있음"을 외부에서 둘러싸는 것이라면, 예술가는 결국 그것을 소유하는 위치에 있을 수 없다는 것인가.[158] 사실 나는 예술가를 그냥 지나치는 사람들과 같은, 이 집의 방문자라고 주장하고 싶다. 그가 "존재"한다고 말할 수 있는 공간성을 만드는 공간은, 자신을 벗어난 황홀경을 통해서만 들어갈 수 있는 곳이다. 피분석자처럼 예술가의 창조적인 능력이 나타나는 순간은, 급진적으로 표현하자면 그의 창조력을 포기하는 순간이다.[159] 즉 말하고 보여주기보다는 보고 듣는 순간이다.

다시 한번 교훈은 명확해진다. "내 것으로 만드는" 순간 나는 나 자신에게서 멀어진다. 그 순간 우리의 본질은 전유된다.

03. 언어에 귀 기울이기

note

.

.

.

119   이 은유는 자크 라캉이 사용했던 것이다. Jacques Lacan, "The Function and Field of Speech and Language in Psychoanalysis," in *Écrits: A Selection*, trans. Alan Sheridan (New York: Norton, 1977), p. 43.

120   이 책의 문맥에서 "소유(possession)"와 "가짐(having)"의 개념은 "내 것으로 함(owning)", "주장(claiming)", "전유(appropriating)"와 암시적으로 반대되는 뜻이다. 내 것으로 함, 주장, 전유는 모두 자아의 소멸을 함축하는 반면, 주체가 소유하거나 가지려고 시도하는 것은 자아의 요구가 포함되어 있는 개념이기 때문이다.

121   Martin Heidegger, *An Introduction to Metaphysics*, trans. Ralph Manheim (New Haven, Conn.: Yale University Press, 1959), p. 205.

122   시간이 지날수록 하이데거가 더욱 중요하게 생각한 이 개념은 초기 저작에도 등장한다. 예를 들면 *Being and Time*, pp. 117, 396, 405와 "On the Essence of Truth"(1930), in *Basic Writings*, ed. David Farrell Krell (San Francisco: HarperSanFrancisco, 1993), pp. 124-132를 볼 것.

123   Martin Heidegger, "Letter on Humanism," in *Basic Writings*, ed. David Farrell Krell, p. 217.

124   Martin Heidegger, "The Nature of Language," in *On the Way to Language*, trans. Peter D. Hertz (San Francisco: HarperSanFrancisco, 1971), p. 75.

125   Martin Heidegger, "…Poetically Man Dwells…," in *Poetry, Language,*

Thought, trans. Albert Hofstadter (New York: Harper and Row, 1971), p. 216.

126   Martin Heidegger, *Parmenides*, trans. André Schuwer and Rochard Rojcewicz (Bloomington: Indiana University Press, 1992), p. 12.

127   Martin Heidegger, "The Way to Language," in *On the Way to Language*, p. 128.

128   「언어에 이르는 길에서(*On the Way to Language*)」의 역자는 독일어 er-eignen을 "to appropriate"로 옮겼다. ereignen은 일반적으로 "일어나다 또는 발생하다"의 의미를 갖고 있다. 명사형 das Ereignis는 "사건"이라는 뜻이다. 하이데거의 das Ereignis에 해당되는 '발생(occurrence)'이라는 단어 역시, 드러난다는 의미이다. 언어를 듣는다는 하이데거 특유의 표현처럼 하이데거는 ereignen 속에 있는 두 단어를 들었다. "잘 맞는 또는 어울리는"의 뜻을 가진 eignen이라는 단어와 "고유의"라는 뜻을 가진 eigen이라는 단어이다. 이 개념들은 드러남의 사건을 appropriation으로 개념화하는 기초가 된다.

129   Jacques Lacan, "Function and Field of Speech and Language in Psychoanalysis," in *Écrits*, p. 104. 이 글은 '로마담론'으로 알려져 있다.

130   Martin Heidegger, "The Nature of Language," in *On the Way to Language*, p. 62.

131   Martin Heidegger, "The Thing," in *Poetry, Language, Thought*, pp. 165–186.

132   라캉은 말이 "부재로 만들어진 현전"이라고 했다. 후에 잠깐 언급하겠지만, 그가 여기서 말하고 있는 것은 결국 사물들에 관한 것이다.

133   프로이트는 포르트/다 게임에 관해 *Beyond the Pleasure Principle*, in *The Standard Edition of the Complete Psychological Works*, trans. James Strachey (London: Hogarth, 1955), vol. 18, pp. 14–17에서 이야기하고 있다.

134   Jacques Lacan, *The Seminar of Jacques Lacan, Book I: Freud's Papers on Technique*, 1953–1954, trans. John Forrester (New York: Norton, 1991), pp. 242–243. 라캉은 헤겔에게서 이 개념을 끌어와 자기 논점의 핵심으로 삼는다. 그는 이를 통해 말이 사물에 시간을 부여한다고 주장한다.

135   Jacques Lacan, *The Seminar of Jacques Lacan, Book VII: The Ethics of Psychoanalysis*, 1959–1960, trans. Dennis Porter (New York: Norton, 1992), pp. 19–127을 볼 것.

136   소쉬르(Ferdinand de Saussure)에 관해서는 Jacques Lacan, "The Freudian Thing," in *Écrits*, p. 125; "The Agency of the Letter in the Unconscious," in *Écrits*, pp. 149, 154, 160; 그리고 "Subversion of the Subject and the Dialectic of Desire," in *Écrits*, p. 298을 볼 것. 또한 레비 스트로스(Claude Lévi-Strauss)에 관해서는 "Function and Field of Speech and Language in Psychoanalysis," in *Écrits*, pp. 65-68을 참조할 것. 라캉이 언어로 친족구조를 이론화한 것은 레비 스트로스의 영향이 크다.

137 "Agency of the Letter in the Unconscious," p. 160

138 프로이트의 *Project for a Scientific Psychology*는 *The Standard Edition*, vol. I, pp. 295-387에 있다. 이 텍스트에 대한 라캉의 논의는 *The Seminar of Jacques Lacan, Book VII*, pp. 19-84를 볼 것.

139 '소통(*Bahnung*)'에 대한 자세한 내용은 5장을 참조할 것.

140 Martin Heidegger, "The Origin of the Work of Art," in *Poetry, Language, Thought*, p. 67.

141 Sigmund Freud, *Beyond the Pleasure Principle*, pp. 12-14.

142 Sigmund Freud, "The Uncanny," in *The Standard Edition*, vol. 17, p. 237.

143 Sigmund Freud, *Beyond the Pleasure Principle*, p. 22

144 『쾌락 원칙을 넘어서(*Beyond the Pleasure Principle*)』에서 반복이란 대조적인 것들의 총체적인 집합이다. 이 단어가 거기서 지시하는 많은 의미들에 대한 논의는 나의 저서 *Male Subjectivity at the Margins* (New York: Routledge, 1992), chap. 2를 볼 것.

145 프로이트의 묶는 것(binding)에 대한 논의는 『쾌락 원칙을 넘어서』 전체에 산재해 있다. 그는 언어 반복을 과거를 정복하는 것으로 분석했는데, 이에 대해서는 pp. 14-17을 볼 것. 치료적 차원에서 과거를 다시 언급하는 것은 pp. 18-20을 할 것.

146 Jacques Lacan, "The Freudian Thing," in *Écrits*, pp. 114-117.

147 나는 이 개념을 장 뤽 고다르(Jean-Luc Godard)의 영화 〈즐거운 지식(*Le Gai Savoir*)〉에서 가져왔다.

148 이 단어들은 『존재와 시간』에서 나온 것이지만, 라캉이 "Function and Field of Speech and Language in Psychoanalysis," in *Écrits*, p. 103에서 인용했다. 셰리단은 이 인용의 출처로 존 맥쿼리(John Macquarrie)와 에드워드 로빈슨(Edward Robinson)의 번역본 p. 294를 사용했다. 의미적으로는 후자가 라캉이 인용한 문구에 더 가깝지만, 어떤 경우에는 정확하게 일치하지 않는다.

149　Jacques Lacan, "Function and Field of Speech and Language in Psychoanalysis," in *Écrits*, p. 86.

150　Jacques Lacan, *The Seminar of Jacques Lacan, Book I*, pp. 109, 244.

151　전이에 대한 프로이트의 설명은 "The Dynamics of Transference," in *The Standard Edition*, vol. 12, pp. 97-108; "Remembering, Repeating and Working-Through (Further Recommendations on the Technique of Psycho-Analysis II)," in *The Standard Edition*, vol. 12, pp. 145-156; 그리고 "Observations on Transference-Love (Further Recommendations on the Technique of Psycho-Analysis III)," in *The Standard Edition*, vol. 12, pp. 157-171을 볼 것.

152　"Function and Field of Speech and Language in Psychoanalysis," in *Écrits*에서 라캉은 다음과 같이 썼다. "그 상징하는 기능에서 볼 때, 말은 말하는 주체와 듣는 주체를 연결함으로써 듣는 주체를 변화시키는 방향으로 움직인다. 즉, 기표의 효과를 소개함으로써 듣는 주체를 변화시킨다"(83).

153　라캉은 분석가가 피분석자의 담론에 "구두점을 찍는" 기능을 한다고 했다. 특히 분석가는 분석시간을 조절하여 구두점을 찍는다("Function and Field of Speech and Language in Psychoanalysis," in *Écrits*, p. 44).

154　이것은 소쉬르가 *Course in General Linguistics*, pp. 87, 98-100에서 구별 짓는 방식이다.

155　특별히 "The Way to Language," in *On the Way to Language*, pp. 123-127을 볼 것.

156　듣는 이와 대비되는 개념으로서의 보는 이-옮긴이 주.

157　음악을 공부하는 독자들과 『남성적 주체성(*Male Subjectivity*)』에서 그 부정성을 포기한 것 때문에 나를 용서 못 하는 사람들은 이 부분을 비난할 것이다. 그래서 나는 노래 중에서도 아주 감상적인 형태를 "블루스(파랑)"라고 부른다는 사실과, 그 열렬한 애호가들이 "나는 블루스를 사랑해요"라는 말을 종종 들을 수 있다는 점을 지적하고 싶다.

158　여기서는 "소유(possession)"라는 단어를 전통적인 의미로 사용했다. 즉 "내 것으로 함(owning)" 또는 "주장(claiming)"과 반대되는 개념이다. 이 책의 문맥에서는 "내 것으로 함"이나 "주장"은 자아의 성취가 아니라 부정을 의미한다.

159　미술사 관련 자세한 내용은 Mieke Bal, *Quoting Caravaggio: Contemporary Art, Preposterous History* (Chicago: University of Chicago Press, 1999)을 볼 것.

04. 이미지 생산을 위한 장치

들어가기

들어가기
intro
duction

4장 이미지생산을 위한 장치에서 실버만은 '욕망의 언어를 말하기'란 곧 '보는 것'임을 밝히고자 한다. 리비도적 발화행위는 이미지를 생산함으로써 가능하다는 자신의 주장을 입증하기 위해, 실버만은 본 장에서 프로이트의 정신분석이론을 중점적으로 활용한다. 『꿈의 해석』, 『히스테리 연구』, 『쾌락 원칙을 넘어서』 등 프로이트의 저서들을 살펴보며 저자는 시각과 관련한 프로이트의 이론을 비판적으로 수용하는 동시에 재조명하는 작업을 펼친다.

이를 위해 먼저, 실버만은 프로이트가 분석한 '이르마의 주사 꿈', '식물학 연구 꿈', '자기 해부의 꿈' 등의 꿈 사례에 주목한다. 꿈에서 등장한 시각적 특질들이 욕망의 진실에 접근하도록 만들기 때문이다. 프로이트 역시 일찍이 이러한 꿈의 이미지에 주목했지만 그의 논의가 쾌락적 요소에서 머문 반면, 실버만은 이로부터 '보는 행위' 자체가 꿈 속에서 특권화된 위치를 차지하고 있다는 사실을 밝힌다.

시각에 대한 저자의 연구는 프로이트가 정신을 카메라와 같은 광학장치로 비유한 데서 이미지가 생산되는 구조로 확장해 나간다. 감각적 자극은 무의식적 기억을 만나 압축, 전위되는 과정을 통해 지각되는 것으로, 이미지를 생산한다. 이 과정에서 실버만이 특히 주목하는 것은 무의식적 기억의 역할이다. 무의식의 기억은 시각적 자극을 이끌어내며 새로운 지각적 형상을 이뤄낸다.

이어서 실버만은 프로이트의 '쾌락원칙'에 주목한다. 프로이트가 정신을 '반사장치'에 비유한 점을 들어, 그는 흥분이 방출되는 것으로 보는 기존의 해석에 반대한다. 오히려 그는 전위의 과정을 통해 흥분이 순환하는 구조를 밝힌다. 궁극적으로 실버만은 본 장에서 정신의 구조를 심층적으로 분석함으로써 '보는 것'은 소유나 모방이 아닌 그 자체로 드러나는 것임을 제시하며, 이를 통해 '세계관찰자'가 될 수 있음을 말하고자 한다.

심소미

04. 이미지 생산을 위한 장치

> 본다는 것은 보았다는 것이다 [⋯] 예언자는 언제나 이미 보고 있었다.
> 미리 보았기에 그는 예언을 한다.
> 그는 과거(Perfektum)로부터 미래(Futurum)를 본다.
> - 마르틴 하이데거, 「아낙시만드로스의 잠언(The Anaximander Fragment)」[160]

> 겁낼 것 없어요. 이 섬엔 별별 소리가 가득해요.
> 아름다운 음악, 달콤한 공기는 기분이 좋을 뿐이지 해로울 것 없어요.
> 때때로 수만 개의 악기가 내 귀 옆에서 소리를 내고,
> 한숨 늘어지게 자고 난 뒤에 나른한 음성이 들리기도 해요.
> 그러다가 꿈 속에서는 하늘이 활짝 열리는 것 같고,
> 보물이 온통 나한테 떨어질 준비를 하는 것만 같단 말이지.
> 눈을 떴을 땐 다시 꿈을 꾸고 싶다고 몸부림친다니까요.
>
> - 윌리엄 셰익스피어(William Shakespeare),
> 『템페스트(The Tempest)』 3막 2장, 138-146쪽

앞의 두 장에서 나는, 특정한 욕망의 언어를 말하는 것을 통해 다른 창조물과 사물의 드러냄을 용이하게 할 수 있다고 제안했다. 이것이 어떻게 가능한가? 지금까지 나는 발화를 개념화하는 데 있어 언어적인 것보다 더 나은 방식은 없다고 말했다. 여러 구절에서 "리비도적 발화 행위"를 언급했을지라도, 나는 그것을 두 개의 소쉬르적 범주에 따라 추상적 랑그의 잠재적인 개별화와 구체적 현실화로 정의했다.[161] 그러

이미지생산을 위한 장치
Apparatus for the Production of an Image

나 나타난다는 것은 보이게 된다는 것으로, 옥스퍼드 영어사전에 따르면 "시야에 들어오는 것"을 의미한다.162) 그리하여 언어기표는 이 모든 중요한 사건에 대해 은유적인 관계만을 가진다.

비록 리비도적 발화행위를 설명할 때 추상적인 언어체계를 언급하기 위해 랑그를, 그러한 발화행위 자체를 언급하기 위해 파롤이라는 용어를 사용하긴 했지만, 나는 둘 중 어느 것도 언어적 방식에 따라 개념화하지 않았다. 내 관점에서 친족관계(kinship)는 독일어, 프랑스어, 영어의 관념적 언어체계와는 어떤 식으로든 다르다. 이러한 자연언어(natural language)에서 각각의 랑그는 상호적으로 관계를 규정하려는 고도로 규범되고 합리적으로 안정된 네트워크로 이루어진다. 어머니라는 말은 모든 영어사용권자들이나 동일한 사람에게조차도 오랜 기간 동안 같은 것을 의미하지는 않지만, 다른 영어사용자에게 말했을 때 그 의미를 충분히 이해시킬 수 있다. 반면에 친족관계에서는 거의 모든 것이 끊임없는 흐름 속에 놓여 있다. 기표는 오로지 그 자체의 변형을 도와주는 기억의 집합과의 관계를 통해서만 의미를 가지며, 결국 그 안으로 동화될 것이다.

사물들은 친족관계 안에서 의미론적으로 굉장히 불안정하다. 따라서 아래의 한 가지 가족호칭이 없었다면, 우리는 리비도적 발화행위를 랑그가 결여된 말하기로 나타내야만 했을 것이다. 사실상 같은 문화권에 있는 모든 사람들이 가족적 호칭(familial terms)을 말하기 시작할 때, 이는 극도로 제한된 일련의 가족호칭 중 한 개 혹은 그 이상으로부터 전위된 것이다. 여기에서 가족적 호칭이란 가장 관행적으로 모계나 부계에서부터 나온 것을 말한다. 게다가 리비도적 발화는 바로 이러한 가족적 호칭이 유래된 자리에 남아있는 한에서만 가능하다. 친족관계의 랑그는 이처럼 단순한 기본명령에 지나지 않는다.

이 마지막 발언은 친족관계에서 우리 대부분이 가졌던, 일련의 속박이며 구속적 규정이라 할 수 있는 경험과 반대될 것이다. 그럼에도 불구하고, 우리의 대상선택을 규정하는 관습과 복잡한 기호체계가 정교화되는 곳은 친족관계의 추상적 체계라는 층위에 있지 않다. 이것은 오히려 리비도적 발화층위에 있다. 그러한 기호체계와 관습이 지배하는, 즉 주체의 욕망의 언어를 문화적 규범에 따르는 경우에 바로 그런 것들을 하이데거가 말하는 "세상사람(they)"[163]에 적용시킬 수 있겠다. 우리는 이러한 기호체계와 관습을 강압적으로 느낀다. 왜냐하면 욕망의 층위에서 말하는 사람은, 우리 자신이라기보다는 이러한 "세상사람"이기 때문이다.

물론 다른 사람들을 "어머니"와 "아버지"로 구성하려는 식의 표상에서 리비도적으로 투여하려는 압력은 삶이 시작하는 순간부터 느낄 수 있다. 어린아이는 언어를 이해하거나 음식, 의복, 실내장식 그리고 집안의 다른 배치들에서 기호체계를 읽어낼 수 있게 되자마자 친족관계를 말하는 특정한 방법을 습득하기 시작한다. 그러나 현재 우리의 문화에서 결과적으로 아이의 욕망을 붙들고 있는 것은 그 나라의 언어라기보다는 흔히 "하위문화적 방언"이나 심지어는 고도로 개인화된 "개인언어"라고 불릴만한 것들이다. 아버지가 없고 어머니가 둘인 경우, 아버지의 남성연인과 아버지만 있는 경우, 혹은 법률회사에서 근무하는 어머니와 집안을 돌보는 아버지가 있는 경우에도 아이는 세계로 진입할 것이다. 그리고 몇 년 후에 아이는 유치원에 들어가서야 비로소 핵가족이라는 것이 무엇을 "기대하는지" 배우게 될 것이다. 그러나 이러한 중재기간에도 아이는 친족관계 안에 놓여 있다. 학교에 가기 훨씬

이미지생산을 위한 장치
Apparatus for
the Production of an Image

전부터 아이는 근친상간의 금기를 받아들였으며, 심지어는 어머니로부터 애완견으로 첫 번째 전위(displacement)를 이루었을 수도 있다.

아이가 "아버지"나 "어머니"라는 단어를 학교에서 배우고 집으로 돌아와 자신에게도 혹시나 그러한 사람이 있는지 알기를 원하는 순간, "세상사람"은 이와 같은 어린아이의 가상적인 욕망을 복화술로 말할 필요는 없다. 다른 발화행위와 마찬가지로 리비도적 발화행위 역시 분명하게 말해져야 한다. 그러나 친족관계의 랑그가 자연언어와 같지 않은 것처럼, 리비도적 발화행위도 언어적 발화행위와 같지 않다. 우리는 소리를 내거나 악보를 만드는 것이 아니라 이미지를 생산함으로써, 즉 말하거나 쓰는 것이 아닌 보는 것으로써 리비도적 의미화 작용을 한다.

우리가 가정한 저 아이는, 특권화된 무의식적 기억과 현재의 지각적 자극 사이를 은유적이거나 환유적으로 연결할 수 있을 때 비로소 욕망의 언어를 개방하여, 낯선 가족용어에 적응하게 될 것이다. 하지만 아마 이러한 일은 결코 일어나지 않을 것이다. 어느 날 학교가 끝난 오후, 아이는 사랑하는 콜리의 까만 털과 학교친구 아버지의 낡은 외투 사이에서 시각적 압축을 일으켜 남성의 근육을 새롭게 인식하기보다는, 오히려 1학년 때 담임선생님의 움직임에서 어머니의 우아함을 재발견하게 될 것이다.

인간주체의 기본적 욕동(drive)은, 이전에 보았던 것을 다시 보려는 것이다. 친족관계는 이러한 욕동을 만족의 가능성으로부터 소외시키고 전위하도록 명령하여 다른 장소에 위치시킴으로써 무의식을 창조한다. 무의식의 기원이 암시하듯이, 욕망은 욕동과 마찬가지로 시각에 뒤얽혀 있다. 그것은 어떤 이가 다시 보기 위해 애쓰는 무언가를 새로운 지점에서 보기 위한, 즉 옛것을 다른 모습으로 보려는 명령으로 정의될 수 있다. 우리가 현재의 것에서 과거의 무언가를 파악하려는 것은 우선적으로 시각의 층위에 있기 때문에, 모든 주체의 기표에 대한 열정은 다른 창조물과 사물이 나타나는데 도움을 준다.

하나이지 않은 정신분석학

시각의 정신적 우월함을 주장하는 데 있어, 내가 정신분석학의 가르침과 단절되어 있는 것처럼 보일 것이다. 프로이트가 무의식적 기표(unconscious signifier)[164]의 시각적 지위를 인정하고, 무의식의 의미작용(unconscious signification)[165]에서 주체의 우위를 일관되게 주장하고 있지만, 그는 언어에 부여한 만큼의 중요성을 이미지에 부여할 준비가 안 된 것처럼 보인다.

『꿈의 해석(Interpretation of dreams)』 2장에서 프로이트는 이 책이 주로 다루고 있던 담론적 형상에 대한 그의 유명한 정의를 진척시킨다. 여기에서 그는 꿈이란 "억제되거나 억압된 소원의 위장된 성취"(4:160: 프로이트의 강조)라고 말한다. 자세위치성(postural positionality)에서 벗어난 단순한 투사나, 소화과정의 결과물과는 거리가 먼 이러한 꿈에 대한 정의를 통해 프로이트는, 자고 있을 때 우리 앞으로 지나가는 환각적인 소리와 이미지가 우리 자신에 대한 진실을 말해준다고 주장한다. 여기에서 우리는, 우리가 절대로 알 수 없었던 것, 즉 우리가 욕망하는 것이 무엇인가를 배우게 된다. 그러나 이 교훈은 보고 듣는 것에 지각적인 가치(perceptual value)를 두는 한 사용될 수 없다. 꿈의 소리와 이미지를 직접적으로 말해지지 않는 것의 단순한 대용물이나 암호로 붙잡음으로써,

이미지 생산을 위한 장치
Apparatus for
the Production of an Image

우리는 욕망의 진실에 접근할 수 있기 때문이다. 그리하여 프로이트는 꿈에 나타난 내용에 대한 탈현실화를 언급한 것이다.

놀랄 일은 아니지만 『꿈의 해석』의 다음 장에서 프로이트는 꿈에 대한 정의를 내린 다음 페이지부터 그가 분석한 꿈의 소리와 이미지에서 떨어져 나온 파편들이 위장한 것으로 재빨리 옮겨간다. 주어진 꿈 이미지의 시각적 특수성이든 부모님이나 어릴 적 대상이 재구성되어 놀라운 형상으로 나타나든지 간에, 이는 그 자체로 그리 중요해 보이지 않는다. 사실 프로이트는 우리가 꿈의 이미지를 본질적으로 보기에 즐거운 무엇이라기보다는 그림퀴즈의 한 부분으로 다루길 권한다. "만약 꿈의 시각적 성격들을 상징적 관계가 아닌 도상적 가치에 따라 읽는다면, 우리는 분명 실수를 하게 될 것이다." 프로이트는 『꿈의 해석』에 이렇게 말한다. "우리가 각각의 분리된 요소들을 어떤 방식으로든 그에 따라 표상될 수 있는 음절이나 낱말로 대체하려고 시도한다면 […] 우리는 비로소 그림퀴즈를 올바르게 판단할 수 있을 것이다"(4:277-278).

프로이트는 또한 『꿈의 해석』 5장에서, 꿈-작업이 그가 "꿈-사고(dream-thought)"라 부르는 구술적(verbal) 기억을 대게 "재현가능성의 고려(considerations of representability)"에서 비롯된 지각으로 변형시킨다고 말한다(5:229-249). 그에 따르면 이미지는 언제나 그 의미가 다층적이기 때문에 말보다는 꿈의 압축작업이라는 요구를 훨씬 더 만족시킨다. 같은 맥락에서 이미지는 우리를 자극하는 욕망을 꿈 뒤로 감추려는 노력, 즉 검열기제(censoring mechanism)를 돕는다. 이런 이유로 꿈은 금지된 것을 쉽게 숨기고 여러 가지 의미로 해석될 수 있다.

프로이트의 다른 책 속에서 시각은 도구적일 뿐 아니라 병리학적인 작용이기도 하다. 그것은 "질병" 같은 것으로 나타나는데, 이는 언어로 "치료"될 수 있다. 프로이트는『히스테리 연구(Studies on Histeria)』에서 다룬 환자의 사례를 들면서, 언어를 시각적 환상인 외상을 중화시키는 데 뿐만 아니라 과거에 그러한 환상을 가졌던 환자의 부분적 기억을 지우는데도 사용했다고 말한다.166) 프로이트의 도라, 꼬마 한스, 늑대인간에 대한 모든 사례연구는 "시각적 증후(visual symptoms)"에 대한 좋은 예들이다. 각각의 글에서 프로이트는 "대화치료(talking cure)"라는 개념을 한층 정교화했다.167) 그리고 더 나아가『쾌락 원칙을 넘어서』에서 그는 악몽의 외상을 "묶어 두는" 구술적 발화의 힘을 찬양하면서, 만약 말하지 않는다면 악몽은 강박적으로 회귀할 것이라고 주장했다.168)

그러나 정신분석학이 가르쳐주듯이, 결국 우리가 궁극적으로 배워야 하는 것은 지식의 표면, 즉 의식에서 비롯된 게 아니다. 그것은 오히려 우리 각자가 결국 되어야 한다고 일컫는 큰타자(the Other)로부터 나온다. 꿈-작업이 재현가능성의 고려로부터만 이미지를 생산한다고 생각하지 않는 이 큰타자는, 프로이트의 꿈에서 그의 입을 빌어 설득력 있게 말한다. 이러한 꿈들과 거기에 나타나는 꿈-사고 안에서 보는 행위는 매우 특권화된 위치를 차지한다.

그 예로 프로이트는 자신이 꾼 이르마(Irma)의 주사 꿈에서 외부적으로 서술(extradiegetic)하면서 내부적으로도 서술(diegetic)하는 관찰자가 된다.169) 꿈 속에서 프로이트는 신경증환자인 이르마의 목구멍을 내려다보고는 그 광경을 정밀히 읽어내는데, 그것은 분명 과도한 꿈-작업의 산물이었다. "나는 눈에 띄게 구부러진 코의 비개골 구조 위를 광범위하게 덮은 희끄무레한 딱지를 본다"(4:107). 프로이트는 M박사를 초대해 이 광경에 합류시키고, 이어서 두 명의 남자 동료들도 이르마 주위로 모은다. 샤르코(Charcot)가 상연했던 여느 연극 못지않은 시각적 그룹이 형성된 것이다. 이들은 곧 이르마의 목구멍 너머에서 어깨로 시선을 확장한다. 이르마가 옷을 단단히 입고 있음에도 불구하고, 그들은 이르마의 피부 속으로 "침투"할 수 있었다.

프로이트는 이 꿈을 분석하면서, 그의 예전 환자에 대한 기묘한 시각적 기억을 떠올린다. 그것은 아름다운 여자가정교사의 입속에서 그녀가 감추려했던 의치를 발견한 기억이다(4:109). 프로이트는 그 가정교사가 입을 벌리지 않음으로써 숨기려 했던 의치의 발견이 가정교사뿐만 아니라 자신에게도 불만족의 근원이었다고 말한다. 그러나 프로이트가 역시 입을 벌리고 싶어 하지 않았던 이르마에게 가정교사의 모습을 투영했을지라도, 꿈-사고에 대한 그의 설명은 특정한 시각적 기억을 재현하는 것으로 꿈을 해석하게 하지 않는다. 오히려 프로이트는 이르마의 주사 꿈이 구강으로부터 여성 신체의 다른 부분을 보려는 욕망에 의한 것임을 암시한다. 내가 여기서 "암시한다"라고 표현한 것은 프로이트가 자신의 분석에 대해 인정하는 것을 망설였기 때문이다.

그러나 이에 대해서 프로이트가 부끄러워할 것이라고 생각되지 않는다. 그는 아무렇지 않게 친구 오토가 이르마의 병에 책임이 있다는 이면의 생각을 알려준다. 즉, 이르마의 어깨에 대한 프로이트의 주입(infusion)은 틀림없이 오토가 그녀에게 놓은 주사로부터 비롯한다는 것이다(4:117). 뿐만 아니라 "그리고 아마 주사기는 깨끗하지 않았을 것이다"(4:118; 프로이트의 강조)라는 말에서 그는 의료위반이 성적위반이 되었다는 이중의 해석을 드러낸다. 그러나 보려는 욕망이 숨겨진 이면에서 그 자신이 얼버무린 구절인 "그녀의 옷에도 불구하고"를 보면, 그는 자신의 분석에 스스로 저항하고 있는 힘과 부딪힌다. 결국 결론은 단순한 진술이라기보다는 부정(negation)[170]이자 부인(denial)을 통한 고백이다.

"우리는 병원에서 당연히 옷을 벗겨 아이들을 진찰하곤 했다"고 프로이트는 말하면서 "그리고 이는 성인여자를 진찰할 때와 대조된다. 어느 유명한 의사가 자기는 언제나 환자가 옷을 입은 상태로 진찰한다고 말한 것을 기억한다. 그 외의 것들은 불분명하다. 솔직히 나는 이 지점에서 더 깊이 들어가고 싶지 않다"(4:113)고 마무리 짓는다.

이르마의 주사 꿈에 대한 프로이트의 설명은, 강렬한 절시증(scopophilia)과 연관된 것만이 전부는 아니다. 프로이트는 이르마의 입이 뜻하는 것이 무엇인지를 밝히는 과정에서, "모든 꿈에는 깊이를 알 수 없는 곳에 적어도 한 지점이 있는데, 이를테면 이는 미지와의 접촉점인 배꼽이다"라고 말한다(4.111, 주석). 『꿈의 해석』 후반부에서 프로이트는 이 지점이 아마도 근본적인 꿈-소원의 위치를 표시한다고 지적한다(5:525). 그는 꿈-배꼽의 깊이를 알 수 없는 이유는 이를 둘러싼 꿈-사고가 조밀하게 얽혀 있기 때문이라고 말한다. 꿈-사고는 속속들이 해석하기에 너무 많은 방향으로 뻗어나가 있다(5:525).[171]

프로이트는 이르마의 주사 꿈의 배꼽을 가정교사에게서 발견한다. 그는 그녀의 형상 뒤로 자신의 아내와 딸, 그리고 이르마의 친구가 가려져 있다고 주장한다.[172] 그러나 놀랍게도 프로이트는 이르마가 나타난 꿈-사고의 헤아릴 수 없는 본성을 강조함으로써, 그녀가 꿈-배꼽을 표상한다는 주장을 지지하지는 않는다. 오히려 그는 자신이 해석을 충분히 하지 않았기 때문에 이르마가 의미하는 게 무엇인지를 정확히 설명할 수 없다고 말한다. 프로이트가 이 꿈에 대한 해석을 충분히 하지 않은 이유는 자신의 아내와 딸, 이르마의 친구를 하나로 압축하기 위해 관념적 동기들을 연구한다면, 그 복합적인 형상들이 그를 배꼽 그 자체에서 "멀어지게" 했을 것이기 때문이다(4.111, 주석). 이 마지막 말에서

이미지생산을 위한 장치
Apparatus for the Production of an Image

프로이트는 우리가 이미 짐작했던 것을 인정하는 듯하다. 즉, 주석에서 이르마의 혼성구조에 대한 그의 언급은 잘못된 것이다. 이는 억압을 해소시키는 분석에서 중대한 순간을 표상하기는커녕, 별로 중요하지 않은 것이 전면으로 밀려나오고 가장 중요한 것은 배경으로 감춰지는 과정을 통해 그 자체로 검열의 한 부분이 된다.

그러나 비록 자신은 이르마의 주사 꿈의 배꼽을 오인했을지라도, 프로이트는 우리에게 그의 실수를 정정할 수 있도록 여지를 남겨준다. "그녀의 옷에도 불구하고"라는 말의 분석에서, 그는 자신이 놓쳐버린 심연의 비유를 제공한다. 프로이트는 정신분석학의 "꿈 사례" 분석에서 "미지와의 접촉점"을 표시한 것은 바로 이 같은 말이라고 지적한다.[173] 항상 환자에게 옷을 입힌 상태로 진찰한다는 유명한 의사에 대해, 프로이트가 말한 문장에 이어지는 두 문장 중 하나, 즉 "솔직히 나는 이 지점에서 더 깊이 들어가고 싶지 않다"도 아래와 같은 사실에 대한 우리의 이해를 돕는다. 만약 프로이트의 꿈이 이러한 중대한 지점에서 해석을 벗어난다면, 그것은 의미의 중층결정(overdetermination, Uber-determinierung) 때문이 아니다. 오히려 그것은 꿈꾸는 자가 지금 보고 있는 것을 보지 않으려는 소망이 보고자 하는 그의 욕망만큼이나 강력하기 때문이다.

프로이트의 식물학 연구논문에 관한 꿈은 보고자하는 바람으로 가득했지만, 여기에서의 부정의 힘은 그만큼 강렬하지 않다.[174] 이 꿈은 전체가 시각의 단일행위로 이루어져 있다. 프로이트는 식물을 주제로 연구했던 책이 그의 앞에 놓여 있는 꿈을 꾼다. 그는 책의 채색도판 한 장을 넘기고 있다(4:169). 채색도판이 있는 다른 책들은 식물학 연구논문에 관한 꿈에서부터 비롯된 꿈-사고에서 두드러지게 나타난다. 프로이트는 의대생시절에 그러한 책에 품었던 열정에 대해 말하면서, 책 속 이미지에 "매혹되었다(enthralled)"고 술회한다(4:172; 나의 강조). 이것은 프로이트와 그의 여동생이 어린 시절 채색도판이 있는 책을 찢으며 놀았던 기억을 이끌어낸다. 이 기억은 다시 극도의 쾌락을 가져다주고, 프로이트는 이를 "행복(bliss)"(위와 같음)이라는 용어로 특징짓는다. 프로이트는 이러한 파괴행위에 대한 "영상(picture)"이 그가 어릴 때부터 지녀왔던 유일한 "조형적 기억"이라고 말하면서, 그것의 시각적 일관성과 중요성을 강조한다(위와 같음).

식물학 연구논문에 대한 꿈의 동기가 된 사건은 서점 진열장에서 본 식물학 연구서였다(4:169). 프로이트는 이 광경에서 이전에 썼던 일종의 식물학 연구논문인 코카나무에 대한 책을 떠올렸다(4:170). 그리고 우리가 이 마지막 기억에서 아무런 시각적 맥락도 찾을 수 없다고 생각하지 않도록, 곧바로 그것이 코카인의 도움을 받아 녹내장이라는 상상적 상황에서 벗어나도록 했던 눈 수술의 환상을 일으켰다고 말한다(위와 같음). 결과적으로 프로이트는 식물학 연구서의 꿈 이면에 있는 가장 중요한 소망으로서 "탈고되어 자신 앞에 놓여 있는" 『꿈의 해석』을 보려는 욕망을 분리시킨다(4:172). 그는 꿈-소원의 영감이 플리스(Fliess)가 근래에 보낸 편지의 두 줄에 있다고 추측한다. "나는 자네가 쓴 꿈의 책에 푹 빠져 있네. 완성된 책이 내 앞에 있고 그것을 뒤적거리는 나를 본다네"(위와 같음: 프로이트의 강조). 그러나 프로이트가 꿈-소원을 표현하는 다음의 언급은 플리스의 시각적 환상이 그 자신의 정신에 얼마나 많은 반향을 일으키는지 잘 보여준다. "나는 앞을 내다볼 수 있는 그의 능력을 얼마나 부러워했던가! 나도 완성된 책이 내 앞에 놓여 있는 것을 볼 수만 있다면!"(위와 같음)

이미지 생산을 위한 장치
Apparatus for the Production of an Image

자기 해부의 꿈에서 프로이트는 다시 한번 외적 관람자인 동시에 내적 관람자로 기능할 뿐 아니라, 그가 보고 있는 광경을 제공한다. 이 꿈에서 프로이트의 옛 노스승인 브뤼케(Brucke)는 그에게 루이스(Louise N.)를 도와 프로이트 자신의 골반을 해부하도록 한다. 프로이트는 우선 해부된 자신의 몸을 보는 것으로 작업을 실행한다. 그가 보고 있는 것들은 그의 미적 재능을 강하게 자극하고, 그로 하여금 배경과 전경, 조각적인 것과 회화적인 것, 자연적인 것과 문화적인 것을 구분하도록 유혹한다. 그는 "내 골반과 다리가 내 앞에 놓여 있다"라고 쓴다. "골반이 드러나 있다. 골반은 위쪽에서 보이다 아래쪽에서 보이고, 그 두 시점이 섞여 보인다. 두터운 살색의 혹들이 보인다.[175] 게다가 그 위로 구겨진 은색 종이 같은 것이 있는데, 조심스럽게 끄집어내야 한다"(5:452).

자기를 해부하는 꿈의 어느 지점에서, 프로이트는 자신의 골반을 자세히 살펴보던 수술실을 떠나 작은 오두막집으로 향한다. 여기서 그는 더 이상 그 자신의 시각과 연관된 광경으로 기능하지 않는, 겉으로 보기에 완전히 비중 없는 역할이 된다. 그러나 사실 이러한 꿈의 부분도, 앞의 꿈들처럼 자아도취적인 절시증을 충분히 입증한다. 프로이트는 자신이 오두막집을 상세히 묘사한 것은 언젠가 에트루리아인의 무덤에 묻히고 싶어 하는 그의 욕망 때문이라고 말한다(5:454-455). 「환영의 미래(*The Future of an Illusion*)」를 보면, 그는 이 꿈으로 다시 돌아와 즉시 고대의 시각적 유물에 대한 그의 애정과 분명하게 연결 짓는다. 게다가 에트루리아인들의 무덤에 묻히고 싶다는 그의 욕망은 더 이상 단순히 소원성취로서의 꿈을 표상하는 게 아니다. 프로이트는 이 꿈 또한 그러한 무덤 안에 누워있는 자기 자신을 보려는 그의 욕망을 만족시킨다고 주장한다.[176] 그러나 프로이트의 꿈들이 시각의 심적 중요성을 입증하는 『꿈의 해석』에서 유일한 요소는 아니다. 꿈-작업이 전념하는 정신의 모델은 모든 면에서 시각적인 모델이다.

시각적 광학장치로서의 정신

프로이트는 『꿈의 해석』의 유명한 구절에서 정신은 "복합현미경 또는 사진기"(5:536)를 닮았다고 말한다. 언뜻 보면 이러한 비교의 근거는 그다지 많지 않아 보인다. 심적 이미지들은 앞에서 말한 시각적인 광학장치 속의 이미지들처럼, 실제적이라기보다는 "시각적으로 생생하다". 이 이미지들은 장치의 "실제로 보이는 구성요소"가 위치하지 않은 곳에서 나타난다. 정신과 현미경의 분석은 아니지만, 우리는 다음 페이지에서 정신과 카메라의 분석에서 또 다른 근거를 찾아 볼 수 있다. 정신을 구성하는 다양한 체계들은 카메라의 렌즈처럼 서로 일정한 관계 속에 놓여 있다. 빛이 카메라렌즈를 통과할 때처럼 흥분은 이러한 체계들을 특정한 순서대로 통과시킨다.

위의 인용구 바로 밑에서 프로이트는 심적 영역(psychical locality)은 "이미지의 준비 단계 중 하나가 생성되는 장치 내부의 한 지점"과 "조응한다"고 주장한다(5:536). 이 은유의 전달수단으로 프로이트는 사진기의 목적론적 측면을 강조한다. 그에 따르면, 카메라는 빛이 통과하는 공간적인 조직일 뿐만 아니라 시간적인 과정이며, 그 마지막 결과는 이미지의 생산이다. 프로이트가 그의 은유전달수단을 그 취지와 연관시킬 때 사용한 독일어 동사는, 제임스 스트라치(James Strachey)가 영어로 조응(correspond)이라 번역한 entsprechen[177]이다. 조응은 단순한 유사함 이상을 암시하며, "~에 동등한", "~에 일치하는", "~와 같

이미지 생산을 위한 장치
Apparatus for
the Production of an Image

은"이라는 뜻을 의미한다. 프로이트가 명시하는 대로 심적 영역이 카메라에 조응한다면, 이는 또한 "제작 중인 사진"이라 불리는 것이 등장하는 장이 될 것이다. 또한 정신은 카메라와 같이 전체로서 시간적 과정을 구성해야만 한다. 시간적 과정에 미리 부여된 결과는 이러한 사진을 실현하는 것이다.

심적 영역은 그러한 이미지의 외양을 위한 것이라기보다 이미지 제작에 있어 준비단계를 위한 장이다. 왜냐하면 심적 영역은 기억체계를 나타내기 때문이다. 프로이트는 지각이 기억과 떨어진 "장소"에서 발생한다는 것을 입증하기 위해 애쓴다. 『쾌락 원칙을 넘어서』와 「신비로운 글쓰기판에 대한 소고(*A note upon the Mystic Writing-Pad*)」에서 그랬던 것처럼, 그는 『꿈의 해석』에서도 정신이 지각과 기억이라는 두 가지 서로 다른 활동들로 나누어져 있다고 주장한다. 우리는 감각자극을 받아들이는 곳에 그 자극을 저장할 수 없다. 반대로, 감각자극을 저장하는 곳에서는 그것을 받아들일 수 없다.[178]

무의식과 전(前)의식(preconscious)은 모두 심적 영역들이다.[179] 그러나 기억은 이들 각각의 영역에 매우 다른 형상으로 새겨진다. 무의식적 기억은 잠재능력 안에 있는 지각으로서, 특히 시각적 지각이다. 이는 프로이트가 "사물표상(thing-presentations)"이라 칭한 것이 되기를 갈망한다. "사물표상"은 사물로 행세하는 것이 가능한 표상을 가리킨다.[180] 반면에 전의식적 기억은 사실상 언어적인 것으로, 구술적 기표와 개념적인 기의로 이루어진다. 프로이트는 이러한 기억을 "언어표상(word-presentations)"이라고 부르는데, 이 또한 차이의 다른 형상에 종속된다.[181]

지각은 영역이 아니며 다른 심적 부분을 구성한다. 프로이트는 『꿈의 해석』에서 그가 "지각"과 "의식"이라 부르는 것들을 서로 다르지만 상호작용하는 작인으로 귀착시킨다. 심리장치를 도식화한 마지막 그림에서 프로이트는 후에 그가 "지각/의식체계"[182]라고 부르는 두 부분을 심리장치의 서로 반대되는 양 끝으로 분류한다.[183] 이들 사이에는 무의식과 전의식이 자리한다.

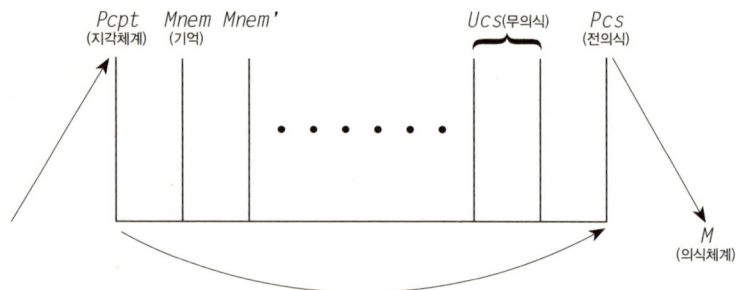

지각/의식체계의 지각부분은 엄밀한 의미에서 지각이 아니라 외부자극에 대한 무의식적 정신의 기록이다. 지각적 자극이 의식화되어 정말로 지각되기 이전에, 이것은 무의식의 기억이나 기억들의 집단과 융합해야만 한다. 프로이트가 "지각적 동일성(perceptual identity)"[184]이라고 칭한 이 융합은 무의식적 기억과 지각적 자극의 압축을 통해 달성될 것이다. 이는 또한 무의식적 기억으로부터 지각적 자극으로의 리비도적 전위를 통해 이루어질 것이다. 그럼에도 불구하고 이 두 경우 모두에서 이러한 동일시의 과정 내의 지각적 순간은 지각/의식체계[185]의 의식부분 안에서 일어난다. 프로이트에게 의식은 심적으로 다시 기록된 지각이 우리에게 이용 가능해지는 장일 뿐이기 때문에 그는 의식을 감각기관으로 간주한다.[186]

이미지생산을 위한 장치
Apparatus for
the Production of an Image

프로이트는『꿈의 해석』에서 정신을 광학장치에 비교할 뿐만 아니라, 꿈에 대한 혁명적인 정의를 강조하여 반영한다.『꿈의 해석』7장에서 그는 다시 한번 이탤릭체로, 꿈은 억제되거나 억압된 소원의 위장된 성취라고 말한다. 그러나 그는 여기서 꿈이 보여주는 욕망에 새로운 기준을 추가한다. 다시 말해, 이 욕망은 금지된 것일 뿐만 아니라 시각적이고 "장면적"이어야만 한다. 프로이트에 의하면 꿈은 "최근의 경험으로 전이됨으로써 수정된 유년기 장면의 대체물이다. 이러한 유년기의 장면은 그대로 재생될 수 없으며, 꿈으로 돌아오는 것으로 만족해야만 한다"(5:546).

이상하게도 프로이트는 여기서 유년기 장면을 구체화한다. 그는 이 장면이 스스로를 재현하려하고, 또 다른 형상으로 기꺼이 되돌아오기를 추구한다고 말한다. 프로이트가 주체성과 같은 무언가를 우리의 시각적 기억에 귀속시키는 건 이번뿐만이 아니다. 그는『꿈의 해석』에서 여러 차례 특이한 구술방식으로 되돌아간다. 그는 무의식적 기억이 우리의 다른 사고와 지각에 "인력(attraction)"이라는 강력한 힘을 행사한다고 말한다.

프로이트가 이 같은 인력이 무의식적 기억 때문이라 봤을 때, 처음에 그는 마치 훗날「억압(Repression)」에서 만들어낼 주장을 이미 예상하고 있는 듯하다. 이 때 억압은 전의식에 의해 억눌려 있는 것뿐만 아니라 무의식에 의해 끌어당겨지는 것을 포함한다.[187] 그러나 몇 페이지 뒤에서 프로이트는 무의식적 기억의 시각적 속성(visual properties)이 그가 설명하고 있는 사건에서 중요한 역할을 차지한다고 말한다. 프로이트는 "사고가 시각적 이미지로 변형되는 것은" 우리의 꿈 속에서 "인력의 결과 중 일부로, 이때 인력은 기억이 시각적 형태로 표현된 것이다.

인력은 되살아나려고 애쓰며, 의식으로부터 제거되고, 표현하려고 발버둥치는 사고에 영향을 준다"라고 쓰고 있다(5:546).

스트라치가 "인력"이라고 번역한 독일어는 die Anziehung[188]로, 속성과 행위를 모두 포함하는 것이다. 이는 하나의 사물이나 사람이 다른 사람들에 대해 가지는 매력으로서, 그 사람의 부분이나 다른 사람들의 물건, 혹은 그에 관한 물건들에 끌리는 것을 의미하기도 한다. 프로이트는 여기에서 두 가지 뜻 모두로 사용하고 있는 듯하다. 주로 구술적 형상인 꿈-사고는 무의식적 기억의 인력에서 이미지적 특질을 두드러지게 발견한다. 무의식적 기억은 인력의 지시 하에 꿈-사고를 그리길 희망하며 그 특질을 과시한다. 다시 한번 이러한 해석이 증명하고자 하는 것은 첫째, 우리의 심적 실존(psychic existence)에 있어 시각이 얼마나 중심적인 위치를 차지하고 있는가 이고, 둘째, 무의식적 기억을 일종의 작인으로 돌리기 위함이다. 실제로 무의식적 기억은 "소속(affiliation)"이라고 불릴 수 있는 어떤 욕망의 장인 듯하다.

하지만 무의식적 기억이 말(words)에게 시각적 일관성을 취하도록 유도하려고 한밤중에 그 시각적 속성을 과시한다면, 바깥 세계로의 문이 열릴 때 시각적 자극을 찾아나서는 것은 바로 그 무의식적 기억일 것이다. 프로이트는 『과학적 심리학 초고』에서 집중(attention)의 개념을 통해 이 현상을 설명한다. 그에 따르면 집중이란, 우리가 일반적으로 생각하는 의식적 경계상태가 아니다. 그보다는 "바라던 것이 지각들 중에 있을지도 모르므로 모든 지각을 만나보고자 하는 소원의 카텍시스이다".[189] 이때 소원되는 것은 시각적 기억이 합체할 수 있는 지각이다(4:361). 원하는 것을 행하는 지각은 표면상 기억 그 자체이며, 여기에서 기억은 한 번이라도 더 자신을 보여주려고 노력한다. 이러한 기억이 지각에 관심을 갖는 것은 그 자체가 결핍한 "지각적 성질(perceptual quality)"이다(4:309).

무의식적 기억은 자신 쪽으로 구술적 기억을 끌어들이든 감각적 자극을 찾아나서든 간에, 의식적 지각이 되고자 하는 욕망, 즉 새로운 형상을 발견해야만 실현 가능한 욕망에 의해 움직이는 것으로 보인다. 깨어 있을 때 무의식적 기억은 지각적 자극과 결합함으로써 이러한 변형을 성취한다. 반면 잠을 자는 동안에는 구술적 기억이 유사한 시각적 형질을 제공하도록 설득함으로써 변형을 성취한다. 만일 내가 이러한 무의식적 기억에 대한 이상한 설명을 이치에 맞게 하려고 애쓰는 데 있어서, 무의식적 기억에 주체의 지위를 부여해야만 한다면, 이는 주체가 스스로 그것의 가장 깊은 감각에 위치하기 때문이다. 여기서 감각은 다름이 아니라 지각적 형상을 성취하고자 분투하는 시각적 기억의 집합이다.

쾌락 원칙

무의식적 기억에 주체의 지위를 부여하는 것이 "또 다른" 프로이트 덕분인 이유는, 정신이 시각을 제공한다는 중심적 역할 때문만은 아니다. 프로이트가 이를 설명한 구절들을 보면, 이 구절들은 일반적인 귀속논리를 무시하고 있다. 이 구절들을 이치에 맞게 설명하는 것은 『꿈의 해석』과 『쾌락 원칙을 넘어서』에서 명백히 제시된 것보다는, 쾌락원칙에 대한 완전히 다른 이해를 필요로 하기 때문이다. 『쾌락 원칙을 넘어서』에 따르면, 쾌락원칙은 심적 흥분을 "가능한 한 낮은"(9)[190] 수준으로 낮추려는 강한 욕구를 의미한다. 이때 심적 흥분은 부분적으로 외부자극이 원인이 되기도 하지만 대게는 충족되지 않은 욕구로부터 비롯된다. 삶의 초창기에 쾌락원칙이 최고로 군림하게 되면, 우리는 그와 같은 흥분을 철회할 뿐만 아니라 가능한 한 빨리 배출하려고 노력한다. 이러한 이유로 프로이트는 정신이 "반사장치(reflex apparatus)"191)라고 주장한다. 반사작용이 그 기원으로 돌아가는 것이라 하더라도, 프로이트는 이러한 뜻이 아니라 내쫓고자 하는 욕동의 유의어로 사용한 듯싶다.

환각(hallucination)은 쾌락으로 가는 가장 빠른 길을 제공하기 때문에 심적 흥분을 해결하는 데 있어 처음부터 선호된다. 프로이트는 『꿈의 해석』에서, 갓난아기는 배가 고플 때 우유라는 기억 형상(mnemonic image)을 즉각적인 지각으로 금세 전환한다고 말한다. 하지만 머지않아 원치 않던 흥분은 지각 그 자체를 다시 느끼도록 한다. 시간이 지나면서 주체는 "사고"를 위한 전제조건으로써 일정량의 긴장을 견디도록 배우게 된다. 그럼에도 불구하고 "사고하는" 정신의 목표는 그 대응물인 "무(無)사고"와 똑같이 유지된다. 다시 말해, "무사고" 또한 쾌락원칙의 명령으로 작용하는 것이다. 이 둘 사이의 차이는 오로지 사고하는 정신이 환상적 방출(discharge)과 실제방출을 구분하는 것을 배웠다는 점, 그리고 사고하는 정신은 실제방출로 가는 길이 환상적 방출로 가는 길보다 일반적으로 더 복잡하고 선회하는 사실을 안다는 점이다.192)

정신에 대한 시각적 광학장치 모델은 모든 면에서 쾌락원칙에 대한 위의 설명과는 모순된다. 광학장치 모델은 정신이 끝을 향하여 이미지의 출현을 이끌어냈다는 것을 보여준다. 뿐만 아니라 사건의 전제조건으로 흥분을 축소하기보다 강화를 지정한다. 정말로 지각이 발생하기 위해서는 하나가 아니라 두 가지 자극의 원천이 필요하다. 바로 외부적

이미지생산을 위한 장치
Apparatus for the Production of an Image

또는 감각적인 것과, 내재적 또는 기억 상의 것이다. 지각에 대해서 프로이트는 다음과 같이 말한다.

> 흥분의 재료가 두 방향에서 의식감각기관(Cs. sense-organ)으로 흘러간다. 한 방향은 지각체계(Pcpt. system)로, 여기서 질에 의해 결정된 흥분은 대개 의식적 감각이 되기 전에 새롭게 변형된다. 다른 방향은 장치 내부에서부터 오는 것으로, 여기서 양적인 과정은 의식적으로 나아갈 때 특정 변형을 요하는 쾌-불쾌의 연속 하에 양으로 지각된다.[193]

더구나 프로이트가 언급한 두 가지 자극에 의해 도출된 흥분은 단순히 배출하는 "결과적 쾌락(end-pleasure)"을 위해 복무하는 "사전 쾌락(fore-pleasure)"이 아니다.[194] 이러한 흥분 또는 "양적" 힘은 궁극적으로 해방된 것이라기보다는 오히려 지각적 사물이 정감적 판단으로 전환된 것이라 할 수 있다. 주체에서 양이던 것은 대상에서는 질로 전환된다.[195]

『꿈의 해석』의 끝부분에 오면 쾌락원칙의 규범적 설명에 도전하는 또 다른 구절이 있다. 여기에서 프로이트는 "방출"의 개념을 급진적으로 재의미화한다. 그는, "'일차과정(The primary process)'은 만족의 경험에 따른 '지각적 동일성'을 세울 수 있도록 축적된 자극의 양에 따라 흥분을 방출하려고 노력한다"고 진술한다(5:602). 여기서 "방출"은 "심적 긴장의 해소"가 아니라 "한 기억으로부터 다른 기억으로의 리비도의 전환을 뜻한다. 이는 두 번째 기억이 첫 번째 기억의 자리를 차지하도록 하려는 목적을 가진다". 이런 맥락에서 방출은 "전위"와 같다. 이는 흥분이 정신으로부터 외부로 추방되는 것이 아니라, 닫힌 체계 안에서 순환한다는 것을 의미한다. 방출은 또한 어떠한 논리적 종점도 없는 과정이다. 리비도는 다른 기억에 부여되는 것보다 더 빨리 한 기억에서 제거되지 않는다. 세 번째, 네 번째 […] 기억에 위치될 수 있도록 그 카텍시스를 배출하는 것일 뿐이다. 결국, 지각적 동일성은 방출을 이끌어내기보다는 방출 자체가 이끄는 무엇이다. 한 기억에서 지각적 자극 또는 다른 기억으로 흥분을 전위하는 것을 통해, 지각적 자극이나 다른 기억은 한 기억의 지각적 "투입(charge)"을 갖게 된다.

리비도의 전이는 심적 흥분을 "외부"로 분출하려는 욕동이 막혔을 때 발생하지만, 이는 쾌락원칙의 성취라기보다는 좌절로 보인다. 『쾌락원칙을 넘어서』의 중요한 구절에서 프로이트 자신은 이 문제를 "더 나은 완성을 향한 지치지 않는 충동으로써 소수의 인간 개개인에게 나타나는 것"으로 표현하고 있다. 그러면서 그는 다음과 같이 쓴다.

> 인간문명에서 가장 귀중한 모든 것의 토대는 본능적 억압의 결과로 쉽게 이해될 수 있다. 억압된 본능은 완전한 만족을 위해 싸우기를 결코 멈추지 않는다. 이때 완전한 만족은 최초로 만족했던 경험의 반복 속에서 구성될 것이다. 어떤 대체물 또는 역행적 형성물, 그리고 어떤 승화도 억압받은 본능의 지속되는 긴장을 제거하는 데 충분치 않을 것이다. 그리고 요구되는 만족의 쾌감과 실질적으로 획득된 쾌감과의 양적 차이는 어떠한 위치에서든 주저 없이 나아가게 하는 추동 요인을 제공한다. 그러나 이는 시인의 언어로 하자면 '억압되지 않은 채로 항상 앞으로 밀고 나아가는' 것이다(42).

그러나 여기서 프로이트는, 주체성 뒤에서 추동력(driving force)을 구성하는 것이 에너지의 배출로 향한 충동의 억제라는 것을 인정한다.

이미지 생산을 위한 장치
Apparatus for
the Production of an Image

그는 또한 배출하고자 하는 강한 욕구의 좌절이 "인간문명에서 가장 소중한 것들"의 창조로 이끌었다고 주장한다. 그렇기 때문에 프로이트는 쾌락원칙을 그 자신이 정의한 것과 반대의 방식으로 심리생활을 조절하는 원리로 이해하도록 권유한다.

프로이트의 우상파괴적인 담론 속에서 무의식적 진실의 이러한 세 가지 이론에 기초하여, 나는 쾌락원칙이 프로이트가 주장한 열반의 원칙(nirvana principle)은 아니라고 말하고 싶다. 쾌락원칙은 흥분의 영점 상태나 잊혀진 만족의 회복과 아무런 관련이 없다. 그보다 쾌락원칙은 우리가 만족되지 않은 상태에서 쾌락을 찾을 때 우리를 심적으로 지배하는 것에 대한 정신분석학적 이름이다. 만족되지 않은 상태에서 우리는 표면상의 기원점보다는 그것으로부터 우리를 이끄는 환유적이고 은유적인 "미끄러짐"에 열중하게 된다.[196] 그러므로 쾌락원칙은 우리가 한때 가졌다고 상상한 것을 다시 소유할 때 승리하지 않는다. 오히려 연상관계를 통해 우리가 열망한 것을 새로운 방식으로 표상할 수 있을 때 승리하는 것이다.

나는 또한 쾌락원칙이 일반화된 반복원칙이 아니라, 엄밀히 말해서 시각적인 것을 구성한다고 주장하고 싶다. 쾌락원칙은 아름답고 소중한 것을 창조하는 특정한 종류의 바라봄 뒤에서 그것을 가능하게 하는 힘이라 할 때 가장 잘 정의될 수 있을 것이다. 쾌락원칙은 우리로 하여금 우리의 기억을 불완전하게 복제하는 지각에서만 시각적 만족을 찾게 하고, 그럼으로써 매번 새로운 창조물과 사물을 고상하게 만들려는 충동이다. 쾌락원칙은 우리가 세상의 아비투스(habitus)의 현상적인 다층성(multiplicity)을 확인하여 세계관찰자가 되도록 하는 것이다.

프로이트가 여러 번 주장했던 것처럼, 만약 쾌락원칙이 자극의 영점 상태를 요구하는 생리적 힘이 아닌 주체를 한 시각기표로부터 다른 기표로 이끄는 것이라고 한다면, 쾌락원칙은 이제 막 태어난 주체 안에 내재해 있는 무언가가 아니다. 쾌락원칙은 그 자신의 활성화를 위해 생물학적 작인보다는 상징적 작인에 기대야한다. 내가 다음 장에서 설명하려고 하는 것에 따르면, 그 작인은 친족관계이다.

세계상의 시대

프로이트가 정신이 움직여서 생산하는 이미지를 말하기 위해 시종일관 사용한 단어는, 스트라치가 "사물표상"이라고 번역한 Sach-vorsetellung[197)]이다. 이 번역으로 그는 심적 이미지들의 지각현상을 전달하는 데 성공했다. 하지만 사물표상은 다른 점에서 원문의 번역보다는 만족스럽지 못하다. 복합명사인 Sachvorsetellung는 "사물"과 관련된 Sache와 의미분석적으로 풍부한 단어인 Vorsetellung라는 독일어를 결합한 것이다. Vorsetellung는 표상, 재현, 소개, 상연, 관념, 공연으로 번역되며, 문자 그대로 "앞에 두다, 앞에 세우다"라는 의미를 가진다.

하이데거의 「세계상의 시대(The Age of the World Picture)」에서 사물표상의 문자 그대로의 의미는 Vorsetellung의 첫 번째 뜻으로, 모든 표상의 본질인 명백한 어떤 것을 가리킨다. 어떤 사람에게 열망이란 자신과 관련한 모든 것을 표상하는 것이다. 그리고 표상이란 "자기 자신 앞에 위치하는" 무언가를 설정하기 위한 것일 뿐 아니라 "이러한 식으로 설정함으로써 자신 앞에 고착적으로 갖는 것"을 의미한다.[198)] 또한 표상은 "그 **존재**와 진실의 방식으로 기반된, 지금 있는 모든 것의 존재"

이미지 생산을 위한 장치
Apparatus for
the Production of an Image

를 보는 사람으로 만드는 것, 곧 자신을 "그러한 것의 중심"으로 만드는 것이다(128).

내가 서술한 보는 사람은, 하이데거에게는 근대적 혹은 데카르트적 주체이다. 이 주체의 성격은 위에서 서술한 방식으로 고립된 현상을 다룰 뿐만 아니라, 세계 자체를 그림으로 간주한다. 하이데거는 같은 논문에서 세계를 그림으로 보는 사람에 대해, "근본적 결정은 총체성 그 자체를 고려하면서 이뤄진다. 무엇이든 간에 그 **존재**는 총체성을 표상하는 것 안에서 시도되고 발견되어 진다"(130)고 기술했다. 이러한 전개에 따라 대상의 범주는 결국 소유의 범주를 구성하는 것으로 나타난다. 내가 표상하는 데 성공한 모든 것은 나에게 속하고, 또한 나의 것이어야만 한다. 내가 알맞게 봄으로써 표상된 것은 나의 것이며, 또한 나의 것이어야만 한다. 다시 말해, 그것은 나를 위한 것이다.

프로이트가 식물학 연구논문에서, 꿈을 충동하는 욕망을 기술하기 위해 사용한 말인 "나도 완성된 책이 내 앞에 놓여 있는 것을 볼 수만 있다면!"은 하이데거가 모더니티의 핵심에 두었던 욕망을 언캐니한 범위에서 되풀이한 것이다. 프로이트의 이르마의 주사 꿈은 동일한 비평적 취약점을 지니고 있다. 그것은 하이데거가 「세계상의 시대」라고 부른 것의 핵심에 둔 주체/대상의 이분법을 명백하게 증명한다. 이르마는 프로이트에게 단순히 다른 여자 주인공을 편리하게 표상할 뿐만 아니라 조정되고 조작되어 알려진 대상이었다. 내가 이 장에서 일찍이 논의한 자기 해부의 꿈은 또한 시각적인 통제에 관한 욕망을 표명한다. 자기 해부의 꿈에서 프로이트는 후에 출판될 『꿈의 해석』에 실릴 그의 성적관심과 관계된 공적인 시각을 내재화하려 한다. 이는 프로이트 자신의 사적인 일부를 보는 사람으로 그 자신을 일치시키는 방식으로 가능하다. 그 꿈들이 생생하게 극적으로 표현된 욕망의 시각적 본성일지라도, 이 세 가지 꿈은 보는 것의 관용을 조금도 증명하지 못한다.

미켈 보쉬 야콥슨(Mikkel Borch-Jacobsen)이 프로이트의 시각의 중심성에 주목한 것에 따르면, Sachvorsetellung는 다름 아닌 하이데거가 생각한 개념이었다. "만일 무의식의 '내용'이 근본적으로 표상으로서, vorsetellung로서 정의된다면 […] 우리는 이 vor-setellung가 가정되고 존재되어지는 것의 앞을, 어떤 "작인" 앞에서의 물음을 피할 수 있을까? 이 정신이 여전히 그리고 항상 표상의 주체가 아니라면 […] 이 정신은 무엇인가?"라고 그는 묻는다.199) 그러나 이는 우리 모두가 코기토(Cogito)를 끊임없이 다시 수행할 운명에 놓여 있다고 본, 프로이트가 Sachvorsetellung에 부여한 우선성을 따르는 것이 아니다. 보쉬 야콥슨은 프로이트의 정신에 관한 설명에서 가치를 논하지 않는다. 그의 관점에서 프로이트가 열거한 꿈꾸는 사람의 꿈은, 그들이 본 것을 갖기를(have) 욕망하지 않는다. 차라리 그들은 그렇게 되기(be)를 욕망한다.200) 모방하고자 하는 욕망이 만족되는 순간, 관찰자는 재현된 장면으로부터 모든 거리를 잃어버리고 순전히 단순한 영상의 일부가 된다. 결과적으로 우리 각자가 꿈 속에서 관여하는 "보는 것"의 성향은 『방법서설』과 『제1철학에 관한 성찰(the Meditations on First Philosophy)』에서 창시된 데카르트적 성향과 관련이 있게 된다.

나는 보쉬 야콥슨이 프로이트가 실패한 지점에서 성공을 거두었다는 의견에 찬성하지는 않는다. 하지만 그는 무의식적인 보기가 가정할 수 있는 다른 형상을 증명한 듯하다.201) 확실히 우리는 보는 것을 소유하는 방식보다는 동일화적인 방식으로 각자가 볼 때가 많다. 그러나 나는 우리의 관찰자적인 선택에 대한 확장된 설명이 찬사를 받는 이유

이미지생산을 위한 장치
Apparatus for
the Production of an Image

를 찾지 못했다. 소유하려는 욕망은 시각의 층위에서 특정 종류의 표상에 속하기(the belong-to-be)를 통해 그 자신을 표현한다.[202] 반면에 모방적 욕망은 시각의 단계에서 이상적인 이미지와 결합하려는 열망을 통해 그 자신을 규범적으로 표현한다. 보쉬 야콥슨이 분명하게 말했듯, 모방적 욕망은 모든 욕망 가운데 가장 타자살해적(altruicidal)이다. 이는 오직 다른 것들을 부정할 때만 그 목적을 달성할 수 있다. 보쉬 야콥슨은 『프로이트적 주체(The Freudian Subject)』에서 "모방은 […] 경쟁, 증오 그리고 사회적 명령 하에서 폭력의 매트릭스이다"라고 기술했다. "'나는 내 형제, 내 모델, 내 아이들이 원하는 것을 원한다. 나는 그들의 입장에서 그것을 원한다.' 그리고 결론적으로 '나는 그를 죽이기를, 제거하기를 원한다'"(27).

운 좋게도, 비록 "되기"와 "소유"의 관계가 정신분석적 주목을 독점하여 다른 것들을 사실상 배척해왔더라도, 이들의 관계만이 우리의 시각적 선택을 구성하지는 않는다. 『꿈의 해석』이 우리의 이해를 도움으로써, 보는 것은 보여주기의 방식에서 그것이 보는 것과 관계될 수 있다. 그리고 우리가 보는 것을 대체하거나 소유하려고 하는 대신 보여주려고 할 때, Vorstellung는 더 이상 하이데거가 귀속시킨 의미에 머무르지 않는다. 대신 보는 것은 그 자체로 드러나는 것과 가까워진다.

시각기관에서의 흥분

프로이트의 지각생산에 대한 설명은, 그 과정을 종종 절시증적이라기보다 과시증적(exhibitionistic)인 것으로 보이게 만든다. 지각의 뒤에서 작용하는 추동력은, 보는 주체가 보려고 하는 것보다 과거의 지각을 한

번 더 그 자체로 보이도록 하려는 욕망인 듯싶다. 『꿈의 해석』은 우리에게 이러한 보이는 욕망에 대해 명백한 설명을 제공하려는 듯하다. 이 글에서 프로이트는 꿈꾸는 사람인 자신이 그 장면의 중심을 차지한다고 여러 번 주장한다. 이를 더욱 명확히 하기 위해, 프로이트는 모든 꿈은 "완전히 자기중심적(egoistic)이다. 사랑받는 자아는 모든 꿈 속에 나타나는데, 심지어 위장된 모습으로 나타나기도 한다"(4:267)고 기술한다.203) 그는 우리가 꿈에서 보려하는 근본적인 우리 자신의 이미지 때문에, 꿈꾸는 사람은 종종 보는 것보다 과시되는 것과 훨씬 관련이 많다고 주장한다.

그러나 『꿈의 해석』 7장에서 프로이트는 곧바로 반대되는 주장을 펼친다. 그는 꿈꾸는 사람을 이야기의 주인공이 아니라 극작가와 비교하면서, 우리는 꿈에서 늘 맡은 역할을 의식한다고 말하기에 이른다 (5:571-572). 극작가는 어떤 사람이나 무언가를 보여주려는 목적으로 글을 쓰는 필자이다. 그리고 『꿈의 해석』의 다른 절에서, 프로이트는 보이기 위한 바라봄의 성향에 대해, '보는 것을 돕는 바라봄은 그 자체를 스펙터클로서 실현한다'고 설명한다. 그는 또한 바라봄이 제공하는 쾌락을 그 자신을 바라봄으로써 수반되는 쾌락과 잠정적으로 대립시켰다.

프로이트는 이 구절을 시작하면서 "셰르너(Scherner)는 꿈이 특히나 생생하고 풍부한 시각적 요소를 나타낼 때 '시각적 자극'상태, 즉 시각기관에서의 내적 흥분상태가 있다고 가정한다"고 기술한다(5:546). 비록 그가 한 말은 다른 작가를 인용한 것이지만,204) 바로 뒷부분에서 그는 셰르너의 이론적 공식에 기본적인 동의를 표한다. 그리고 뒤이어 프로이트는 자신의 꿈 중 하나에 대해 얘기한다. 그것은 정확히 셰르너가 말했던 "시각적 자극" 상태를 추론할 수 있는 것이다.

이미지생산을 위한 장치
Apparatus for the Production of an Image

문제의 꿈은 『꿈의 해석』 6장에서 처음 거론되었다(5:463-468). 이는 우리의 꿈이 여러 갈래로 해석됨으로써, 나르시스적으로 동기화되는 원리에 대해 명백한 실체를 제공하는 것처럼 보인다. 그 꿈에서 프로이트는 해전이 일어나고 있는 바닷가 성에 있는 자신을 발견한다. 그는 사령관 P의 지휘 하에 있는 지원해군장교였다. 이 사령관 P는 프로이트만이 채울 수 있는 공백을 남겨두고 갑작스레 죽었다. 그 결과 프로이트는 낮은 계급에 있다가 지휘관으로 승진한다.

하지만 놀랍게도 프로이트는 그 꿈을 P가 아닌 자신의 죽음으로 읽어낸다. 그러면서 그는 나르시스적 쾌락의 강요로 볼 수 있는 대리(substitutory)의 원리를 강조한다. 프로이트는 "P는 나 자신을 대신할 뿐이다. 꿈에서 나는 그를 대신한다. 나는 갑자기 죽는 지휘관이었다"(5:464-465)라고 쓴다. 그리고 이 꿈이 "가장 즐거운 회상"이었으며, 그 회상은 철저히 시각적이면서도 분명한 세상의 것이라며 다음과 같이 덧붙인다. "일 년 전 베니스에서, 정말 마술처럼 아름다운 날 우리는 레바 디즐리 쉬아보니(Reva Degli Shiavoni)에 있는 방의 창문 앞에 서 있었다. 그리고 우리는 보통 때보다 파도가 거센 블루 라군을 바라보았다. 영국배인 듯 했고 축하파티를 하는 것 같았다."(5:465)

프로이트가 『꿈의 해석』 말미에 이 이야기를 다시 언급했을 때, 그는 꿈에서의 역할에 대해 말하지 않았다. 대신에 그는 바라봄의 쾌락에 대해서만 얘기하는데, 그 바라봄은 레바 디즐리 쉬아보니에서 서서 바라보던 날뿐 아니라 꿈 자체의 정황을 바라보는 주요한 경험으로 여긴 듯하다. "내 시각기관에 이런 자극 상태를 발생하게 한 것은 무엇인가?"라고 프로이트는 묻는다. 그는 후에, 일련의 과거기억들과 외부의 지각적 자극이 융합하는 것에서 시각적 흥분이 비롯된다고 설명한다.

최근의 인상은 예전의 기억과 많은 관계가 있다. 우선 내가 꿈에서 본 색은 꿈꾸기 전날 내 아이들이 칭찬을 받으려고 건물을 만들어서 보여줬던 장난감 벽돌박스 색깔이었다. 큰 벽돌은 어두운 빨강이고 작은 것은 파랑과 갈색이었다. 이것은 지난 이탈리아 여행에서 받은 색깔의 인상과도 관계가 있다. 이손조(Isonzo)와 라군(lagoons)의 아름다운 파랑과 카르소(Carso)의 갈색이다.(547)

프로이트는 이 주목할 만한 구절을 다음의 놀라운 주장으로 결론내린다. "내 꿈에서 색깔의 아름다움은 오직 기억 속에서 봤던 어떤 것의 반복이었다"(5:547). 아주 독자적인 방법으로 그가 나중에 받아들인 쾌락이 본래의 개별적인 빨강, 파랑, 갈색에 분명히 포함되어 있을지라도, 그는 여기서 이 꿈의 명백한 내용을 "볼 수" 없다. 그럼에도 불구하고 프로이트가 자신의 꿈에 대해 우리에게 드러낸 것은, 꿈이 수반하는 바라봄 전체에 대한 또 다른 설명을 가능하게 한다.

첫째, 이 꿈은 프로이트가 두 번째 형식으로 정의하는 바로 그 방식에서 완전해 보인다. 꿈속에서는 자신을 지각적으로 재생하는데 불가능한 많은 장면들이 다른 모습으로 되돌아온다. 전에 봤던 것을 한 번 더 보려는 바람을 변형된 모습으로 만족한 그 꿈은 프로이트의 본래 설명에서 가려진다. 바다이야기에서 욕망한 빨강, 파랑, 갈색은 꿈꾸는 사람에게 쾌락보다는 오히려 "부자연스럽고 나쁜 인상"을 불러일으킨다(5:464). 그 정감(affect)은 반대로 "두려움으로 가는 기분 좋음"(5:464)으로 되돌아온다. 프로이트는 이러한 정감적 반전이 그의 꿈에서 색깔로 표현된 잠재적인 의미 때문이라고 생각했다. 여기서 잠재적인 의미는 아마도 그 자신의 죽음에 대한 예상일 것이다. 그러나 뒷부분에서

이미지생산을 위한 장치
Apparatus for the Production of an Image

정감적 반전은 일어나지 않았다. 프로이트는 종종 꿈이 그에게 많은 쾌락을 준다고 인정했으며, 또한 쾌락이 어떤 비시각적인 의미화라기보다는 꿈의 이미지 그 자체라고 생각했다.

그러나 이 구절은 우리의 꿈을 유발하는 것이 무엇보다도 다시 봄의 욕망이라는 원리를 생생한 극화 이상으로 제공한다. 이는 또한 시각적 쾌락의 흥분적인 성향을 증명한다. 프로이트가 꿈에서 색깔을 봤을 때 그의 긴장은 완화되지 않는다. 오히려 그는 자극받고, 이 자극은 그에게 쾌락을 가져다준다. 게다가 프로이트의 흥분상태는 창의적인 흥분이다. 프로이트의 꿈에서 지각적 자극이었던 벽돌은 귀중한 것이 되거나, 그 자신이 말하듯이 아름다운 것이 된다. 바로 이러한 방식으로 이 구절은 "양"에서 "질"로의 변화를 극화한다.

결국, 프로이트가 꿈에서 겪었던 자아적 죽음은 그가 시각적 기표에서 받아들인 쾌락에 대한 전제조건일 것이다. 나는 이 죽음에 "자아적"이라는 의미를 부여하겠다. 왜냐하면 그것은 주체로서 프로이트의 죽음을 표시하는 것이 아니라 오히려 그가 누구인지 그를 눈멀게 하는 "신기루"의 죽음이기 때문이다.[205] "장난감 벽돌 꿈"이라 불렸던 이 꿈은 어떤 의미에선 욕망을 부르는 것이다. 다시 말해, 그것은 프로이트가 그 자신의 특정한 욕망의 언어를 말하기 시작하려는 유혹으로, 그렇게 함으로써 "그 자신"이 되려는 유혹인 것이다. 프로이트는 이러한 부름을 듣지 않았다. 그러나 적어도 짧은 기간에 그는 위에 인용된 문장을 만들었고, 이는 그 자신을 위한 것이 아닌 오히려 바라봄이 가능한 창조물과 사물을 찾았다고 말할 수 있다. 프로이트는 그가 보았던 측면을 정감적으로 가로지를 수 있는 보는 사람이 되었다.

프로이트는 우리가 잘 때 세계로 향한 문은 닫힌다고 말한다.[206]

그래서 내가 잠정적으로 해오던 것처럼, 꿈을 세계관찰자의 사례로 가정하기는 어려워 보인다. 하지만 내가 기술해온 방식대로 프로이트는 그의 창조적인 재능을 실행하는 그 몇 분, 몇 시간 동안 잠들지 않았다. 오히려 그는 깨어 있는 동안 꿈을 꾸었으며, 세상으로 향한 문을 열었을 뿐 아니라 그 안을 통과했다. 그는 꿈이 시작되었던 지각적 자극으로 돌아간다. 그것은 그의 아이들이 "멋진" 건물을 지었던, 그리고 이손조, 라군, 카르소의 반짝거림으로 빛나던 빨강, 파랑, 갈색벽돌이다.

마침내 우리는 프로이트가 심리장치는 "반사장치처럼 구성되어" 있다고 한 주장을 이해할 수 있다. 아직도 쾌락원칙이 흥분의 배출을 명령한다는 개념을 믿고 있다면, 이는 납득할 수 없는 주장일 것이다. 심리 메커니즘의 한 끝에서의 흥분의 축적과 다른 쪽 끝에서의 방출은 반사작용(reflex)을 이루지 않는다.207) 그러나 우리가 쾌락원칙을 지각적 동일성 뒤에 있는 힘으로 이해한다면, 그러한 반사적 성질을 설명하는데 어려움이 없을 것이다. 감각적 자극의 수용에서 시작한 작용이 이미지의 생산으로 끝나는 한, 그것은 필히 감각적 자극 그 자체로 휘어진다. 그렇게 함으로써 반사작용은 감각적 자극이 다른 식으로는 가질 수 없었던 것, 즉 심적 가치를 감각적 자극에 준다. 반사궁(reflex arc) 같은 것은 하이데거의 바라봄에 대한 설명에서도 중요하게 나타난다.208) 그것은 "염려"의 형태로 드러난다.209)

독자들은, 세계는 우리의 꿈과 경쟁하지 않는다는 사실을 배우는데 놀라지 않을 것이다. 오히려 세계는 꿈만이 제공할 수 있는 새로움과 용기를 향해 간다. 『템페스트』의 칼리반의 일화처럼, 나무는 시냇물에게, 새들은 구름에게 속삭인다. "이것이 잠이라면, 계속 꿈꾸게 두어라."

04. 이미지생산을 위한 장치

note

160 마르틴 하이데거, 『숲길』, 신상희 역, 나남, 2008, 507쪽. 하이데거는 존재와 존재자 사이의 존재론적 차이에 주목하는 가운데 아낙시만드로스의 잠언을 해석해 들어간다. 위의 책, 506쪽(주48)에서 재인용―옮긴이 주.

161 Ferdinand de Saussure, *Course in General Linguistics*, trans. Wade Baskin (New York: McGraw-Hill, 1966), pp. 9, 13-14를 볼 것.

162 *The Compact Oxford English Dictionary* (Oxford: clarendon, 1991), p. 63을 볼 것.

163 이것은 *Sein and Zeit*를 번역한 존 맥쿼리와 에드워드 로빈슨이 "Das Man"을 설명한 것이다. 하이데거의 『존재와 시간』을 보라. Das Man은 우리가 "우리 자신"이 아닐 때를 칭하는 하이데거의 용어로, 영어의 "one"과 동일한 의미이다.

164 *Interpretation of dreams*, in *The Standard Edition of the Complete Psychological Works*, trans. James Strachey (London: Hogarth, 1953), vol. 5, p. 456을 볼 것.

165 이것은 프로이트적인 사유의 가장 기본이 되는 학설 중 하나로 『꿈의 해석』뿐만 아니라 *Jokes and Their Relation to the Unconscious* (*The Standard Edition*, vol. 8)과 *The Psychopathology of Everyday Life* (vol. 6)의 중요 개념이다.

166 Joseph Breuer and Sigmund Freud, *Studies on Hysteria*, in *The Standard Edition*, vol. 2, pp. 59, 84. 이미지를 지우려는 말의 능력에 대한 논의는 다음 장을 보라.

167　도라의 두 가지 꿈과 한스의 말 강박증, 그리고 늑대인간의 꿈과 원장면(primal scene)에 대한 프로이트의 논의는 "*Fragment of an Analysis of a Case of Hysteria*", in *The Standard Edition*, vol. 7, pp. 64–111; "*Analysis of a Phobia in a Five-Year-Old Boy*", in *The Standard Edition*, vol. 10, pp. 23–25; 그리고 "*From the History of an Infantile Neurosis*", in *The Standard Edition*, vol. 17, pp. 29–47을 참조하라.

168　Sigmund Freud, *Beyond the Pleasure Principle*, in *The Standard Edition*, vol. 18, pp. 12–19.

169　디에게시스적(diegetic)과 엑스트라디에게시스적(extradiegetic)이라는 용어는 영화연구에서 광범위하게 사용하는 것으로 각각 "꾸며낸 이야기의 내부적 서술(interior to the fiction)"과 "꾸며낸 이야기의 외부적 서술(exterior to the fiction)"이라는 뜻을 지닙니다.

170　프로이트의 부정에 대한 정의는 *The Standard Edition* (vol. 19, pp. 235–239)의 "부정(Negation)"에 따른다.

171　꿈 배꼽에 대한 훌륭한 설명은 나보다 더 프로이트에 가깝게 설명한 샘 웨버(Sam Weber)의 *The Legend of Freud* (Minneapolis: University of Minnesota Press, 1982), pp. 65–83을 보라.

172　대체(substitution)와 성정치(sexual politics) 논리에 대한 명확한 분석은 Shoshana Felman, "Postal Survival, or the Question of the Navel," in *Yale French Studies*, no. 69 (1985), pp. 49–72를 보라.

173　이것은 프로이트가 자신이 꾼 이르마(Irma)의 주사 꿈을 설명하는 방식이다. *Interpretation of dreams*, in *The Standard Edition*, vol. 4, pp. 107–121 참조.

174　프로이트는 이 꿈을 두 가지 다른 경우로 설명했다. *Interpretation of dreams*, in *The Standard Edition*, vol. 4, pp. 169–176, 281–284 참조.

175　제임스 스트라치(James Strachey)가 비록 과거시제로 『꿈의 해석』을 설명했더라도, 프로이트는 지금껏 현재시제로 설명해왔다. *Die Traumdeutung*, in Sigmund Freud, *Studienausgabe*, ed. Alexander Mitscherlich, Angela Richards, and James Strachey (Frankfurt am Main: Fischer Verlag, 1972), vol. 2, pp. 436–437 참조.

176　Sigmund Freud, "The Future of an Illusion," in *The Standard Edition*, vol. 21, p. 17.

177　Sigmund Freud, *Die Traumdeutung*, p. 512.

참 고
note &
reference

178 Sigmund Freud, *Interpretation of dreams*, in *The Standard Edition*, vol. 5, pp. 615-616; *Beyond the Pleasure Principle*, p.25; 그리고 "A Note upon the 'Mystic Writing-Pad'", in *The Standard Edition*, vol. 19, pp. 227-232 를 보라.

179 영역(locality)은 프로이트가 『꿈의 해석』에서 전의식과 의식을 개념화하는 은유 중 하나이다. 또한 프로이트는 후에 전의식과 의식을 과정으로서 개념화했다. 정신에 대한 더 적극적인 설명은 *The Standard Edition*, vol. 5, pp. 588-609을 참조하라.

180 Sigmund Freud, "The Unconscious," in *The Standard Edition*, vol. 14, p. 201.

181 위의 글.

182 Sigmund Freud, *Beyond the Pleasure Principle*, p. 24.

183 *Interpretation of dreams*, in *The Standard Edition*, vol. 5, p. 541, fig. 3. 의식은 이 다이어그램에서 명백한 형상이 아니다. 오히려 전의식이 주어진 지각에 대한 궁극적 목적을 표상하려는 듯하다. 그러나 여기서 "전의식"은 언어적으로 조직된 기억을 유지하는 것 뿐만 아니라 의식 이전의 마지막 단계를 의미하기도 한다.

184 여기서 독일어는 *Wahrnehmungsidentität* (*Die Traumdeutung*, p. 539)이다.

185 Sigmund Freud, *Interpretation of dreams*, in *The Standard Edition*, vol. 5, pp. 566-567.

186 위의 책, p. 616.

187 Sigmund Freud, "Repression," in *The Standard Edition*, vol. 14, p. 148.

188 Sigmund Freud, *Die Traumdeutung*, p. 522.

189 Sigmund Freud, *Project for a Scientific Psychology*, in *The Standard Edition*, vol. 1, p. 361.

190 프로이트가 비록 『쾌락 원칙을 넘어서』 p. 8에서 주체에 의해 경험된 쾌락의 정도를 흥분상태에서의 자극의 감소에 대응시켰을지라도, p. 9에서는 전형적인 쾌락의 배출을 완성하려면 쾌락원칙이 또한 항구적 원칙이 되어야 한다고 주장한다. 장 라플랑슈(Jean Laplanche)가 *Life and Death in Psychoanalysis*, trans. Jeffrey Mehlman (Baltimore: Johns Hopkins University Press, 1976), pp. 103-124에서 논의한 바에 의하면 두 개념은 서로 양립되지 않는다.

191 Sigmund Freud, *Interpretation of dreams*, in *The Standard Edition*, vol. 5,

p. 538. 독일어로는 Reflexapparat이다.

192　위의 책, pp. 565-567.

193　위의 책, p. 616.

194　사전 쾌락(fore-pleasure)과 결과적 쾌락(end-pleasure)에 대한 구분은 프로이트의 *Three Essays on a Theory of Sexuality*, in *The Standard Edition*, vol. 7, p. 210을 참조할 것.

195　흥분성(excitatory)의 양이 정서적 질로 대체될 수 있다는 의견은 프로이트 자신이 *Project for a Scientific Psychology*의 p. 309와 p. 312에서 피력한 것이다.

196　라캉은 『세미나 Ⅶ』, p. 58에서 쾌락원칙에 대한 유사한 정의를 내린다. "쾌락원칙은 대상검색을 주관하고 우회로를 통해 그 목적과 관련된 거리를 유지하게 한다. […] Vorstellung에서 Vorstellung로의 양적 전이는 대상검색시 항상 그 주변부로부터의 특정한 거리를 유지하게 한다." p. 51과 p. 57을 볼 것.

197　예를 들어 "Das Unbewuste," in *Studienausgabe*, vol. 3, p. 159를 보라.

198　Martin Heidegger, "The Age of the World Picture," in *A Question Concerning Technology and Other Essays*, trans. William Lovitt (New York: Harper and Row, 1977), p. 129.

199　Mikkel Borch-Jacobsen, *The Freudian Subject*, trans. Catherine Porter (Stanford, Calif.: Stanford University Press, 1988), pp. 4-5.

200　위의 책, pp. 1-52.

201　내가 이 순간을 가리키는 것처럼 프로이트는 자신이 종종 우리가 가장 보고싶어 하는 우리 자신임을 인식했다.

202　"속하기(belong-to-me-ness)"는 라캉으로부터 가져온 용어이다. 그는 『정신분석의 네 가지 기본 개념』 p. 81에서 하이데거를 참조하여 다음과 같이 썼다. "주체의 특권은 내가 인지하는 순간 나의 표상이 내게 속하는 양극의 반사적 관계로부터 성립된 듯하다."

203　Sigmund Freud, *Interpretation of dreams*, in *The Standard Edition*, vol. 4, pp. 322-323; and vol. 5, pp. 440-441 참조.

204　프로이트가 인용한 책은 Karl Albert Scherner, *Das Leben des Traumes*

(Berlin: Verlag con Heinrich Shindler, 1861)이다.

205 『세미나 Ⅶ』에서 라캉은 자아를 주체의 존재의 결여(manque-à-être)를 가리키는 거울로 설명한다. (298).

206 Sigmund Freud, *Interpretation of dreams*, in *The Standard Edition*, vol. 5, p. 544

207 반사작용은 옥스퍼드영어사전에서 "벤딩 백(bending back)"이라 일컫는 말과 연관된다. *The Compact Oxford English Dictionary*, p. 1542.

208 내가 언급한 이 구절에 대해서는 하이데거의 *Parmenides*, trans. André Schuwer and Richard Rojcewicz (Bloomington: Indiana University Press, 1992), p. 107을 보라.

209 이것이 중대한 하이데거의 개념일지라도 『파르메니데스』의 구절에서는 보는 것을 충분히 나타내지 않는다. 나는 여기서 이 구절을 『존재와 시간』을 참조해 독해했다.

월드 스펙테이터
world
spectators

05. 은하수

들어가기

들어가기
intro
duction

5장 은하수에서 저자는 인간의 정신이 쉼 없이 작용하는 과정과 그 원인을 분석한다. 인간은 태어나자마자 무언가를 보고, 생각하게 되는데, 그 과정에서 우리의 머릿속에는 항상 이미지와 언어가 표상된다. 이 과정은 일평생 지속된다. 왜 그런 것일까? 실버만에 따르면 이는, 앞선 장에서 설명한 것과 같이, 무의식에 억압되어 있는 욕망의 덩어리 때문이다.

욕망은 무의식의 영역 어딘가에 자리한 채, 끊임없이 우리의 정신을 자극하고 고양한다. 그리고 무의식과 전의식의 영역에서 여러 굴절단계를 거쳐 의식에 '표상'됨으로써만 일정한 충족에 이른다. 그러나 이는 완전한 충족이 아니기에, 인간은 삶이 멈출 때까지 항상 새로운 표상을 찾게 된다.

프로이트가 말하는 '표상'은 크게 두 가지로 나눌 수 있다. 무의식과 전의식에서 이미지로 기억되고 지각되는 '사물표상'과 사물표상을 언어로 연결짓는 '언어표상'이 바로 그것이다. 실버만은 5장의 상당부분을 이 사물표상과 언어표상이 우리의 정신에서 작동하는 메커니즘에 대한 설명으로 채우고 있다. 저자는 인간주체가 세계를 인식하고, 그럼으로써 자신과 사물이 존재하게끔 하는 '바라봄'이란 바로 이 같은 정신의 '표상'절차를 통한다는 것을 제안하는 것처럼 보인다.

그런데 표상작용을 지속해서 자극하는 근원에 자리한 욕망, 그리고 그것의 결여를 바탕으로 우리의 무의식에 대신 자리를 차지하고 있는 '대표표상'은 도대체 어디서 왔고 무엇을 향해있는가? 그리고 그것은 어떻게 해서 우리 무의식에 억압되어 갇혀 있는가? 실버만은 그 해석의 실마리로 '어머니'를 제시하며 이 장을 마무리한다.

장다은

05.　　　은　　하　　수

앞에서 논했듯, 욕망의 언어를 내뱉는 것은 바라보는 것에서부터 시작된다. 결국 리비도적 발화행위는 말보다 이미지로 구성된다. 정서적으로나 시간상으로나 보는 것이 말보다 앞서기 때문이다. 사람은 말을 배우기 전에 보는 것부터 시작한다. 그런데 보는 것은 언어를 사용하도록 요구한다. 지금까지 본 것들, 그리고 앞으로 보고 싶은 것들은 의식에 언어로 새겨두지 않으면 알 수 없는 상태로 남기 때문이다. 그것들을 의식에 담아두기 위해서는 언어를 사용할 수밖에 없다.

이는 기존의 로고스중심주의(logoscentrism)에 도전하는 것이다. 하지만 우리는 이것을 단순히 전통적으로 언어가 차지하던 자리에 이미지를 대체시켜놓는 것 정도로 축소시키면 안 된다. 언어와 이미지는 단순히 자리를 서로 뒤바꿔 놓기에는 표현방식이 서로 다른 까닭이다. 언어기표는 본래 폐쇄적인 성질을 띤다. 감정을 전달할 때도 그렇고, 다른 언어기표나 세상에 대해서도 그렇다. 반면에 지각기표는 개방적이라 할 수 있다. 지각기표는 정서를 전달할 때나 다른 지각기표와 세상에 대해서 개방적이다. 이러한 차이로 인해 외양은 원래 언어적 사건이라기보다는 시각적 사건이라 할 수 있는 것이다.

지각기표 이론에 대한 서언

1914년 실어증에 관해 쓴 초기에세이 『무의식(Unconscious)』의 부록 C에서 프로이트는, 지각기표와 언어기표의 다른 점을 개념화하는 데 가장 중요한 두 개의 범주로 사물표상과 언어표상을 가져온다. 사물표상은 그 자체가 사물의 양상을 띠는 표상이다. 즉, 실제를 가장하는 표상으로서 사물표상은 전형적으로 시각적이다. 프로이트는 사물표상이 잠재적으로 청각적, 촉각적, 운동감각적, 시각적 특징들이 서로 유기적으로 연결되어 있지만, 그 가운데 시각적 내용이 우선이 되어 정의된다고 말한다.[210]

이전 장에서 언급했듯, 비록 무의식에 있는 기억은 사물로 드러날 수 있다하더라도 대개는 잠재되어 있다. 의식의 주의를 끌지 못한 기억은 무의식 속에 잠재적인 이미지로 남아있을 뿐이다. 기억이 의식으로 떠올라 사물표상이 되려면 지각적 형태를 취해야만 한다. 프로이트의 말에 따르면 결국 사물표상은 무의식의 기억 그 자체라기보다는 기억이 지각된 형태로 드러난 것을 의미한다. 이는 고전적으로 우리의 꿈에서 그러하듯 환각의 형태를 띨 수도 있고, 깨어 있을 때 대개 그렇듯이 외부에서 온 자극의 형태를 취할 수도 있다.

비록 프로이트가 몇 년 뒤에야 사물표상의 범주를 기술하긴 했어도, 브로이어(Joseph Breuer)와 함께 쓴 『히스테리 연구』는 사물표상을 개념화하는 데 범례가 되는 책이다. 사물표상이 지닌 시각적 성질의 외형에 대해 설명하고 있다. 이 책의 전반부에서 그들은 "히스테리 환자는 주로 회상 때문에 고통받는다(프로이트와 브루이어 강조)"[211]라고 얘기한다. 이에 따르면 히스테리환자는 외부세계보다 심적(psychic) 세계에 더 몰두한 사람이다. 『히스테리 연구』의 마지막 페이지에서 프로이트는 히스테리란 "'시각적' 유형을 이루는 하나의 규칙"이라고 적고 있다(280). 이렇게 다양한 듯 보이는 주장들은 그의 사례연구에서 서로 연결되어 드러난다.

이 지점에서 특히 중요한 사례연구들 중 하나는 안나(Anna O.)에 관한 이야기이다. 그녀는 죽어가는 아버지를 간호하다가 히스테리에 걸린 환자로 부르이어에게 지속적인 치료를 받았다. 안나는 회상 때문에 극심한 고통을 받았는데, 이러한 회상들은 시각적인 형태를 띠고 있었다. 그녀는 종종 "부재(absence)"를 경험했으며, 실제로 자기 앞에 있는 것은 보지 못한 채 죽은 자의 머리나 해골을 다른 잡다한 것들과 엮어 환각의 형태로 보았다.212) 어떤 경우에는 기억이 현재를 대신하는 것이 아니라 현재와 뒤섞이기도 했다. 안나의 오른 팔과 구부러진 가지는 뱀이 되기도 하고(38-39), 갈색드레스는 파란드레스가 되기도 했다(33-34). 어떤 때에는 방안에 있는 모든 것이 현재가 아닌 1년 전의 모습으로 나타나기도 했다. 브로이어가 이와 같이 현재를 과거로 대체하려면, 그녀의 눈앞에 오렌지를 들어올리기만 하면 됐다(33). 안나는 이러한 동작이 자신의 기억이미지를 불러내고자 유혹하는 것-기억이미지를 사물표상으로 만들려고 하는 것-이라는 것을 알고 있는 듯 보였다.

한편, 언어표상은 기표와 기의로 이루어져 있다. 프로이트의 설명에 따르면, 언어기표는 "듣기-이미지(sound-image)", "시각문자-이미지(visual letter-image)", "운동발화-이미지(motor speech-image)", "운동쓰기-이미지(motor writing-image)"의 혼합물로써, 이 가운데 듣기-이미지가 근원에 자리한다. 그리고 언어기의는 사물표상의 간접적인 파생물이다.213) 내가 "간접적"이라고 말한 이유는 사물표상과 언어기표가 결합되면 사물표상의 지각적 특성이 감소되며, 따라서 정감적(affective) 가치도 감소되기 때문이다. 우리 앞에 놓인 사물은 우리가 "개념"이라고 부르는 모호하고 일반적인 것으로 축소되는 것이다.

「무의식」부록 C에서 프로이트는 언어표상이 "폐쇄적이다"라고 주장하는 반면, 사물표상은 "폐쇄적이지 않을" 뿐만 아니라 폐쇄적일 수도 없다고 말한다(213-214). 아니 이후에도 계속 강조하듯, 사물표상은 오히려 "개방적이다". 이러한 구분은 언어표상과 사물표상의 차이를 제대로 이해하는 데, 더욱 낯익은 방식으로 말한다면 언어기호와 지각기호의 차이를 이해하는 데 매우 유효한 지적으로 보인다.

언어표상

「무의식」과 비슷한 시기에 등장한 소쉬르의 『일반언어학 강의(Course in General Linguistics)』로 눈을 돌리면, 우리는 프로이트가 언어표상이 폐쇄적이라고 주장한 것을 뒷받침하는 풍부한 근거를 찾을 수 있다. 이 글에서 소쉬르는, 언어적 개체(linguistic entity)는 소리의 연속에서 어느 부분을 나머지와 분리시킬 때처럼 범위가 한정될 때에만 명확히 정의될 수 있다고 말한다.214) 범위를 한정 짓는 것에 대한 이러한 언급은 소쉬르가 언어기호에 대해 이야기한 다른 모든 부분들에서도 확인되고 있다. 추상적인 랑그 혹은 언어체계는 실재(the real)와 떨어져 있다. 언어체계 안에 있는 모든 요소들은 자신의 질서 밖에 있는 실제세계를 참조하면서 의미를 발생시키는 것이 아니라, 자신들의 체계 안에 있는 요소들 사이에 차이를 만들어내는 방식을 통해서만 의미를 만들어낸다(120). 한 기표는 특정기의에 묶여 있으며, 기의 또한 특정기표에 폐쇄적으로 묶여 있다. 비록 시적 언어가 여러 면에서 기표와 기의 사이의 연관을 강화시키긴 하지만, 실상 언어의 작용을 잘 보여주는 것은 기표와 기의 사이의 소통 없는 기호들이다(68-69). 결국 우리가 아무리 구체적으로 언어를 사용하면서 추상적인 언어체계를 변형시킨다 할지라도, 파롤도 랑그와 똑같이 개별단어들이 분리되어 있는 성질을 그대로 갖고 있는 것이다. 예를 들어, 우리가 "잘(well)"이라는 단어를 말할 때 "분절하여" 발음하는 것처럼, 우리는 각각의 단어를 발음할 때 앞에 있는 단어나 뒤따라오는 단어를 분리하게 된다(104).

그러나 이러한 범위한계의 법칙이 실제로 함의하는 것에 대해 이해하려면, 이전 장에서 상세하게 설명했던 욕망의 모델이 필요하다. 앞서 말했던 것처럼, "지각적 동일성(perceptual identity)"에 대한 소망은 어려서부터 죽을 때까지 우리의 심적 삶을 이끄는 원동력이 된다. 시각적이든 언어적이든 모든 의미화 형식 뒤에는 "작인"이 있다. 프로이트가 『꿈의 해석』에서 말한 것처럼, 태어났을 때 우리는 환각을 통해 지각적 동일성을 얻고자 한다. 그러나 환각은 손에 잡히지 않기 때문에 우리는 즉시 외부세계로 눈을 돌려 지각적인 만족을 추구한다. 그런데 원하던 지각적 자극이 오지 않거나 지각이 부분적으로만 우리의 기대에 일치할 때, 우리는 "생각하도록" 고양된다. "생각한다"는 것은 우리의 기억을 활성화시키는 것을 의미한다. 사고를 통해 우리는 기억자체를 목적으로 하는 것이 아니라, 목적에 이르는 수단으로써 기억들을 활성화시킨다.215)

프로이트는 사고를 전(前)의식과 연결된 활동이라 보았다. 전의식은 말 그대로 의식에 선행하는 심리적인 영역으로, 사고는 무의식과 의식의 중간에 있는 이 전의식의 영역에서 만들어진다. 사고하기 위해서 전의식은 무의식에 자리 잡은 기억들-개별 기억이든 집합적 기억이든-에 자유로이 접근해야한다. 전의식이 강렬한 쾌락이나 고통을 수반하지 않고 쉽사리 기억들을 활성화시키고, 기억들 간에 사고(ideas)의 고리를 연결하는 것은 분명하다.216) 그런데 무의식에 있는 기억들이 원래의 형태를 고수하는 한, 전의식에서 이를 활성화시키거나 서로 연결시키는 것은 불가능하다. 특정 기억은 사고를 필요로 하는 반면, 어떤 기억들은 사고를 거부하기 때문이다. 잠재되어 있는 여러 이미지들 간의 관계들도 전의식의 주의를 끌 감각적 특성이 없기 때문에 사고로 진행되지 못한다.

사고에 있어 어려운 점은 이뿐만이 아니다. 비록 사고가 전의식에서 작용하는 활동이라 해도, 우리는 생각하고 있다고 의식할 때까지는 그것을 인식하지 못한다. 왜냐하면 의식은 프로이트가 "운동반응(motor response)"이라고 부른 것에 이르는 문을 가로막고 있기 때문이다. 우리가 어떤 문제를 해결하는 위치에 있는 순간은 그 문제에 대한 해결책을 알 때뿐이다. 그러나 전의식의 사고는 의식으로 향하는데, "사고한다는 것"은 우리의 사고과정 자체를 의식하게 되는 것을 의미하는 까닭이다.[217] 그러나 의식은 감각기관이며(5:615), 이는 지각하는 것만을 수용할 수 있다는 것을 의미한다. 기억들 간의 관계에서처럼, 우리의 사고과정도 초기형태에는 감각하는 성질이 없다.

전의식은 무의식에 자리한 기억을 언어에 묶음으로써 이러한 모든 문제를 해결한다.[218] 묶는다는 것은 말 그대로 매듭을 짓는다는 뜻이다. 기억과 언어를 묶는다는 것은 사물표상과 언어표상을 묶는다는 것으로 보아도 된다. 이렇게 무의식의 기억을 전의식에서 언어화시키는 것, 달리 말하자면 사물표상을 언어표상과 연결시킨다는 것은 우리의 무의식 속에 있는 기억들이 끝없이 종속되는 절차로 보면 무리가 없을 듯하다. 혹은 내가 여기서 시도하고 있는 것처럼, 전의식의 공간에 무의식에 있던 기억들의 이름을 새겨놓는 것으로 보아도 무방할 것이다.[219] 어느 쪽으로 해석하든 궁극적인 결과는 같다. 우리의 무의식에 있는 기억에 언어기표를 갖다 붙이는 것은 기억을 언어에 종속시키는 일이다. 그렇게 함으로써 우리는 무의식에 있는 기억들을 마음대로 회상할 수 있다. 또한 기억은 언어의 통합체적이고 계열체적인 조직에 편입되고, 우리는 우리의 사고 과정을 인식할 수 있게 된다.

사물표상에 언어기표를 묶는다는 것은 언뜻 보기에 그렇게 폐쇄적인 것으로 여겨지지는 않는다. 오히려 새로운 범주의 관계를 열어놓는 것처럼 보이기도 한다. 사물표상에 언어기표를 묶는 것은 사물표상과 언어기표간의 관계, 하나의 언어표상과 나머지 언어표상들 간의 관계, 의식과 전의식의 사고과정 사이의 관계, 우리의 무의식 속 기억들 사이를 연결하는 통로와 전의식과 무의식 사이의 관계들을 여는 것이다. 그러나 이 모든 관계들은 다른 것을 닫을 때에만, 즉 리비도적인 소통을 폐쇄할 때에만 열릴 수 있다.

전의식은 무의식에 있는 기억들을 언어기표와 연결시킬 뿐 아니라 기억들 간에 흐르는 상당한 양의 에너지들의 흐름을 방해함으로써, 즉 전위가 일어나는 것을 막음으로써 무의식에 있는 기억들을 묶어놓는다.[220] 프로이트는 『꿈의 해석』에서 전의식은 사고에 꼭 필요한 만큼만, 사물표상들 간에 아주 소량의 리비도만 조금씩 흐르게 한다고 말한다(5:559). 결론적으로 언어는 고유의 에너지를 저장하는 독립세포라 할 수 있는 것이다. 이러한 과정은 언어기표를 갖게 된 각각의 기억에서 반복되기 때문에, 전의식은 결국 개별적인 언어표상뿐 아니라 에너지가 정체되어 있는 폐쇄적 체계를 갖게 된다.

이 체계가 갖고 있는 장점은 여러 가지이다. 우선 하나의 기억이 다른 곳에 리비도적 카텍시스를 전이시키는 것을 막으면서 전의식은 사고를 하는 데 필요한 에너지를 지킨다. 전의식은 또한 하나의 언어표상이 다른 표상의 자리를 꿰차는 것을 막음으로써 언어표상들을 구분 짓는다. 대규모로 방출하려는 충동을 지연시키면서 전의식은 기억의 영역에 거의 비슷한 리비도적 카텍시스를 발생시키고 유지할 수 있다.[221] 이렇게 전의식은 특정 기억이 다른 기억들을 배제하면서 의식을 독점하는 것을 방지한다.

그러나 이성적 사고로 얻는 것이 있으면 정감의 차원에서는 잃는 것이 있기 마련이다. 심적 가치는 다른 기억보다 특정 기억에 더 많은 리비도를 투여할 때처럼, 투입되는 리비도의 양에 근거하고 있다. 이는 사랑의 필수조건이기도 하다. 리비도의 영역에 민주주의란 없다. 전의식에서 모든 기억에 똑같은 리비도를 투여하면, 결국 우리에게 중요한 것은 아무것도 없게 된다. 이러한 상태는 소쉬르가 "실증적인 관계(positive terms)"라고 부른 것을 제거할 때에만 가능하다(120). 하나의 언어표상을 다른 것과 연결하는 것을 차단시킨다는 것은 우리의 염려를 정지시킨다는 뜻과 같다.

결국 언어표상은 외부세계로 이르는 문을 닫아버린다. 프로이트가 설명한 것처럼 의식이 외부세계에 접근할 수 있는 유일한 방법은 무의식을 통해서이다.[222] 우리는 어딘가에서 처리된 지각이 의식에 이를 때, 우리 자신 너머에 무언가가 있다는 것을 알 뿐이다. 무의식의 단계에서 일어나는 대부분의 것들은 언어 없이는 우리가 인식할 수 없기 때문에, 내부적인 실제뿐만 아니라 외부적인 실제를 이해하기 위해서는 언어로 돌아가야 한다. 하지만 이전의 지각자극을 의식으로 끌어올리려는 요청에 대해, 전의식은 그 자극들에서 감각적 특성들을 제거할 수밖에 없다. 언어작용의 결과 심적(psychic) 영역을 관측하고 의식하는 능력은 증가되는 반면, 신체적(physical) 영역을 의식하는 능력은 급격히 감소된다.

이러한 지적은 우리가 일반적으로 생각하는 언어와 지각 사이의 관계를 위협하기 때문에 앞으로 더 생각해볼 거리를 제공한다.「무의식」에서 프로이트는 억압된 사물표상은 언어기표를 붙일 수 없었던 것이라고 말한다.[223] 따라서 그는 무의식에 있는 기억을 소환하거나 버리는 힘을 말에 부여한다. 사실, 전의식은 언어적으로 연결하지 않을 (doesn't) 때보다 연결 할(does) 때 더욱 효율적으로 무의식의 표상작용을 방해하는 것처럼 보인다. 왜냐하면 언어적으로 연결 짓지 않을 때는 무의식의 기억이 지각적 잠재성을 갖고 있는 반면, 언어적으로 연결해버리면 그 지각적 잠재성을 상실하기 때문이다. 따라서 언어표상은 부정(negation, Verneinung)을 통해서만 사물표상을 드러낼 수 있다고 말할 수 있다.[224]

부정은 프로이트가 "높은 차원에서 보면 억압을 대체하고 있는 것"[225]이라고 설명하는 것이다. 부정을 통해 "억압된 이미지와 생각의 내용은 의식에 이를 수 있다. 즉, 부정은 무엇이 억압되었는지를 인식하게 해준다. 물론 무엇이 억압되었는지 인정하지 않는다 할지라도 말이다".[226] 이에 대한 예로 프로이트는 강박신경증 환자의 언어행동을 언급한다. 그는 의사에게 이렇게 말했다. "요즘 새롭게 집착하는 생각이 있어요 […] 그것은 내게 '일어나고 있어요'. 그건 그걸 의미할 수 있겠죠. 하지만 아니에요. 사실이 아니거나, 나에게 일어날 수 없는 것들이에요".[227]

여기서 프로이트의 환자는 언어로 정리된 생각을 언어로 부정하는 예를 보여준다. 지각기표에 대해 이렇게 심리적으로 방어하는 것은 즉각 나타나지 않는다.『히스테리 연구』에서 프로이트는 반복해서 사물표상과 언어표상 사이의 관계라는 주제로 돌아간다. 어떤 경우 그는 언어기표에 찬사를 보내는데, 특정 기억과 연결된 외상을 중화시킬 뿐 아니라 그러한 기억들이 지닌 지각적 속성에서 벗어나게 해주기 때문이다. 그는 이 책의 거의 끝부분에서 사물표상은 언어로 "번역"되자마자 사라진다고 말한다. 이 사라짐은 일시적인 것이 아니라 영원한 것이며, 꿈의 형태로 회귀할 힘조차 완전히 상실한 것이다. 프로이트는 "기억이 사고의 형태보다 그림으로 회귀할 때 우리의 일은 대체로 가벼워진다"라고 말하면서, 그가 시각적인 것의 현전에 대해 갖고 있던 경계심과 그 가치에 대한 무감각함을 드러내고 있다.

> (그리고) 환자의 기억에서 어떤 이미지가 드러날 때, 우리는 그가 그 이미지를 설명하면서 계속 자신의 기억이 파편화되고 모호해진다고 말하는 것을 볼 수 있다. 환자는 늘 그랬듯 이미지를 단어로 전환하는 가운데 그 이미지를 제거해 버린다. (…) 때때로 (…) 이러한 종류의 이미지는 설사 환자가 그걸 묘사했다 할지라도, 환자 내면의 눈앞에는 완고히 버티고 있을 것이다. 그리고 이는 그가 여전히 그 이미지에 대해 무언가 중요한 얘기를 할 게 있다는 것을 알려주는 조짐으로 보인다. 그것을 숨기지 않고 말하는 순간, 그에게 그림자처럼 드리워져 있던 귀신과 같은 이미지는 사라져 버린다(280-281).

사물표상

사물표상은 언어표상이 폐쇄되었던 모든 지점에서 활짝 열려 있다. 우선 단순한 환각의 경우를 제외하고 사물표상은 항상 지각적 자극과 적어도 하나 이상의 기억 간에, 혹은 두세 개 이상의 기억들 사이에서 리비도의 전이를 생성시킨다. 지각한다는 것은 기존의 기억에 단지 지각적 자극을 주거나, 다른 기억으로 대체시키는 것이 아니다. 우리는 리비도적 카텍시스의 일부를 원래 기억에서 다른 기억으로 이동시키는 것 정도를 할 수 있는데, 사실 그러한 전위가 발생하는 순간은 오직 리비도의 전이를 전제할 때뿐이다. 우리는 "동일한 연상고리에서 진전된 다수의 인상들로 "거기 있음"을 취할 수 있다".228) 주어진 지각사건이 종료된 이후에도, 사물표상은 우리가 보는 것에 지속적으로 영향을 끼친다.

『꿈의 해석』과 「무의식」을 쓰면서 프로이트는 무의식의 기억들이 전위가 지닌 이동성(mobility)을 선호한다는 것을 언급한다. "이동성"이라는 단어를 가지고 그는 기억 자체뿐 아니라 기억 사이를 순환하는 심적 에너지에 주목한다. 「무의식」에서 프로이트는 "카텍시스의 집중은 매우 유동적이다". "전위(displacement)가 일어나는 동안 하나의 생각은 자신의 카텍시스 전체를 다른 것에 넘겨줘 버린다. 반면, 압축(condensation)의 과정에서는 하나의 생각이 다른 여러 가지 생각들의 카텍시스 전체를 자기 것으로 만들어 버린다"(186)라고 기술하고 있다. 하지만 그가 이전에 『과학적 심리학 초고』에서 언급한대로, 무의식에 있는 하나의 기억이 다른 기억으로 에너지를 이동시킬 수 있다면, 그것은 그들 사이를 연결하는 길이 열려 있기 때문이다(292-302).

사물표상은 세상에 대해서도 열려 있다. 프로이트는 전의식이 오직 무의식을 통해서만 정신 외부에 있는 것에 접근-이것은 간접적일 뿐 아니라 부정의 과정을 거치며 손상된다-하는 반면, 무의식은 "삶의 인상들에 직접 접근할 수" 있다는 점을 강조한다.229) 사실, "대개 지각에서 무의식에 이르는 모든 길들은 개방적이다"(194). 무의식에 있는 기억들은 외부세계와의 접촉을 통해 지각이 이루어지고, 사물표상이 드러난다. 이런 점에서, 무의식은 외부세계에 대해 열려 있으며, 지각이나 사물표상은 무의식의 기억과 외부세계 간의 접촉의 "흔적"이라 볼 수 있을 것이다.

결국, 사물표상은 정감의 개방을 통해 발휘된다고도 볼 수 있다. 프로이트는 「무의식」에서 이러한 정감의 개방을 "최초의 진정한 대상-카텍[시스]"라고 정의한다(201). 따라서 그것은 단지 우리가 처음 다른 사물에 어떻게 접근할 수 있는가 뿐만 아니라 어떻게 계속 그렇게 할 수 있는가를 암시한다. 사물표상은 우리가 다른 창조물이나 사물과 정서적으로 대화를 나누는 것뿐만 아니라, 새로운 방향에서 염려에 대한 우리의 역량을 확장시킬 수 있다. 무의식 속에 있는 기억들이 다른 형태로 나타날 때마다, 우리에게 유의미한 사물의 범주는 확대된다.

프로이트는 기억들 사이에 흐르는 무의식의 리비도가 소통을 만들어낸다고 말한다. 제임스 스트라치가 "촉진(faciliation)"이라고 부적절하게 번역한 바 있는 이 명사는, 길을 비추거나 뚫는 것을 의미한다. 따라서 소통은 여정 중에 있으며, 아직 완전하지 않은 것을 암시한다. 그런데 이 과정이 아주 "진보적"이다. 소통이라는 단어는 『과학적 심리학 초고』에서 처음 등장하는데, 프로이트는 무의식의 기억들 혹은 "신경 단위들" 사이를 가로막는 장벽을 무너뜨리는 것을 설명하기 위해 이를 이용한다.[230] 프로이트는 이후에 쓴 글들에서 소통을 조금 덜 기계적으로 사용한다. 『꿈의 해석』과 『일상생활의 정신병리학(The Psychopathology of Everyday Life)』에서 하나의 기억과 다른 기억을 연결하는 것은 신경학보다는 연상에 더 가까운 것으로 기술되고 있다. 소통은 욕망이 흐르는 길을 만든다. 이것은 리비도가 흐르는 길, 즉 리비도가 무의식의 기억들을 재방문하고 명령하는 방향을 결정하며, 정서적으로 말하자면, 우리 개개인이 "나아갈" 방향들도 결정한다.

그러나 소통이란 명칭은 시기적으로 그렇게 이름 붙여 쓴 것이지 절대적인 규범은 아니기 때문에, 우리는 위의 내용에 너무 얽매이면 안 된다. 우리는 죽는 순간까지 지각적 발화(perceptual speech)를 통해 끊임없이 우리의 욕망이 움직이는 경로를 재수정한다. 각각의 새로운 지각 자극은 소통으로 통합되는데, 이전의 것들과 연합하면서 스스로를 확장시킨다. 그리고 그러한 확장은 종종 다른 방향으로 나아가게 된다. 게다가 사물표상의 결과가 이전의 것을 참조하면서 파생되는 것이라 할지라도, 그것 역시 과거를 기반으로 변형될 여지가 있는 것이다.

이것은 프로이트가 『히스테리 연구』의 중요 구절에서 제시한 것처럼, 소통 즉 무의식이 흐르는 길은 직선으로 흐르지 않는다. 그보다 그것은 이전 순간으로 회귀하거나 그야말로 가지를 치면서 옆으로 빠지는 길들을 만들어나간다. 또한 "순환로"라고 불릴 만한 것을 만들어내면서 새로 난 길들을 모두 연결시킨다. 프로이트는 전위로 인해 만들어지는 이러한 여정을, 먼저 표면에서 저 깊은 심층과 뒷면까지 에둘러가는 길에 비유하고, 그 다음에는 체스에서 지그재그 패턴을 이루는 말의 동선에, 그리고 마지막으로 분화된 선들이 한 점에 모이는 체계에 비유한다(289-290).[231]

개개의 주체가 만들어내는 소통은 자신의 과거를 수놓고 있는 감정들의 은하수를 뒤좇는다. 그러나 이러한 별자리 안에서도 특정 별들은 자신보다 중요하지 않은 기억들을 담고 있는 별들을 어두운 배경으로 삼아 더욱 빛난다. 이러한 별들은 아주 밝게 빛나면서 새로운 리비도의 영토에 길을 비춘다. 이들은 오래된 것들을 조명하면서, 가끔은 한 때

밤의 사막이었던 것을 세상의 기쁨에 찬 정원으로 변화시킨다.

내가 사물표상도 언어표상처럼 분절된 단위로 이루어진 것처럼 설명했지만, 실상은 그렇지 않다. 사물표상은 자신이 참조하는 것을 통해서만 의미가 발생하기 때문에, 참조물을 지시하지 않은 채 기표로서의 지위를 상실해야만 소통에서 벗어날 수 있다. 사물표상은 끊임없이 변하는 연속체의 한 부분인 것이다. 『히스테리 연구』에서 프로이트는, 소통을 이루는 기억들을 "공간적으로 확장된 덩어리"(291)라고 설명했다. 그는 또한 우리가 그러한 불연속적인 집합체인 기억들을 인지할 수 있는 것은, 그것들이 의식에 도달할 때에는 분절되기 때문이라고 설명하고 있다. 의식은 속담에 나오는 바늘귀와 같아서, 그 구멍으로는 소통이라는 낙타가 통과할 수 없다. 오로지 구체적인 단위들로 분리되고 언어기표에 연결됨으로써만 무의식의 기억들이 이루는 별자리는 그 좁은 길을 통과할 수 있는 것이다. "의식을 '좁은 길'이라고 말하는 것은 타당성이 있다"라고 주장하면서 프로이트는 다음과 같이 기록한다.

한 번에 하나의 기억만이 자아의 의식에 들어갈 수 있다. 하나의 기억에 몰두한 환자는 그 기억 이후에 밀어닥치는 다른 것들을 보지 못하며, 이전에 지나쳤던 다른 것들도 망각한다. 이런 식으로 하나의 기억에 집착하는 병을 치유하는 데에 어려움이 있다면 그것은 소위 말해, 길이 차단되었을 때이다. 그 기억을 부수어 환자의 자아에 편입시킬 때까지 이것은 환자 앞에 버티고 서서 그를 괴롭힌다. 정신에서 만들어진 물질이 공간적으로 확장되어 덩어리를 이룰 때는, 이 환자의 경우에서처럼, 조각으로 분리되어야 좁은 틈을 통해 의식에 당도할 수 있는 것이다(291).

욕망의 시작

우리 중 누구도 태어나자마자 내가 방금 기술한 것처럼 지각적으로 열려 있는 것은 아니다. 다른 언어와 마찬가지로 욕망의 언어도 우리가 그 안에 편입되어야만 하는 하나의 세계이다. 욕동에 대한 프로이트의 이론은 우리가 우월한 시각언어의 화자가 되는 방식을 개념화하는 데에 부분적인 모델을 제공한다. 욕동은 프로이트가 「본능과 그 변화(Instincts and Their Vicissitudes)」에서 설명했듯이 경계가 명확치 않은 실체이다. 그것은 정신적인 것과 육체적인 것 사이에 위치한다.[232] 욕동은 대표표상(ideational representative)[233]에 위치하는 한편, "유기적인 조직에서 발생하여 정신에 이르는 자극에도 위치한다. 이처럼 욕동은 신체와 연결된 마음의 요구를 보여준다. 이는 마음이 신체에 연결되어 작용할 때 마음이 요구하는 것을 가능하게 해준다"(122). 대표표상은 사물표상이기는 하나 자신으로부터 소외되어 있는 사물표상이다. 이 독특한 표상은 단순히 지각적 형태를 취할 수 있는 기억에 그치지 않고, 그 자체로 표상을 능가하는 어떤 것이 된다.

욕동의 대표표상은 억압될 수 있다. 그러나 욕동의 자극은 억압될 수 없다.[234] 대표표상이 의식에 접근할 수 없게 된 뒤에도 욕동은 계속해서 지각표상을 자극시킨다. 이러한 자극에 의한 동요는 우리가 "정신에너지", "리비도", "흥분"이라고 여기는 것들을 만들어낸다. 이것은 또한 대표표상을 대리하도록 무한히 잠재하고 있는 일련의 리비도적 전위를 촉진시킨다. 욕동이 자신의 충족을 위해 기억과 지각적 자극을 대리물로 가져와 의식에 도달하는데 성공한다 하더라도 대표표상과 지나치게 뚜렷이 연결되면 억압되기 쉽다.

「억압」에서 프로이트는 그가 "일차억압(primary repression)"이라고 부른 것과 이후에 발생하는 억압을 구분 지었는데, 그는 후자를 "이차억압(secondary repression)"이라고 특징지었다(148). 대표표상이 이차억압을 겪으면 전의식에서 밀려나와 무의식 속으로 가라앉는다. 일차억압은 이 지점에서 이차억압과 구분된다. 프로이트에 따르면, 일차억압도 이차억압과 마찬가지로 전의식에 들어갈 수 없지만, 이차억압과는 달리 무의식에 들어갈 수도 없다. 왜냐하면 아직 무의식이란 것이 형성되어 있지 않기 때문이다. 무의식은 이미 형성되어 있던 대표표상 주변에 자리를 잡고 만들어지기 시작한다.

일차억압 이전에 특정한 대표표상은 분명 일시적으로만 육체적 힘을 갖는다. 그러나 하나의 대표표상이 일차억압을 겪은 후에는 욕동이 지닌 육체적 힘과 영구히 연결된다.235) 프로이트는 이러한 관계를 "고착(fixation)"이라고 말한다. 고착이란 보통 정신분석학에서 부정적인 의미를 갖는다. 예를 들어, 「본능과 그 변화」에서 프로이트는 그것이 "분리를 거부하고, [욕동의] 유동성을 멈추어 버린다"(123)고 말한다. 그러나 욕동이 이런 특정한 대표표상에 영구히 귀속되는 것은 사실 구속이라기보다 해방에 가깝다. 왜냐하면 전위는 오히려 고착을 통해 가능해지기 때문이다.

프로이트는 처음 억압된 항목(term)은 자석처럼 기능해서, 다른 내용들을 무의식 속으로 끌어당긴다고 썼다. 이는 처음 억압된 것과 다른 기억들 사이에 리비도적 전이가 일어나게 하기 위해서인데, 결국 대리사물표상의 등장을 초래한다. 프로이트는 「억압」에서 이러한 대표표상은 "그것이 관계를 맺을 수 있는 모든 것들"을 끌어당긴다고 썼다(148). 그리고 다음 페이지에서 훨씬 더 강하게 견해를 피력한다. "우리는 본능의 표상(instinctual representative)이 억압을 통해 무의식에 존재하며, 스스로를 더욱 조직화하고, 파생물을 도출하여 연결을 형성한다는 것을 너무 쉽게 잊는다"(149).

고착이 억압의 결과로 일어나는 것만은 아니다. 고착 자체가 억압이 발생하는 메커니즘이다. 무의식에서의 고착(unconscious fixation)은 전의식에서의 고착(preconscious fixation)을 통해 야기되기 때문이다. 그런데 "고착"은 리비도적인 고정뿐만 아니라 지형적인 고정도 의미한다. 또한 고착이 전위의 결과로 일어나는 것도 아니다. 전위는 고착과 실질적으로 동의어이다. 우리가 「무의식」에서 배웠듯, 처음 억압된 항목은 그 자리에 두 번째 항목을 가져다 놓음으로써 욕동의 잠재의식적 대표표상이라는 지위를 잃는다. 대체된 대표표상은 이후 일련의 전위를 통해 방어적 위치를 만들고 보호받는다.

프로이트는 리비도 전이가 모호한 은유를 띠며, 방어적인 모양새를 취하는 점에 대해 설명한다. 그는 두 번째 대표표상이 주위에 "방어벽"236)을 쌓음으로써 첫 번째 대표표상이 전의식에 다시 들어오는 것을 막는다고 말한다. 그것은 관련기억들의 고리를 통합함으로써, 즉 프로이트가 일차억압에 대해 논의한 것과 동일한 종류의 관계를 추구함으로써 이러한 방어벽을 구축한다. 관련된 기억들의 고리로 이루어지는 이러한 방어벽은 첫 번째 대표표상이 그 자리를 다시 차지하려고 할 때마다 확장되어야만 한다. 프로이트는 전위를 통한 대표표상의 "지형학적 구속이 반(反)카텍시스"라고 언급한다.237)

"사물"

억압에 대한 프로이트의 설명을 통해 우리는 무의식의 층위에서 일어나는 것이 전의식의 층위에 똑같이 거울반사 된다는 사실을 알 수 있다. 두 경우에서 모두 우리는 리비도적인 고착이 갖는 모순적인 결합과 전위의 경향을 알 수 있다. 그러나 프로이트의 설명에 따르면, 전위가 리비도적인 고착의 작인이 되는 것은 두 번째 억압의 경우에서만이다. 그가 고착을 위치구조로 생각하는 것, 즉 대표표상이 방어적 위치에 고정된 것으로 생각하는 것도 두 번째 억압의 경우에서만이다.

그러나 내가 볼 때, 위치구조에서 처음 억압된 표상은 자신을 대신하는 것과 모든 면에서 동일한 기능을 수행한다. 그것 역시 위치구조상 고착에 빠진다. 즉, 처음 억압된 항목도 자신의 자리를 지키기 위해 계속해서 배제한다. 그렇지 않으면 그의 자리는 두 번째 억압된 항목이 차지하게 된다. 게다가 그것이 수행하는 방어적인 역할은 전의식의 대응물(두 번째 억압된 항목)이 수행하는 역할보다 훨씬 더 중요하다. 무의식의 첫 번째 사물표상이 이처럼 지형적으로 고정되어 방어하는 것은 단순히 금지된 지각이라기보다는 욕망의 끝이다. 처음 억압된 항은 자신이 삽입된 자리에 머문 채, 라캉이 "존재", "현전" 혹은 사물이라고 다양하게 부른 것들의 정신 속으로 다시 들어가는 것을 막기 때문이다. 결국 첫 번째 억압된 항목을 대신하는 전의식의 항목과 마찬가지로, 처음 억압된 항목도 이후 일련의 전위를 통해 방어위치를 보장받는다. 이 전위는 처음 억압된 항목을 둘러쌀 뿐 아니라 상승시키거나 고양시킨다고 말할 수 있다.

우리는 전의식의 반카텍시스뿐만 아니라 무의식의 반카텍시스도 사실이라고 가정할 수밖에 없다. 왜냐하면 주체성에 관한 이야기는 프로이트가 메타심리학 논고들에서 제시한 것처럼 육체적 힘이 정신적으로 표상되는 것과 꼭 같은 방식으로 시작되지는 않기 때문이다. 주체성은 오히려 지각적 동일성을 추구하는, 명백히 시각적인 욕동과 함께 시작한다. 처음에는 그런 시각적 욕동을 추구하는 대표표상이나 신체적 추진력을 지닌 대표표상은 없고, 정신이 추구하는 지각적 실현을 향한 사물표상만 있을 뿐이다. 이 지점에서 사물표상은 또한 다른 사물표상들의 범위와 다소간 상호 교환적이기도 하다. 그러나 지각적 동일성을 향한 욕동은 사물표상을 부활시키기 위해 어느 지점에서 억압의 힘에 저항한다.

금지된 사물표상이 무의식으로 추방되는 과정은 프로이트가 설명한대로 전의식의 반카텍시스를 통해 일어난다. 그러나 이러한 반카텍시스는 단순히 특정한 사물표상의 지각적 실현에 대항하는 방어기제로써 적어도 두 개의 사물표상들이 서로를 소외시키게 한다. 하나의 사물표상이 전의식에서 다른 사물표상의 대리물로 나타날 때, 이는 잠재적인 지각기억에서 벗어나는 것이다. 사물표상은 대리된 것의 기표가 된다. 이러한 대리사물표상은 억압하는 것이 기의로 작용하는 것도 저지한다.[239] 이제 어떤 지각적 사건도 다시는 그 자체로 남지 못하고, 모든 지각적 자극이나 기억은 항상 이전 것의 기표로 작용할 것이다.

하나의 사물표상을 기표로 설정함으로써 두 번째 배제가 일어난다. 이번에는 단순히 전의식으로부터가 아니라 정신 전체에서 배제된다. "존재"는 공백이나 결여를 남겨둔 채 증발한다. 이때 드디어 처음 억압된 사물표상은 프로이트가 말한 "대표표상"이 된다. 그러나 정신에서 대신하고 있는 것은 육체적인 충동력이 아니라 오히려 "지금 여기"이다.

라캉은 『세미나 VII』에서, 주체가 언어로 들어가는 것은 하나의 사물표상이 언어적으로 대립하는 두 개의 소리를 생산할 때가 아니라, 다른 사물표상을 무의식 속에 밀어 넣는 순간이라고 주장한다.[240] 이는 그의 이론에서 결정적인 수정이고 내가 기본적으로 동의하는 바이다. 우선 사물표상이 만들어지고, 그 다음 그것은 언어표상의 기의가 된다. 또한 주체가 처음으로 리비도적인 발화를 하는 것은 언어표상보다는 사물표상에 의해서이다. 주체의 삶의 초기에 처음 억압된 사물표상은 다른 사물표상에 기의로 작용할 뿐만 아니라 "존재"를 대리하는 것으로 기능하기 시작한다. 언어로 진입하면서 상실한 것을 상징화할 항들의 최초이자 가장 중요한 것으로서 말이다. 따라서 처음 억압된 사물표상은 역설적이게도 자기가 배제하는 것을 구체화한다.

무의식의 반카텍시스

프로이트는 「무의식」과 『쾌락 원칙을 넘어서』에서 반카텍시스와 흥분의 증가를 연결시키고 있다. 하지만 두 책의 전개방식은 매우 다르다.[241] 『쾌락 원칙을 넘어서』에서는 반카텍시스가 일종의 에너지 "위기관리" 역할을 맡고 있는 것으로 서술한다. 이러한 관리를 통해 정신은 외부자극에서 온 흥분을 일정한 수준으로 감소시키려 한다. 언어작용을 통해 흥분자극을 기억에 균등하게 분산시킴으로써 감소시키는 것이다(30-35). 여기서 "분산"이라는 단어는 "전위"의 다른 표현일텐데, 이러한 종류의 전위를 통해 항상성이 이루어지고, 이 때의 전위는 프로이트가 리비도의 투입과 연결지을 때처럼 큰 전위가 아니라, 사유에 필요한 만큼의 작은 전위들이다. 반면 「무의식」에서는, 반카텍시스가 흥분의 강화로 귀결된다고 주장한다. 게다가 "대리하는 관념들의 연상조직"은 "강렬하게 집중된다(cathected)"고 주장하기도 한다(183). 결국 프로이트는 반카텍시스를 창출하는 전위는 실질적으로 리비도의 전이와 관계된다는 것을 지적하고 있는 것이다. 그렇다고 이것이 모순되는 것은 아니다. 프로이트가 『쾌락 원칙을 넘어서』에서는 전의식에서의 반카텍시스를, 「무의식」에서는 사물을 정신에서 몰아내는 종류의 반카텍시스에 대해 무심코 기술하고 있기 때문이다.

전의식과 무의식의 반카텍시스 사이의 유사성을 강조해놓고, 지금에 와서 그 차이를 주장하는 것은 이상해보일 수도 있다. 그러나 전의식과 무의식의 반카텍시스들이 방어기능을 수행하고, 그러기 위해 다른 기억들과 관계를 만든다 할지라도, 후자는 전자와 다른 에너지논리에 따른다. 전의식의 반카텍시스는 사물표상과 언어표상을 연결시킴으로써, 그리고 언어적으로 조직되는 사고에 맞는 미세한 전위들을 일으킴으로써 외부자극으로 인해 촉진되는 흥분을 감소시키려고 한다. 반면, 무의식의 반카텍시스는 그 자체가 심적 흥분을 창출한다. "존재"의 "사라짐"[242]은 만족할 줄 모르는 정신을 만들어내 영원토록 욕동에너지를 생산하는 원천이 된다. 게다가 무의식의 반카텍시스가 자리하고 있는 한 전의식은 진정한 항상성을 이룰 수조차 없다. 정신은 끊임없이 새롭게 충전된다. 무의식의 반카텍시스는 흥분을 묶으려는(binding) 반응도 하지 않는다. 오히려 내가 이전 장에서 제시한 것처럼 그것은 으레 양을 질로 변환시킨다. 전위는 이러한 변환의 작인을 제공한다.

우리가 일반적으로 전위를 하나의 사물에 리비도적 카텍시스를 투입하기 위해 다른 사물에서 리비도적 카텍시스를 제거하는 것으로 개념화하기 때문에, 그것이 어떻게 질적인 복합화로 귀결될 수 있는지 아는 것은 쉽지 않다. 어떤 것을 대체하는 것은 반대로 그것을 포기하는 것처럼 보인다. 그러나 나는 리비도를 하나의 항에서 다른 항으로 옮기는 것이 첫 번째 항을 상승시키는 수단을 제공할 수도 있다는 점을 주장하고 싶다. 라캉이 말한 것처럼, 이는 첫 번째 항을 사물[243]의 "존엄"한 위치까지 "고양"시키는 수단인 것이다. 우리가 그것을 일련의 관련기억과 연결하여 의미의 영역을 확장하면서 그 주위에 머무름으로써, 결국 첫 번째 항은 전위를 통해 더욱 고양되고 승화된다.

『세미나 VII』에서 라캉은 이런 종류의 전위가 작용하는 방식에 대해 기술한다. 프로이트와 마찬가지로 그 역시 전위를 과잉된 흥분 탓으로 돌린다. 라캉이 설명하길 "정신의 에너지가 일반적인 한계를 넘어설 때", 그 에너지는 "정신조직 내에 흩뿌려진다. 이때 양이 복합성으로 전환된다. 신경 [혹은 기억] 조직을 비추는 면적이 늘어날 때, 그 조직은 여기저기서 유리한 조합에 맞게, 혹은 관념이나 무의식의 사고(Gedanken)를 연합하는 표상(Vorstellungen)의 별자리에 맞추거나 쾌락원칙에 맞춰 빛을 발한다"(58-59).[244]

그러나 특정한 기억이 다른 기억들에 비해 특권화됨으로써 강렬한 흥분을 만들어내도록 하는 것은 무엇인가? 프로이트는 『쾌락 원칙을 넘어서』에서 매혹적인 관찰을 보여준다. 그는 살아있는 유기체가 태어나서 바로 죽지 않고 삶을 이어나갈 수 있는 이유는 끊임없는 차이들의 유입 때문이라고 말한다. 평생 동안 지속되는 이러한 차이의 유입은 심적 흥분을 만들어 낸다. 죽음이란 흥분이 소멸할 때에야 찾아오는 것이다.[245] 이러한 설명을 가지고 프로이트는 차이와 흥분 사이의 밀접한 상관관계를 성립시켰다.

나는 『쾌락 원칙을 넘어서』에서 가지고 온 이 구절을 확실치 않은 주장에 대한 영감으로 사용하고자 한다. 우리가 어떤 사물에서 그동안 보고자 갈망했던 것을 다시 한번 볼 때, 그리고 그 사물을 사물이 표상하는 것과 구분짓는 차이를 기입할 수 있을 때, 어떤 것에서 멀어지지 않고 그 "주위에서" 전위하는 종류의 전위는 소통의 은하수에서 "초성(megastars)"을 만들게 된다. 우리의 흥분은 그럴 때마다 비정상적으로 강렬해지는데, 두 가지 방향에서 자극을 받기 때문이다. 즉, 우리는 정신 자체로부터, 그리고 세계로부터 자극을 받는 것이다. 대상의 차이에 대한 통각이 무한의 형태를 취할지라도, 그것이 시작되는 순간은 언제나 그 대상의 시각적 특징을 기록하면서부터이다.

비표상적 표상물

아마도 라캉은 "존재"의 "사라짐"을 유발하는 것이 지각기표보다는 언어기표의 폐쇄성에 있다고 보는 듯하다. 결국 언어기표는 종국에는 비대리적 표상(nonrepresentative representation)이며, 기의나 지시대상과 전적으로 자의적인 관계를 맺는다.246) 이와 달리 지각기표는 대리적(representative)이다. 그것이 다른 기표를 대신하거나 연합한다는 것은 주로 유사성이나 연속성을 바탕으로 한다. 따라서 어떻게 시각기표가 "존재"의 "사라짐"을 유발하는지 이해하는 것은 어렵게 보일 수도 있다.

그러나 지각적 의미화의 다른 모든 행위들은 형식적 유사성이 동기가 되지만, 결여작용으로 인한 지각기표는 형식적인 유사성이 그 동기가 되지 않는다. 즉, 첫 번째 대표표상은 다른 대리물이 표상함에 있어 특정한 동기를 갖지 않는 것이다. 그 이유 중 일부는 "존재"가 질을 결여하고 있기 때문이다. 대표표상은 사랑의 대상이 아니라 불가능한 욕망의 비대상이다. 상징화로 인한 소급을 통해서만 그것은 인상과 얼굴을 부여받게 될 것이다.[247] 그러나 한편으로는 일차억압 자체가 첫 대표표상이 대리적 역할을 하는 척도가 되기도 한다. 첫 번째 대표표상이 "존재"의 대리물이 될 수 있는 이유는 "배제되거나" "축출된" 존재 덕분이다. 그것이 수행하는 역할에 어떠한 본질적인 속성도 준비되어 있지 않기 때문에, 첫 대표표상은 적어도 가설적으로는 다른 어떤 대표표상으로도 대체될 수 있다.[248] 하나의 관념화된 표상과 그 이후에 작용하는 것들 사이의 관계는 이러한 자의성에 근거한다.

"존재"의 첫 번째 대표표상은 의미화 할 수 없는 외상의 공간이다.[249] 여기서 "외상적"이란 단어는 프로이트가 『쾌락 원칙을 넘어서』에서 부여했던 가치를 그대로 담고 있다. 그것은 "급격한 흥분상태를 촉진한다". 위치구조에서 처음 억압된 것은 위험할 정도로 격렬한 심적 흥분상태를 촉진시키는데, 그 이유는 개인화된 차이(difference personified)를 갖고 있기 때문이다. 그것은 예전에는 "지금 여기"로만 알려졌던 정신 속에 분리와 지연을 끌어들인다. 처음 억압된 사물표상은 최초의 대표표상이기도 하다. 결과적으로 참고하거나 그것을 의미 있고 친숙하게 만드는 이전의 표현이란 없다. 최초의 억압된 사물표상, 즉 대표표상인 이것은 정신에 불분명하고 이질적인 침입자로 남는다. 동시에 이 낯선 것은 자신이 들어가는 정신의 주체에 강렬한 정감을 불어넣는다. 무의식으로의 침입이 "존재"의 "사라짐"을 촉진시킨다 할지라도, 상실된 것에는 대리물을 제공한다. 여기에는 분명 평생 동안 지속될 정도로 흥분이 가득하다.

하지만 그렇다고 우리가 최초의 대표표상에 의해 표상되는 사물만큼 흥분되는 어떤 것을 앞으로 다시는 마주치지 않는 것은 아니다. 처음 억압된 항은 플라톤의 이데아처럼 기능하지 않는다. 그것은 필연적으로 열등한 모든 모사물이 파생되는 원본이 아니다. 오히려 최초의 대표표상은 이후에 자신의 의미를 채워주는 것들에 전적으로 의존한다. 모든 주체의 최초의 대표표상은 그것을 대리하는 것 없이는 프로이트의 손자가 내뱉었던 포르트(fort) 만큼이나 무의미하다.250)

어머니의 은유

억압에 대한 이전의 논의들에서 나는 지각적 기억이 사물의 첫 번째 대리물로 자리 잡게 되는 과정이 자율적인 것처럼 여러 번 말해왔다. 억압이 스스로 작동하는 것 마냥 말이다. 사실, 일차억압은 당연히 가족문제이며, 일반적으로 우리 문화에서는 오이디푸스 콤플렉스를 통해 발생한다. 그리고 친족구조의 관습에 따라 항상 무의식적으로 반응할지라도, 그런 콤플렉스에 한정된 욕망들을 처음에는 촉진시키고 그 다음에는 금지하는 책임을 떠맡는 것은 대개 어머니와 아버지이다.

「정신병의 가능한 치료 방법에 대한 예비 질문에 관하여(On a Question Preliminary to Any Possible Treatment of Psychosis)」나 『세미나 III(The Seminar of Jacques Lacan, Book III)』의 모든 독자가 알고 있듯이, 억압은 라캉에게 있어 규범적이거나 이성애적인 오이디푸스 콤플렉스와 실제로 동의어이다.251) 억압은 그가 "아버지의 은유"라고 칭한 것을 야기하기도 한다. 남근은 어머니가 아버지에 대해 가지는 욕망의 결과물이다. 이러한 남근은 "존재"의 특권화된 대리물로써 억압이라는 빗장 아래 놓이게 된다. 그러나 라캉은 종종 『세미나 III』252)에서 주체가 처음으로 사물을 은유하는 대상이 모성적 성질을 가지고 있다는 것을 강조했다. 그리고 『햄릿(Hamlet)』에 대한 자신의 세미나에서 남근에 대해, 상실의 첫 기표를 극복하는 것에 따르는 어려움을 증명했다.[253] 내 견해로는 이 문제가 이렇게 어려운 이유는 종종 그러한 기표가 라캉이 부여한 특권적 가치를 누리지 못하기 때문이다.

이전 장에서 이미 제시한 것처럼, 결국 친족구조는 근친상간의 금지를 내용으로 구성된다. 이러한 금지는 다른 수많은 형태를 취할 수 있는데, 우리 문화에서는 최초의 보호자가 그 부분에서 가장 큰 책임을 맡고 있다. 다시 말해, 우리 문화에서는 여전히 관습적으로 어머니가 그 역할을 수행하기 때문에, 주체가 친족체계에 들어가는 것은 전형적으로 어머니에 대한 리비도적인 기억을 지각적으로 인식하기보다는 "어머니의 은유"를 통해서이다.

주체가 기표에 동의하고 난 후에도 어머니는 원래 자리에 남아있어야만 한다. 그녀는 특권화된 위치에서 추방될 수 없다. 왜냐하면 그녀는 충만하고 완벽한 만족에 이르는 뒷길을 가로막는 빗장이기 때문이다. 그녀는 정신이 현전으로 넘쳐흐르는 것을 막아주는 제방의 손가락이다. 어머니가 없다면 기표도, 기표의 열정도 있을 수 없다. 그러나 어머니는 어머니에 대한 은유가 발생하면 사물처럼 욕망의 대상으로 표상되는 것이 불가능하다. 어머니가 의식에서 추방될 때에만 그녀는 모든 다른 기표들이 지시하는 기호로서, 그리고 "존재"의 최초의 대리물로서 기능할 수 있다. 따라서 그녀는 자신의 특권적 지위를 상실해야만 지각적으로 되살아날 수 있다. 어머니는 또한 그녀에게서 멀어지는 꾸준한 전위들의 결과로서만 중요한 기능을 수행한다. "어머니"의 의미를 결정할 수 있는 것은 이러한 전위 그 자체이다. 결과적으로 어머니에게로 소급할 수 없게 하는 모든 사회적이고 이데올로기적인 침해에도 불구하고, 우리에게 사랑의 대상은 순수한 무한에 다가갔을 때 얻는 것과 가장 가까울 것이다. 우리는 어머니를 사랑함으로써 세계를 사랑할 수 있게 된다.

말하는 것을 보여주기

줄곧 보아왔듯, 사물표상과 언어표상은 자신들이 "속한(belong)" 곳에만 머무르지 않는다. 전의식은 사물표상이 억압의 빗장 아래로 밀려나 영원히 욕망의 첫 번째 기표가 되도록 도와준다. 또한 언어는 정신의 요소들이 사물의 두 번째 표상이 되는 데 중요한 역할을 한다. 무의식의 많은 내용들은 체계적으로 전의식에 속하게 되는데, 이로써 무의식은 언어적으로 조직되고 "자기모순으로부터 자유로워진다".[254] 라캉이 말했듯, "인간세계의 사물들은 단어들 […] 언어, 상징적 절차로 구성된 세계에 속한 채 모든 것을 지배하고 다스린다".[255]

그런데 지각기표가 구술기표로 향할 수 있다면, 그 역도 가능하다. 프로이트는 「무의식」에서 전의식의 상당부분이 "[무의식]에서 파생되는 특징"을 갖고 있다고 말했다(191). 이는 전의식의 일부가 억압된 것과 긴밀하게 소통할 뿐 아니라, 합리화에 굴복하기를 거부하거나 멀어지려는 것을 의미한다.

따라서 언어표상이 항상 폐쇄적이라고만 볼 수는 없다. 언어표상은 통시적이고 공시적인 규칙에 따르기보다 리비도의 원칙에 따라 정리될 때가 있다. 그런 때에는 무의식의 작용을 저지하는 작인으로 작동하기를 멈추고 욕망을 전달한다.[256] 다시 말해, 이때의 언어표상은 등가투여(equal investment, Gleichbesetzung) 법칙에 지배받지 않는 것이다. 대신에 리비도는 비슷하거나 인접한 하나의 항에서 다른 항으로 자연스럽게 전이해 간다. 이러한 전이는 풍부한 정서적 연상조직이 생성될 때까지 이루어진다.

무의식의 욕망은 전의식의 사고를 끊임없이 자극한다. 그렇게 함으로써 계속해서 무의식의 기억에 소리와 시각적 형태를 부여한다. 단어들은 이러한 무의식의 행위가 굉장히 유혹적이라는 사실을 알아냈다. 앞서 살펴보았듯, 『꿈의 해석』에서 프로이트는 "무의식에 잠재된 시각적 기억들"이 전의식의 사고를 유혹한다고 말한 바 있다(5:596). 또한 「꿈의 메타심리학(The Metapsychology of Dreams)」에서도 시각적 기억들은 "말(words)로 표현되는 사고"를 이끌어 낸다고 설명하고 있다.[257] 말은 자신의 지각적인 근원을 완전히 초월할 수 없는 듯하다.[258]

우리의 꿈 속에서 구술적 사고(verbal thought)는 대개 잠재된 시각기억들에 완전히 굴복하여 자신도 시각적인 형태를 취하고 만다. 이 순간, 과거와 현재는 솔기 없이 매끈하게 결합된다. 예전의 정서는 다른 곳에 머물렀었던 내색 없이 새로운 거처에 적응한다. 프로이트와 그의 누이가 어렸을 때 찢어버린 채색도판 책에 대한 기억은 프로이트가 의대생일 때 샀던 삽화가 있는 전공서적에 대한 기억, 그리고 최근 가게 진열장에 『꿈의 해석』이 출판되어 진열된 것을 본 기억과 결합된다.[259] 그리고 다른 예로, 프로이트가 어떤 여성의 입 안을 본 장면은 이전에 다른 여성의 입 속에서 보았던 유쾌하지 않은 의치, 그리고 여자의 다른 구멍을 보고자하는 기대를 함께 표상하게 된다.[260]

그러나 깨어 있을 때, 두 가지 기억이 서로 결합되거나 한 기억이 다른 지각자극과 완전히 결합하는 경우는 드물다. 우리가 부정하는 방식으로 언어를 사용하지 않을 때나, 이전에 보았거나 앞으로 보고자하는 것을 표상하기 위해 언어를 사용할 때조차, 무의식의 욕망이 통합하려하는 항목들 사이에 존재하는 거리는 제거할 수 없다. 두 개의 이질적인 사물들의 등가를 주장하거나 기억들의 연상조직을 단일항으로 압축시키는 대신, 우리는 은유와 환유, 표상과 표상된 것 사이에 끊임없이 리비도가 오가는 수사법을 만들어낸다.

 우리는 우리가 바라보는 것을 보여줄 때, 본 것을 그대로 보여주지 않는다. 또한 대부분의 경우, 우리가 보여주는 것을 그대로 받아들이는 관찰자도 없다. 하지만 우리가 상징적 큰타자나 혹은 그런 자격을 지닌 타자들에게 우리가 말하는 것을 보여주어야 할 때, 그들은 우리가 무엇을, 어떻게 보는지까지 볼 수 있다. 그 과정에서 그들은 이전에 어떤 꿈도 우리에게 제공하지 못했던 것을 준다. 즉, 내가 바라보는 방식을 나 스스로 볼 수 있게 해주는 것이다. 결국, 말하는 것을 보여준다는 것은 세계를 열어내듯 우리의 특정한 지각적 열정의 특수성을 열어 보이는 것이다.

05. 은하수

note

210 Sigmund Freud, "The Unconscious," appendix C, *Standard Edition of the Complete Psychological Works*, trans. James Strachey (London: Hogarth, 1957), Vol. 14, pp. 213-214. 이러한 모노그래프와 『꿈의 해석』에서 언어표상과 사물표상을 언급하며 언어의 두 가지 사용을 설명한 것 사이에는 용어적인 모순이 있다. 「무의식(*The Unconscious*)」은 *The Standard Edition*의 Vol. 14, pp. 166-208에서도 볼 수 있다.

211 Joseph Breuer and Sigmund Freud, *Studies on Hysteria*, in *The Standard Edition*, vol. 2, p. 7.

212 브로이어(Joseph Breuer)가 안나(Anna O.)의 "부재"에 대해 설명한 부분은 *Studies on Hysteria*, pp. 24-40을 보라.

213 Sigmund Freud, "The Unconscious," appendix C, pp. 213-214.

214 Ferdinand de Saussure, *Course in General Linguistics*, trans. Wade Baskin (New York: McGraw Hill, 1966), p. 103.

215 Sigmund Freud, *Interpretation of dreams*, in *The Standard Edition*, vol. 5, pp. 566-567, 602.

216 Sigmund Freud, *Interpretation of dreams*, in *The Standard Edition*, vol. 5, pp. 602-603과 p. 617; "The Unconscious," appendix C, pp. 201-203을 보라.

217 Sigmund Freud, *Interpretation of dreams*, in *The Standard Edition*, vol. 5, p. 574.

218 묶는 것과 관련한 기초적인 논의는, *Project for a Scientific Psychology*, in *The Standard Edition*, vol. 1, pp. 380-381; *Beyond the Pleasure Principle*, in *The Standard Edition*, vol. 18, pp. 7-64를 보라. 뒤의 책 pp. 12-17에서 프로이트는 묶는다는 것을 기억이 언어적으로 조직되는 것과 비슷한 의미로 설명하고 있다.

219 Sigmund Freud, *Interpretation of dreams*, in *The Standard Edition*, vol. 5, pp. 610-611.

220 Sigmund Freud, *Project for a Scientific Psychology*, pp. 323, 368; *Interpretation of dreams*, in *The Standard Edition*, vol. 5, p. 599; 그리고 "The Unconscious," appendix C, p. 188을 보라.

221 동등한 투여(equal investment)에 대한 논의를 위해 프로이트는 이후에 전의식보다는 자아(ego)에 대해 논의한다. Jean Laplanche, *Life and Death in Psychoanalysis*, trans. Jeffrey Mehlman (Baltimore: Johns Hopkins University Press, 1976), pp. 62-65.

222 프로이트가 『꿈의 해석』에서 지각적 사건을 서술하기 위해 사용한 도표를 보면, 지각적 자극은 오직 무의식과 전의식을 통과한 이후에야 의식에 도달하기 때문에 모든 종류의 방식에서 매우 심리적으로(psychically) 작동한다고 볼 수 있다(*The Standard Edition*, vol. 5, pp. 537-541을 보라).

223 Sigmund Freud, "The Unconscious," appendix C, p. 202.

224 언어를 지각기표의 부정으로 보는 것에 대한 이러한 논의는 라캉의 몇몇 언급에서 영감을 얻은 것이다. 『세미나 VII』, pp. 64-65.

225 Sigmund Freud, "The Unconscious," appendix C, p. 186.

226 Sigmund Freud, "Negation," in *The Standard Edition*, vol. 19, p. 236.

227 위의 책, pp. 235-236.

228 Sigmund Freud, "The Unconscious," appendix C, pp. 213-214.

229 Sigmund Freud, "The Unconscious," appendix C, p. 190.

230 Sigmund Freud, *Aus den Anfängen der Psychoanalyse*, ed. Marie Bonaparte, Anna Freud, and Ernst Kris (London: Imago, 1950), pp. 309-311; *Project for a Scientific Psychology*, pp. 300-302.

231 비록 프로이트 자신은 이러한 길을 소통으로 설명하지 않았지만, 그의 언급을

보면 안나가 아플 때 이것을 그녀의 심적 에너지가 흐르고자 하는 길로 보았다는 것을 알 수 있다. 흥미롭게도 그는 언어치료를 안나의 기억들이 말끔히 서류로 정비되는 것으로 해석했다. (288-289).

232　Sigmund Freud, "Instincts and Their Vicissitudes," in *The Standard Edition*, vol. 14, p. 122.

233　주 243 참조.

234　프로이트는 "Repression," in *The Standard Edition*, vol. 14에서 특정 기억이 지닌 욕동에너지는 다음 세 가지 중 하나에 영향 받는다고 설명한다. 불안으로 변하거나 다른 감정으로 나타나거나 혹은 억압되거나(153). 그러나 이러한 대안들이 전개됨에도 불구하고, 이 힘은 대리형태로 가장하여 "회귀"하는 성질을 갖고 있다(154).

235　위의 책, p. 148.

236　「무의식」을 번역하는 가운데 스트라치는 "protecting rampart"(183)라고 썼다. 이는 독일어로 *schützende Wall*이다. Sigmund Freud, "Das Unbewußte," in *Freud-Studienausgabe*, ed. Alexander Mitscherlich, Angela Richards, and James Strachey (Frankfurt am Main: S. Fischer, 1969-1975), vol. 3, p. 142를 보라.

237　비록 프로이트가 반(反)카텍시스를 억압의 일반적인 부분으로 본다 할지라도, 그는 그것을 공포증(phobia)에서 끌어온 예와 함께 설명한다(184). 나는 이렇게 부정적으로 규정하는 것을 받아들이기 힘들었다.

238　메타심리학 논고들로는 "Instincts and Their Vicissitudes,", "Repression," 그리고 "The Unconscious"가 있다.

239　나는 여기서 라캉이 「세미나 VII」, pp. 43-70에서 억압에 대해 언급한 것을 부분적으로 인용했다.

240　라캉은 보통 주체가 어떻게 언어에 진입하는가를 설명할 때, 지각기표보다 언어기표에 특권을 부여한다. 예를 들어, "Function and Field of Speech and Language in Psychoanalysis," in *Écrits*, pp. 103-104; 「정신분석의 네 가지 기본 개념」, p. 239에서 라캉은 처음 말을 한다는 것이 의미하는 바를 드라마틱하게 보여주기 위해 「쾌락 원칙을 넘어서」에서 프로이트가 한 포르트/다 이야기를 이용한다. 계열적으로 대립되는 두 개의 음성들이 연합하여 "가버린"이나 "여기"와 같은 무언가를 의미할 때, 어린 아이는 "현전(presence)"하거나 "지금 여기"에서 소외된 폐쇄적인 의미체계 속으로 진입한다. "The Signification of the Phallus," in *Écrits*, pp. 281-291에서 라캉이 다시 언급한 것을 보면,

언어의 생산보다는 결여의 상징화(symbolization of loss)에 대해 더욱 강조를 하고 있다. 우리는 우리가 잃어버린 것을 이해하려는 가운데, 남근의 이미지를 통해 은유적 보상을 받는다는 것을 알게 된다. 그럼에도 불구하고 시각에 대한 이 작은 시나리오는 그보다 앞서 있는 언어로 이루어진 드라마를 참조하며 종속되어 있다.

그러나 『세미나 VII』에서 라캉은, 이런 방식으로 언어기표를 특권화하길 거부한다. 그는 어느 점에서 언어표상은 항상 사물표상에 연결되어 있고, 확고하고 빠르게 그 둘을 구별할 수는 없다고 말한다(45). 언어에 진입하는 데 유일한 전제조건은 하나의 항을 다른 자리에 놓는 것뿐이다. 게다가 대부분의 경우 그는 언어기표보다 지각기표가 더욱 근원적이고 중요한 심적 역할을 한다고 본다(예를 들어, pp. 65, 138을 보라). 우리는 우리가 말하는 단어로 의미를 전달할 수 있는 것이 아니다. 그보다 강렬한 시각적 사물표상을 통해서야 우리는 말을 시작할 수 있다(65).

241   *Beyond the Pleasure Principle*, p. 30과 "The Unconscious," appendix C, p. 183과 193을 보라.

242   나는 이러한 은유를 『정신분석의 네 가지 기본 개념』, p. 208에서 취했다.

243   라캉이 숭고를 사물과 연관 지은 것은 『세미나 VII』, p. 112를 보라.

244   Vorstellung은 "representation"의 독일어이다. Vorstellungsrepräsentanz는 프로이트가 "대표표상(ideational representative)"을 가리켜 쓴 말이다.

245   Sigmund Freud, *Beyond the Pleasure Principle*, pp. 55–56.

246   라캉은 『정신분석의 네 가지 기본 개념』, pp. 217-218에서 "존재"의 첫 번째 대리물이 지니는 비대리적인 지위를 강조한다.

247   이것이 라캉이 "The Signification of the Phallus"에서 일차억압과 이차억압 사이의 관계를 설명한 것이 왜 결국 믿을만하지 못한가에 대한 이유가 된다. 물론, 그는 이것이 옹호될 수 없는 제안이라는 점을 충분히 알면서도 "그렇게 얘기될 수도 있다"라고 말하면서, 이 둘 간의 유사성을 서문에서 열거하고 있다. 그러나 제인 갤럽(Jane Gallop)이 *Reading Lacan* (Ithaca, N.Y.: Cornell University Press, 1985), pp. 154-156에서 지적하듯, 이러한 설명을 통해 라캉은 남근이 "존재"와 표상하는 관계를 갖고 있다는 것을 부정하면서도 이를 주장하고 있다.

248   대표표상을 선택하는 문화적 힘이 분명 존재하기에 나는 "가설적으로"라고 말한다.

249   라캉은 『정신분석의 네 가지 기본 개념』, p. 211에서 "존재"를 대신하는 첫 번

째 항이 지니는 무의미함에 대해 말하고 있다.

250 프로이트가 『쾌락 원칙을 넘어서』, pp. 14-17에서 말한 포르트/다 이야기는 라캉이 언어로의 진입에 대해 얘기할 때마다 나온다.

251 "On a Question Preliminary to Any Possible Treatment of Psychosis," in *Écrits*, pp. 179-225; *The Seminar of Jacques Lacan, Book III: The Psychoses*, 1955-1956, trans. Russell Grigg (New York: Norton, 1993)을 보라.

252 라캉은 위의 책 67쪽에서 어머니와 사물을 특별한 관계로 보고 있다.

253 "Desire and the Interpretation of Desire in *Hamlet*," trans. James Hulbert, *Yale French Studies*, nos. 55 and 56 (1977): 11-52를 보라.

254 Sigmund Freud, "The Unconscious," appendix C, p. 190.

255 Jacques Lacan, *The Seminar of Jacques Lacan*: Book VII, p. 49.

256 내가 확인한 바, 이건 프로이트가 아니라 라캉이 한 말이다. *The Seminar of Jacques Lacan: Book VII*, p. 49

257 Sigmund Freud, "A Metapsychological Supplement to the Theory of Dreams," in *The Standard Edition*, vol. 14, p. 231.

258 내가 볼 때 마르셀 프루스트(Marcel Proust)는 언어가 가장 시각적이라는 것을 보여준 작가 같다. 그의 글에 대한 멋진 논의는 Mieke Bal, *The Mottled Screen: Reading Proust Visually*, trans. Anna-Louise Milne (Stanford, Calif.: Stanford University Press, 1997)을 보라.

259 나는 여기서 프로이트의 꿈에 나타난 식물학 연구서를 언급하는데, 이는 *Interpretation of dreams*, in *The Standard Edition*, vol.4, pp. 169-176과 pp. 282-284에 잘 나타나 있다. 이 꿈과 이르마의 주사 꿈은 4장에서 다루었다.

260 이르마의 주사 꿈에 대한 프로이트의 분석은 *Interpretation of dreams, The Standard Edition*, vol. 4, pp. 106-118에 나와 있다.

06. 사물의 언어

들어가기

들어가기 intro duction

6장 사물의 언어는 1장 '보기를 위한 보기'와 수미상관(首尾相關)을 이루는 장으로, 우리가 여행을 시작했던 지점, 바로 플라톤의 동굴로 되돌아옴으로써 마무리된다. 카자 실버만을 가이드 삼아 '본다는 것은 무엇인가'라는 주제로 시작되었던 여행은, 철학과 정신분석이라는 커다란 두 축을 나침반으로 삼는다. 그런데 저자는 이 여행의 끝에 독자들을 위한 깜짝 선물을 준비한다. 우리가 세계와 진정한 관계를 맺는 방법, 즉 세계를 제대로 보는 방법을 깨닫게 되는 것이 바로 그녀가 마련한 선물이다.

시각적 교류에 있어서 의도된 주체와 의도하는 대상의 전복적인 관계를 설명하기 위해 아렌트, 포르트만, 카이유와, 라캉의 논의를 폭넓게 끌어오는 가운데, 실버만은 이 마지막 장을 위해 아껴 두었던 메를로 퐁티와 베르사니의 현상학적인 관점을 펼쳐보이며 이 논의를 끝맺는다.

시각장에서 의도하는 대상들은 사랑받기 위해 외양을 통해 자신을 드러내며, 주체는 세계가 스스로를 말할 수 있는 '열린' 공간이 됨으로써 대상들에게 '존재'라는 선물을 줄 수 있게 된다. 이러한 보여주기와 보기는 언어보다 앞서 일어나며, 아름다움을 잉태한 세계는 끊임없이 움직이면서 매번 다른 것을 보여주기 때문에 우리도 계속적으로 의미화 과정에 참여할 수 있다. 이런 방식으로 우리는 언어를 넘어서서 다른 형상들과 영원한 내적 소통 관계를 맺을 수 있다. 이러한 소통은 세계의 모든 형태 속에서 아름다움을 찾는 것이며, 항상 새로운 방식으로 아름다움에 대한 기쁨의 노래를 부르는 것이다. 그리고 이것이야말로 의도하는 대상과 의도되는 주체가 결합하여 이루어내는 진정한 보기이다.

김선영

06. 사 물 의 언 어

자연은 살아 있는 기둥들이
때때로 모호한 말을 하는 사원.
사람들은 친근한 눈길로 자기를 지켜보는
상징의 숲을 가로질러 그곳으로 들어간다.

멀리서 들려오는 긴 메아리가
밤처럼, 빛처럼 드넓고
어둡고, 심원한 조화 속으로 녹아드는 것처럼,
향기와 색채와 소리가 서로 화답한다.

아기의 살갗처럼 싱그럽고
오보에처럼 부드럽고, 초원처럼 푸르른 향기들,
-또 한편엔 썩고 풍성하고 의기양양한 향기가 있어,

끝없이 광활하게 퍼져나가는
용연향, 사향, 안식향, 훈양처럼
정신과 감각의 환희를 노래한다.

-샤를 보들레르(Charles Baudelaire),
 제임스 맥고웬(James McGowan) 번역
「조응(Correspondences)」

이 책이 시작된 이후 우리는 먼 길을 여행했다. 우리는 단일하면서도 비감각적인 선(善)이라는 태양 아래의 고귀한 자리를 포기하고, 여전히 비감각적이긴 하지만 다양한 아름다움이 존재하는 영역으로 내려왔다. 거기에서부터 우리는 동굴의 뿌연 대기 속으로, 모닥불과 그림자의 영역으로 다시 돌아온다. 그곳에서 우리는 우리 각자에게 주어진 것이 무엇인지 볼 수 있다. 마침내 우리는 주변의 존재들을 인정하게 되었고, 그들의 언어를 듣고 우리의 언어를 말할 준비가 되었다. 우리는 형이상학의 탄생 이전의 우리의 상태였던 세계관찰자가 된다. 하지만 우리는 여전히 중요한 것을 놓치고 있는데, 바로 창조주가 이름을 지어주기 위해 아담보다 먼저 창조한 창조물과 사물이다.[261] 그것들이 우리와 함께하지 않으면 우리는 볼 수 없고, 세계는 드러날 수 없다.

동물이나 새가 하나씩 우리 앞으로 다가오는 일은 불가능해 보일 수 있다. 플라톤이 동굴이라는 세계를 통해 표현하고자 했던 것은 사실 기호들의 감옥이 아닐까? 우리는 사물들을 그 자체로 이해하려고 하지만, 철학의 아버지가 동굴에 사는 사람들이 볼 수밖에 없다고 말한 것은 시뮬라크르의 그림자, 복제의 복제가 아닐까? 사실, 나는 창조물과 사물을 실재에서 끄집어내어 "실재 이상의 것"으로 만드는 고양과 내가 여기에서 특권화한 일종의 의미작용을 끊임없이 연결하려 했다. 그렇다고 해서 우리가 기억의 감옥에서 살고 있다고 내가 믿는 것은 아니다.

말들이 우리의 유일한 상징화 형식이라면, 우리는 그야말로 아무런 가망도 없이 세계에서 멀어질 것이다. 우리는 다른 어떤 것들이 존재하는지에 대해 확신할 수 없을 뿐만 아니라, 우리 스스로가 존재하는지에 대해서도 영원히 우유부단하게 의심하게 될 것이다. 데카르트처럼 우리는 사고능력을 사용해서 우리의 현실을 배타적으로 검증해야만 한다.262) 하지만 말은 상징화를 이루는 유일한 수단도, 최선의 수단도 아니다. 시각이 가장 먼저 오긴 하지만 우리 '안'에 자리 잡지는 않는다. 오히려 시각은 기억이 외부지각과 만나는 바로 그 지점에 위치한다.

보는 것만으로 대상의 "초감각적 기질"에 대해 숙고하기는 충분하지 않다.263) 이를 위해서는 보는 것과 더불어 프로이트가 "지각적 동일화"264)라고 부른 것이나 하이데거가 현전하는 것을 향한 보기의 "현전"이라고 부른 것이 필요하다.265) 무엇인가가 보여지기 위해서는 스스로를 드러내야만 하고, 관찰자는 그 범위 내에 존재해왔던 것들의 기적적인 환생을 보아야만 한다. 게다가 이러한 시각적 교류를 시작하는 것은 지각주체가 아니라 지각대상이다. 세계는 보여지기를 "의도한다".266) 그것은 드러남을 향한 열망이자 움직임이다. 내가 앞의 4장과 5장에서 기술한 방식으로 다른 창조물과 사물을 바라본다면, 바로 이와 같은 간절한 청원에 대한 응답으로 우리가 그렇게 바라보게 되는 것이다.

의도하는 대상들

드러나는 세계에 의도성이 있다는 것을 설명하기 위해, 나는 한나 아렌트(Hannah Arendt)의 저서 『정신의 삶(The Life of the Mind)』에 나오는 외양에 대한 서술을 부분적으로 끌어오겠다. 그 책의 "세계의 감각적 본성"이라는 제목이 붙은 부분에서 그는 보는 것과 보이는 것의 범주에 어떤 전복가능성이 있다고 말한다. 모든 지각주체는 때때로 지각대상이 되고, 모든 지각대상은 때때로 지각주체267)가 된다. 이는 사실 아렌트보다 먼저 메를로 퐁티(Maurice Merleau-Ponty)와 라캉이 논의했던 것으로,268) 시각장에 지각주체의 내면성을 드러내고자 하는 근원적인 목적을 갖고 있다. 그러나 아렌트는 누구도, 어떤 것도 시각성에서 벗어날 수 없다는 사실을 증명하는 것보다, 보여지고자하는 열망으로서의 시각장이 절대적인 우위를 차지한다는 사실에 더 관심이 있었다. "볼 수 있는 것들은 모두 보여지기를 원하고" "들을 수 있는 것들은 전부 들려지기를 원하고, 만질 수 있는 것들은 만져지기를 원한다"고 그는 쓰고 있다(29; 한나 아렌트의 강조). 『정신의 삶』에서 시사하고 있듯이, 아렌트는 후에 도처에 존재하는 이러한 열망 때문에, 우리는 보여지고자 하는 의도와 같은 것들을 주체나 대상들에게 전가시키게 된다고 말한다. "모든 대상들은 그것들이 드러나기 때문에 주체를 지시하고, 모든 주체의 행위가 의도되는 대상을 갖는 것과 마찬가지로 모든 드러나는 대상도 의도하는 주체를 갖는다"(46).

의도성이 의식의 영역이나 무의식의 영역, 혹은 언어의 영역에 속하든 간에, 우리는 이를 인간심리의 독특한 것으로 간주하곤 한다. "의도하는 대상"이라는 범주는 결과적으로 그것이 인간을 지목하는 한에서만 우리가 동의하는 범주이다. 그러나 아렌트는 일찍이 『정신의 삶』에서 이 범주가 최소한 그에게만은 모든 것을 포괄하는, 심지어는 무생물, 죽은 것 그리고 인간이 만든 물질까지도 포함한다고 명확하게 밝혔다. 그는 또한 "날 것의 물질성"이라고 불릴 만한 매우 놀라운 곳에 의도성을 위치시키도록 부추긴다. 그는 "죽은 물질, 자연적이거나 인공적인 것, 변화하거나 불변하는 것은 그들의 존재에서, 즉 그들의 드러남에서 살아있는 생물들의 현전에 의존한다"고 단언한다. "관찰자를 전제하지 않는 그런 존재는 이 세상에 존재하지 않는다 […] 모든 것은 누군가에 의해 지각되어지게끔 되어 있다"(19).

아렌트는 『정신의 삶』에서 오스트리아의 생물학자이자 동물학자인 아돌프 포르트만(Adolf Portmann)의 연구를 폭넓게 끌어온다. 포르트만은 『동물의 형태와 무늬: 동물의 외양에 관한 연구(*Animal Forms and Patterns: A Study of the Appearance of Animals*)』의 저자로 유명한데, 그는 이 책에서 동물의 외양이 비기능적이라고 단언한다. 다시 말해, 그는 새의 깃털이나 동물의 털 색깔, 형태 혹은 특징들이 자기보존을 위한 것이라거나 내적 행위의 단순한 결과물이라는 일반적인 개념에 반대한다.[269] 대신 그는 우리가 모든 경우에 "보여지기 위한 시각구조, 기관들"에 의해 드러난다고 주장한다. 게다가 이런 구조들과 기관들은 실제로 "지켜보는 눈"에 의해 감지될 때만 완전한 의미를 획득하게 된다고 말한다(111-112).

포르트만의 견해를 따르자면, 소위 "고등"동물의 형상들만이 보여지기를 원하는 것은 아니다. 그는 심지어 거의 지각능력이 없는 동물형상과 관련해서도 이러한 주장을 펼치면서, "하등동물유형"이 "경험과 같은 개별적인 내면의 삶은 조야하지만" 종종 "형상의 풍부함"에 있어서는 가장 화려하다는 점을 여러 번 지적한다(196-197). 이를 통해 포르트만은 심리에서 완전히 벗어나서 급진적으로 수정된 방식으로 의도성을 설명하게 된다.

포르트만은 자기 보여주기(self-showing)가 적어도 말이라는 관습적인 의미에 있어서 행위자 없는 행위라는 점을 제시했다. 이와 동시에 자연계 내에서 보여지고자 하는 열망이 표면화되는 것을 서술하기 위해 반복적으로 수동적인 구조에 의지했다. 포르트만은 내가 앞 단락에서 인용했던 구절에서 동물의 형상과 무늬들은 "직접적으로 지켜보는 눈을 향한다"고 썼으며, 다른 단락에서는 그것들이 "지켜보는 사람과 눈을 마주치기 위해 매우 특별한 방식으로 설계된다"고 말한다(25). 또 다른 단락에서 그는 "우리를 둘러싼 형상들은 아무렇게나 이루어진 것이 아니라 작동되고 있는 '구조'"라고 주장하고 있다. 그에 따라 자기현시(self-display)는 이제 명백하게 행위자 없는 사건으로 정의된다(162). 의도성은 결국 행위의 "경향"으로 드러나는데, 그 기원은 심리적인 것에 국한된 것이 아닌 것처럼 생물학적인 것에 국한된 것도 아니다.

아렌트에 따르면 이러한 의도가 질료 자체가 본래 갖고 있는 것이 아니라 해도, 분명히 가장 주관적으로 파생된 시각적 현시만큼이나 복잡하고 정교한 형태를 만들 능력을 지니고 있다. 포르트만은 동물의 외양에서 지배적인 원리들은 전통적으로 미적 생산을 통제하는 원리(11, 22, 23-24, 107), 균형, 조화, 전체에 대한 부분의 종속관계 그리고 표면적 아름다움의 가치 같은 것을 통제하는 원리와 유사하다고 반복해서 말한다. 그는 또한 동물의 형상과 무늬는 연극적 생산의 원리와 동일한 것을 우리에게 요구한다고도 주장했다(161-162).

프랑스의 철학자이자 한때 초현실주의자였던 로제 카이유와(Roger Caillois)도 곤충과 준보석의 시각적 형태를 다룬 일련의 글에서 포르트만과 유사한 결론에 도달했다.[270] 그 역시 전통적으로 보호색으로 간주되어왔던 곤충들의 경우에서조차 이런 형상들에 자기 보존기능이 없음을 강조한다. 인간이 아닌 생물들이 스스로 보이거나 보이지 않도록 할 때, 이는 엄밀히 가시성이나 비가시성을 위한 것이라고 주장한 것이다. 실제로 자기 보여주기, 혹은 그가 "원천의 화려한 분출"이라고 명명했던 것은 "종의 생존에 필수적인, 엄격한 생존관계보다는 더 폭넓고 더 순종적인 법칙"일 수 있다고 주장한다.[271]

결국 카이유와도 어떤 종류의 미적 충동이 곤충과 암석에서 나타나는 형상과 무늬 속에 내재해 있음을 제안하고 그 결과물들을 미적 생산물과 비교한다. 그는 『메두사의 가면(The Mask of Medusa)』의 한 부분에서 "일반적으로 생물학의 세계에서는 자발적인 미적 힘이 나타난다"고 주장한다(41). 같은 책 다른 단락에서 자연의 생산물을 다시 한번 예술과 비교하고 있는 그는 자연을 예술가에 비유하기도 한다. "암석들도 회화와 유사한 자연적인 예술작품을 제공하고 관찰자의 상상력을 깊이 자극한 나머지, 때때로 관찰자들은 자연 자체를 (일종의) 예술가로 생각하게 된다"(4).

암석의 형태와 무늬에 대한 카이유와의 논의에서 가장 매력적인 부분 중 하나는, 대리석을 실제 예술작품인 것처럼 틀을 만들고 거기에 틀을 만든 사람의 서명을 새겼던 19세기 중국의 관습에 대해 설명한 것이다.272) 여기서 인간예술가는 발견의 순간에 매우 강력하게 느껴지도록 만들어진 대상의 의도를 주관화한다고 할 수 있다. 카이유와도 암석에 대한 자신의 연구에 『돌들의 글쓰기(The Writing of Stones)』라는 제목을 붙임으로써 동일한 작업을 수행한다.

그러나 질료에 대한 아렌트의 강조점은, 내가 몇 페이지 이전에 제시했던 방식으로는 카이유와나 포르트만의 강조점과 결국 화해할 수 없다. 형상은 질료가 우리에게 나타내고자하는 중요한 의도를 전달하는 작용이 아니다. 오히려 창조물이나 사물의 형태는 보이고자 하는 열망과 구별될 수 없다. 이런 창조물이나 사물이 **존재**를 깨닫거나 깨닫지 못하게 되는 것은 형상적인 특성의 장에서이다. 외양은 분명히 미적인 사건이다. 그것은 앞으로 나아가 가시성의 빛으로 들어가는 형상적 일치의 독특한 집합이다.

의도된 주체

내가 앞의 두 장에서 논의했듯이, 창조물과 사물이 나타나는 수단인 빛을 제공하는 것은 바로 우리들뿐이다. 우리는 특수한 시각성 내에서 세계를 확인함으로써 그것을 밝게 비춘다. 이제 나는 철학적으로는 상상할 수 없는 추가사항을 이러한 주장 속에 담아보고 싶다. 벵골호랑이의 줄무늬, 유칼립투스 나무의 껍질, 뉴잉글랜드 수선화의 주름이 이런 확신을 증명한다. 세계는 단순히 스스로를 내보이는 것이 아니라, 스스로를 사랑받을 수 있도록 내보인다.

이런 주장이 놀라워 보일 수도 있지만 비단 나 혼자만의 생각이 아니다. 카이유와와 포르트만 모두 암석들, 곤충들, 동물들이 보이고자 할 때 수단으로 삼는 눈은 인간의 눈이라는 주장에 근접해있다. 암석의 무늬나 형태를 일종의 의미화라는 한 측면으로, 그리고 미적 생산이라는 다른 측면으로 특징지으면서 카이유와는, 우리가 그들의 발화지점임을 은연중에 지적한다. 포르트만도 아렌트처럼 의도성과 인간성(humanness)사이의 본질적인 관계를 부정하는 동시에 주체성 없이는 동물의 무늬와 형상이 지향하는 목적이 실현될 수 없다는 점을 분명히 한다. 한 단락에서 그는 동물의 보이고자 하는 눈은 같은 종에 속하는 동물의 눈이나 천적의 눈(111-112)이라고 지적한다. 그러나 대부분 이런 호소가 관찰자인 우리를 향한 것이라고 주장한다. 동물의 형상이나 무늬가 향하는 것은 정서적인 확인이기 때문이다. 동물의 털이나 새의 깃털의 목적은 "그 동물이나 새를 특별한 곳에 올려놓는 것"이라고 포르트만은 주장한다(25). 다른 부분에서 그런 창조물의 신체적 형상은 "고등동물 형태의 특수한 자질이 드러나는 방식의 일부"이며 "고등한 유기체가 내적 가치를 표현하는 많은 기관에 속한다"(182)고 말한다.

우리가 세상의 이미지에 우리의 공허를 새겨 넣을 때에만 세계는 아름답고 경이로워진다. 포르트만이 "내적 가치"라고 표현하면서 하려던 일은 결국, 세계는 인간의 욕망이라는, 내적 가치의 반대편에서 빈번하게 정의되어 왔던 것에 대한 요청일 것이다. 실제로 특수한 정신분석의 모든 것들이 인간의 정신을 "원한다"고 이야기할 수도 있다. 만약 현상학이 우리에게 가르치듯이 주체가 대상을 향한다면, 그 반대의 경우도 확실하고 동등한 진실이라 할 수 있다. 우리의 주체성은 대상에 의해 의도된 것이다.

존재를 결여한 존재들

그러나 우리의 주체성이 대상에 의해 의도된 것만은 아니다. 우리 스스로는 욕망하는 주체이자 의도하는 대상이기 때문이다. 나는 보는 것에 더해 보이는 것을 우리가 바란다고 주장하려는 게 아니다. 오히려 내가 말하고자 하는 바는, 우리는 암석이나 곤충이 하는 방식과 똑같이 비주체적인 의미에서 외양에 기우는 경향이 있다는 사실이다. 여기서 나는 카이유와 뿐만 아니라 그의 가장 중요한 주석자인 라캉과 대립되는 주장을 펼치고자 한다.

『메두사의 가면』에서 카이유와는 자연의 미적 생산의 "존재론적" 본질로 불릴 수 있는 것을 강조하고, 이를 인간의 예술과 구별 짓는다. 그는 "날개는 나비의 일부인데 반해 예술가는 스스로 그림을 창조하고 완성한다"(31)면서, 곤충들이 부차적인 형상으로 가장할 수 있을 때조차도 "결과적으로 그것은 이미지수준에서가 아니라 대상적 수준에서의 사진, 견고함과 [깊이]를 갖는 삼차원적 재생산물인 조각-사진이나 원격형성 나비(butterfly teleplasty)가 된다"라고 말한다.[273] 곤충이 미적 영역에 기여하는 것은 그 존재를 통해서이기 때문에, 인간예술가보다 훨씬 더 좁은 범위의 표현 수단을 갖는다는 것이다.

전자의 미적 본질과 후자의 존재론적 근거에 기초하여 인간과 곤충의 모방을 대조시키고 있음에도 불구하고, 카이유와는 인간의 모방을 동물의 모방을 해석하기 위한 범례로 사용한다. 나비가 나뭇잎이나 다른 곤충으로 의태(mimicry)[274]를 하는 것은 "순수한 위장" 즉, 나비라는 진정성을 갖고 있던 존재로부터 이탈하는 일이라고 말한다. 곤충들의 영역에서 형상적 변형은 결국 인간영역의 의복과 비교될 수 있다. 따라서 곤충의 형상적 변형은 진정성이 없거나 비본질적인 것이라는 가정을 내포한다.[275] 이처럼 곤충의 모방이 존재론적이고 의복을 걸치는 것과 같거나 위장이라고 주장하는 것은, 카이유와가 그랬듯이, 자연적 창조물들이 그들의 존재에 있어 진정성을 갖고 있지 않다고 주장하는 것이다. 인간주체는 가면을 쓰거나 벗을 수 있다. 가면은 외형적인 것으로 주체의 존재에 침투하지 못한다.

『정신분석의 네 가지 기본 개념(Four Fundamental Concepts of Psycho-Analysis)』에서 라캉은 결정적인 방식으로 카이유와의 패러다임을 수정한다.[276] 그는, 인간 이외의 창조물이 다른 형상을 취할 때 그 형상은, 주체의 경우와 마찬가지로, 존재 고유의 것이 아니라고 주장한다. 물론 그런 실체를 본질상 기만적인 것이라고 말할 순 없다. 하지만 인간 이외의 창조물이 파편화되어 "유사한" "존재"가 되는 능력을 가진 주체와 닮았다면(107), 주체도 많은 측면에서 인간 이외의 창조물과 닮아있다. 더 나아가 주체는 카이유와가 묘사한 곤충처럼 외부작인을 간절히 원한다고 말할 수도 있다. 이 작인을 라캉은 "응시(gaze)"[277]라고 부르는데, 이는 시각장 내부의 "타자"를 의미한다. 결국 이것은 인간이라기보다는 구조적인 것이다. 주체는 응시를 간절히 원하는데 왜냐하면 시각성이 그 응시에 의해 좌우되기 때문이다. 주체는 카이유와가 말한 곤충의 방식, 즉 비본질적인 형태를 취하는 방식으로 이런 간절한 바람을 성취하는데, 이는 매개되지 않은 시각성이란 존재하지 않는 까닭이다. 응시는 항상 간접 이미지나 "스크린"으로 변형된 상태로 본 것을 받아들이거나 "사진-찍기"를 한다(106: 라캉의 강조).

라캉에게 있어 인간의 주체성이라는 독특한 특징은 카이유와가 고집스레 주장한 것처럼 진정성이라기보다는 오히려 앎에 있다. 그는 동물이나 곤충은 그들이 쓰고 있는 가면과 스스로를 구별하지 못한다고 주장한다. 결과적으로 그들은 자신이 보이는 변형된 형태에 "포획되어 버린다".278) 반면에 주체는 그녀가 항상 표상적인 "그리드"를 통해 보인다는 사실을 알고 있거나 적어도 알 수 있다. 따라서 주체는 곤충이 할 수 없는 일을 할 수 있는 위치에 있다. 주체는 자신을 정의하는 이미지와 "유희"할 수 있는 것이다.279)

라캉이 모방에 대한 카이유와의 설명을 수정함으로써 성적이고 인종적이며 경제적인 차이에 대한 우리의 이해를 함축적으로 더 풍성하게 해준다 해도, 외양이라는 개념을 이론화하거나 그것을 이끌어내는 데는 적합하지 않다. 곤충이나 동물이 다른 신체적 형상을 취할 때, 그들은 본질을 왜곡하거나 그것으로부터 벗어나지 않는다. 오히려 그들은 "현재의 그것", 실존적으로 주어졌던 것을 뛰어넘어 그 어떤 것이 되기를 열망하는 존재가 된다. 그들은 단순히 존재를 향하지 않으며, 아주 특별하게 감동적인 방식으로 우리 내부에서 스스로를 완성하고자 하는 열망을 우리에게 전달한다.

카이유와의 저술에 따르면 우리와 곤충을 구분 짓는 것은 더 위대한 진정성도, 인식론적인 우월성도 아니다. 오히려 그것인 다른 종류의 앎에 대한 부족인데, 이 결핍은 "인식론적인 것"이라기보다는 "실존적인 것"이다. 우리의 신체의 변형과 특징에 있어서 우리도 외양에 의존한다. 우리 또한 "우리 자신"이 되는데 필요한 시각적 확인을 간절하게 원한다. 그러나 곤충은 그들이 무엇을 원하는지 "안다"고 말할 수 있지만, 우리는 그렇지 못하다. 사회적이고 성적인 영역에서 우리가 가면놀이를 통해 얻는 유연성과 작인은, 극단적인 "존재론적 오인(ontological méconnaissance)"이라 불릴 수 있는 것을 대가로 치렀을 때 얻어지는 것이기 때문이다. 보이는 이미지를 조작할 수 있는 우리의 능력은, "존재"를 결여한 존재[280], 즉 라캉이 우리라고 말하는 것을 순수하고 단순하게 우리라고 믿게 만든다. 우리는 우리가 존재를 결여한 존재라는 사실을 잊고 있다.

그러나 이 마지막의 결여는 응시의 개입을 통해서 충족될 수 있는 게 아니다. 우리가 가장 간절하게 보이기를 바라는 이미지로 응시가 우리를 받아들인다 해도, 우리는 그렇게 보이거나 존재하지 않을 것이다. 인간의 시선만이 우리가 알지도 못한 채 형상적으로 열망하는 현실 이상의 것을 줄 수 있다. 그러기 위해서 우리는 욕망의 언어를 말해야만 한다. 하지만 이는 욕망하는 시선이 원하는 것은 무엇이나 투사할 수 있는 비어 있는 표면이라는 뜻이 아니다. 인간 형상이건 인간 이외의 형상이건 외양은 항상 지각대상의 자기현시에서 시작된다.

외양의 수용자

대상들이 스스로 지각주체를 향하고, 내가 "외양"이라 부르고 있는 복잡한 사건을 일으킨다고 주장하면서, 나는 다시 한번 아렌트와 포르트만을 부분적으로 끌어오려 한다.『정신의 삶』의 첫 번째 장 시작부분에서 아렌트는 지각주체를 "외양의 수용자"라고 두 번이나 언급한다(19). 한편 포르트만은 다른 측면에서 이를 개념화하면서 자기 보여주기를 "수용자들을 위한 전달"281)로 규정한다. 수많은 사상가들 역시 나보다 먼저 이런 주장을 펼쳤는데, 하이데거, 라캉, 메를로 퐁티는 자기현시가 보기보다 시간적으로 앞선다고 말한다.

하이데거는 "자기를 보여주는 외양은 모든 것이 존재한 후에 나타나는 현존과 부재의 흔적이자 모든 종류, 모든 계층의 흔적"이라고 주장했다. 그리고 "보여주기는 인간의 말을 통해서 완성되는데, 이런 방식의 보여주기가 지적하는 바는 스스로를 내보이겠다는 지시가 우선한다는 점이다".282)라고 덧붙였다. 유사하게 시각장에 대한 연구에서 라캉은 우리가 볼 때, 우리가 보는 것을 이끄는 것이 아니라 오히려 따라간다고 주장한다. 이런 진실이 의식적인 삶에서는 묵살된다 할지라도, 우리가 꿈꾸는 매순간 스스로 되살아난다.283)

한편 메를로 퐁티에게 있어 시각적인 것(the visual)은 존재를 드러내는 중요한 영역이다. 그는 우리가 바라보는 사물들 속에서 우리 자신의 시선을 발견할 수 있다고 주장했다. 즉, 보는 사람들은 실제로 보이는 광경에서 자신을 풀어낸다. 「눈과 정신(Eye and Mind)」284)에서 메를로 퐁티는 "화가는 세계의 사물이 시각에 집중하거나 스스로를 드러낼 때 비로소 배태된다"라고 썼다. 그는『지각의 현상학(Phenomenology of Perception)』에서 같은 주장을 펼치는데, 우리의 논의와 훨씬 더 밀접한 관계가 있는 용어를 사용한다. "모든 지각은 소통이자 교감이며 우리가 외부의 의도를 취하거나 완성하는 것이다."[285]

사물이나 인간 이외의 창조물들이 기호학적 수단 없이 자신들을 봐달라는 애매한 호소를 우리에게 전달하는 것처럼 보일 수도 있다. 결국 포르트만이 지적했듯이 그들이 우리의 시선을 "향한다"해도, 맹목적으로 그렇게 해야만 한다. 그들은 우리가 자신들을 어떻게 이해할 것인지 구체적으로 알 수 없다. 하지만 지금까지 이 논의에서 등장한 거의 모든 저술가들의 저작을 관통하는 중심주제는, 창조물과 사물이 우리가 어떻게 그들을 보아야하는지를 우리에게 말해줄 수 있는 능력을 갖고 있다는 것이다.

『파르메니데스』에서 하이데거는 다른 사물과의 관계에서 우리가 "수행하는" 보기는, 항상 우리를 바라보는 그들의 시선에 대한 응답이라고 말했다.[286] 그들이 의도한 방식으로 자신을 보도록 우리에게 영감과 능력, 수단을 제공한다고 할 수 있는 것이다. 하이데거는 같은 글에서, 보기는 그리스 사람들에게는 창조물이나 사물이 자기를 보여주도록 하는 "격려"나 "외부의 시선"을 의미하는 기표였다고 주장한다 (104). 그렇다면 우리도 다른 것들의 격려나 표면적인 외양을 그들이 우리와 소통하는 수단으로 이해해야 한다. 사물의 "평범한" 표면에서 성스럽거나 "언캐니한 것"이 빛을 발하며 드러난다. 즉, 사물의 "평범한" 표면을 통해서 우리가 다른 것들에 부여하려는 존재가 스스로 드러나는 것이다(위의 책).

하이데거는 다른 창조물이나 사물이 인간존재를 위해 이런 방식으로 자신들의 본질을 드러내는 능력을 갖고 있다고 설명한다. 그는 이상할 정도로 융통성 없는 용어로 자기 보여주기에 대해 설명한다. 표면적으로 자기 보여주기는 항상 외양이 시작되는 것과 동일한 개시능력을 통해 시작된다. 결과적으로 현상학적인 특수성으로 인해 그것들로부터 나오는 어떤 것으로서, 우리가 다른 창조물과 사물에 부여하는 존재를 개념화하려는 이 철학적 모델은 가능하지 않게 된다.[287] 하지만 아렌트와 포르트만, 메를로 퐁티는 사물이 어떤 방식으로든 보이고자 하는 의도를 갖고 있으며, 인간의 시선과 소통하는 능력은 인간만이 아니라 동물에게도 있다고 주장했다. 또한 동물은 정확하게 그들이 가지고 있는 형상적 속성을 통해 소통한다고 말하기도 한다.

아렌트는 사물의 본질이 외양에 있다고 했다. 그에게는 오직 외양만이 존재의 진실을 발견할 수 있는 곳이다(26-32). 그들의 존재 안에서 존재를 확인하는 것은, 결국 그들의 모든 표면적인 아름다움을 통해 찬미하는 것을 의미한다. 이와 유사하게 포르트만은 동물들이 시선에서 간절히 바라는 것은, 자신들의 "형상가치"를 인정받는 것이라고 주장한다(214). 우리가 그들이 허용하는 방식으로 볼 때, 우리의 시선은 정확하게 색, 형태, 특징과 같은 그들의 미적 범주들에 머무른다. 메를로 퐁티에게 바라보기는 "지각할 수 있는 자료"[288]에 대한 해답을 찾는 것이다. 보는 사람들은 이 해결책을 찾으면서 자신만의 시각을 발견한다. 메를로 퐁티가 『지각의 현상학』에서 썼듯이, "색을 보는 법을 배우는 것은 […] 특정한 양식의 보기를 배우는 것"이기 때문이다(153).

형상들의 소통

카이유와는 『돌들의 글쓰기』의 한 부분에서 암석의 무늬를 "특별한 기호들(의 집합)"이라고 이야기한다(95).[289] 이를 통해 그는 그들을

"읽음"으로써 그들이 보이고자 하는 방식으로 우리가 창조물과 사물을 보는 방법을 배운다고 주장한다. 그러나 카이유와는 암석의 무늬에 언어의 지위를 부여하지는 않는다. 그저 그 무늬들은 "아무 의미도 없는" 기호들의 특별한 집합을 구성할 뿐이라고 말한다(위의 책: 카이유와의 강조). 이런 주장은 언뜻 터무니없어 보인다. 우리가 항상 기호들의 의미에 접근하는 열쇠를 갖고 있는 것이 아닌 까닭에, 어떤 기호들은 우리에게 말을 걸지 않는다. 그럼에도 불구하고 기호들을 대면할 때 우리는 항상 의미가, "거기"에 숨겨져 있든 묻혀 있든지 간에, 거기 있을 것이라고 확신한다. 일상적으로 기호에는 의미가 "담겨있을 것"이라 생각하는 것이다. 이런 잠재적인 의미조차도 없을 때 형상이나 무늬를 기호로 해석하는 행위는 무엇을 의미할까? 그리고 우리는 어떻게 의미 없는 기호들을 "읽을" 수 있을까?

포르트만과 메를로 퐁티는 이 마지막 질문에 대해 구조주의적인 대답을 내놓는다. 포르트만은 기표와 기의의 분리가 없을지라도 동물의 무늬는 언어를 구성한다고 주장한다. 왜냐하면 인간언어에서처럼 거기에서도 차이들의 유희를 발견할 수 있기 때문이다. 말과 같이 동물의 무늬는 계열체에 대한 지시물을 통해 자신들의 가치를 끌어낸다(46-47). 동물의 무늬는 종, 속 그리고 훨씬 더 넓은 동물의 왕국을 배경으로 나타난다. 그러나 이 언어가 즉각적으로 인식되는 것은 아니다. 이를 이해하기 위해서는 동물학의 도움이 필요하다. "동물의 무늬를 보는 사람은 연속적인 발달단계와 구조 원리에 대한 통찰력을 통해 동물형태의 외양에 대해 풍부하게 이해할 수 있다"고 포르트만은 쓰고 있다. "외부의 관점에서 기호는 유기적인 형태로 숨겨진 질서를 조용하고 차분하게 증언하기 때문이다"(46-47).

대상의 기호와 같은 성질을 이해하려 노력하면서 포르트만이 차이와 체계성을 강조하는데 반해, 메를로 퐁티는 유사성과 특이성에 무게를 둔다. 메를로 퐁티에게 있어서 주어진 신체가 기호로 인지되는 것은, 그 종이 속한 더 넓은 체계 속에 자리 잡는 순간이 아니라 일련의 조응으로써 신체가 포착되는 순간이다. 게다가 이러한 조응은 오로지 그 대상에게만 유일한 것이다. 결과적으로 조응들은 랑그의 요소보다는 개인적인 언어를 구성한다. 메를로 퐁티는, 모든 신체는 그것들의 속성들 중 하나와 다른 속성들의 전체 사이에서 성립되는 독특한 등가를 통해서 말한다고 주장한다. 어떤 주어진 신체의 각각의 부분은 전체에 대한 선명한 징후이기 때문에 다른 모든 부분의 변형을 제공한다고 할 수 있다. 한 부분이 만들어내는 동작은 다른 부분이 내는 소리, 그리고 세 번째 부분이 발하는 색채와 상관관계를 맺는다. "지나가는 어떤 여성은 나에게는 육체의 윤곽도, 유색인 모델도, 볼만한 광경도 아니다." 메를로 퐁티는 『간접적인 언어와 침묵의 소리(*Indirect Language and the Voices of Silence*)』에서 다음과 같이 썼다. "그녀는 자신의 걸음걸이 혹은 땅을 두드리는 구두의 또각거리는 소리를 통해 완전히 주어지는 살되기(being flesh)의 특정한 방식이 된다. 그것은 마치 활의 긴장이 나무의 섬유 하나하나에 내재하는 것과 같다. 걷고, 보고, 만지고, 말하는 기준이 가장 놀라운 방식으로 변형되는 것이다."290)

때때로 메를로 퐁티는 언어가 그것을 관찰하는 사람에게 "자신에 대해 가르친다"고 주장한다.291) 하지만 또 어떤 때에는 이 언어가 등가언어를 구사하는 사람들에게만 인식된다고 주장한다. 메를로 퐁티에 따르면, 각 신체의 조응체계가 그것에게만 유일하다 해도, 체계가 응답하는 반사물을 찾아내는 그 안에는 항상 주체가 존재한다. 우리 각자에게는 간단하게 "감동받는" 특정한 질감과 형태, 뉘앙스가 있다. 메를로 퐁티는 「눈과 정신」에서 "[특정한 사물들은] 내 안에서 내적인 등가를 이룬다"고 말한다. "그것들은 내 안에서 그들 현존의 세속적 형상을 불러일으킨다"(126). 그는 초기 텍스트에서도 두 가지 다른 은유를 통해 같은 견해를 피력한다. 여기에서 그는 지각된 현상이 [그 사람의] 내부에서 공명할 때에만, 보는 이와 보이는 것이 "동기[화](synchroniz[ation])"될 때에만 사람들은 "효과적으로" 지각한다고 쓰고 있다.292)

"공명(echo)"이나 "동기화"란 단어들이 암시하듯이 메를로 퐁티가 지각주체와 지각대상 사이에서 일어난다고 상상한 종류의 소통은 관념적이라기보다는 형식적인 것이다. 심리는 보이는 것이 보는 이에게 "말을 거는" 등가가 성립하는 데에 아무런 역할도 하지 않는다. 이런 해석은 엄밀하게 신체적인 사건이다. 이것은 메를로 퐁티의 입장을 간과한 것이 아니라 고의로 배제한 것이다. 메를로 퐁티는 보이는 광경에서 보는 이에게로 흐르는 매끄러운 대화뿐 아니라 그들 사이의 완벽한 상호관계도 꿈꾸었다. 이러한 상관관계는 보이는 것이 "이해를 위한 의미"가 아니라 오히려 "신체를 통한 검증에 접근할 수 있는 구조"일 때만 보장된다(320). 심리가 공백상태일 때에만 지각대상과 지각주체가 투명하게 서로 접근할 수 있다는 것이다.

현상학계의 또 다른 주요이론가 레오 베르사니(Leo Bersani)는 메를로 퐁티와 신체적 등가에 대한 관심을 공유한다. 단독으로 집필한 저서든, 율리스 뒤투아(Ulysse Dutoit)와 함께 공동집필한 것이든, 수많은 저서에서 베르사니는 그가 "형상들의 소통"이라 부른 것을 이론화해왔다.293) 제목에서 알 수 있듯이 형상들의 소통은 의미론적이라기보다는 육체적인 것이다.294) 한 사물의 형상이 다른 사물의 형상에 말을 건넬 때나 어떤 단일형상의 요소들이 요소들 사이에서 말을 할 때 형상들의 소통이 발생한다.295)『해방의 문화(The Culture of Redemption)』에서 베르사니는 이러한 친화성은 인간의 기억을 통해서 확립된다고 주장한다(74). 하지만 이후에 그는 심리가 형상들의 소통에서 어떤 역할을 수행한다는 점을 부정한다.『카라바조의 비밀(Caravaggio's Secret)』에서 베르사니와 뒤투아는 좀더 일반적인 방식으로 한 신체공간에서 다른 신체로 향하는 움직임을 연결 짓는다(35, 72).

메를로 퐁티가 현전에 대한 욕망에 자극을 받아서 심리를 포기했다고 할 수 있는 반면, 베르사니는 이를 윤리적인 이유로 포기했다. 베르사니에게 있어서 주체와 세계 사이에 유지될 수 있는 심리적 관계는 있을 수 없다. 한 주체가 또 다른 주체를 인지하도록 이끄는 것은 증오뿐이다. 심리적 수준에서는 동일성이 절대적이고, 동일성은 타자와의 살인적인 결합을 통해서만 유지될 수 있기 때문이다.296) 신체간의 응집은 신체와 심리의 응집이 할 수 없는 것을 만들어낸다. 왜냐하면『호모스(Homos)』에서 베르사니가 말했듯이, 주체가 대상을 통제할 수 있다고 예상하는 그런 순간에 매우 기묘하게도 대상과 주체가 '마찰하기' 때문에, 주체와 대상을 가르는 경계, 소유를 위해 꼭 필요한 경계가 사라진다(100).297)

『호모스』에서 베르사니는, 동일성의 해체는 이를 야기한 성적인 만남보다 더 오래 지속되지 않는다고 말한다. 하지만 한 신체가 다른 신체로부터 멀어질 때, "차이의 흔적"이라고 불릴 만한 것을 남긴다. 그리고 이제 홀로 된 주체가 스스로를 재구성하려고 할 때 이런 차이의 흔적들은 자아장치(egoic mechinery)의 톱니바퀴에 들러붙는다. 그 결과 자기복제가 부정확하게 이루어진다. 『빈곤의 예술(Art of Impoverishment)』에서 베르사니와 뒤투아는 이런 부정확한 자기복제를 무한쌍으로 증식시키고자 했다(6-7). 또한 『호모스』에서 베르사니는 부정확한 자기복제가 개조에 대한 욕구로 귀결될 수도 있고, 다른 창조물이나 사물과의 상이한 관계로 귀결될 수 있음을 암시한다(146).

『카라바조의 비밀』과 팀 딘(Tim Dean), 할 포스터(Hal Foster), 그리고 내가 함께 한 옥토버 지(誌)를 위한 좌담회에서 베르사니는, 한 신체가 공간 속에서 다른 신체를 만나는 순간, 결여의 환상도 떨쳐진다고 주장했다. 그때 우리는, 우리가 다른 창조물이나 사물과 유리되어 있는 것이 아니라 다른 형상들과 영원한 내적 소통상태에 있음을 깨달았다.298) 『카라바조의 비밀』에서 베르사니와 뒤투아는 "창조에는 어떤 간극도, 빈 공간도 없다. 우리는 어떤 것과도 단절되어 있지 않다. 어떤 것도 관계에서, 형상들과의 그리고 형상들 사이의 유희에서 벗어날 수 없다"라고 역설한다(72).

이 책의 마지막 장에서 나는 포르트만과 메를로 퐁티, 베르사니가 다양한 방식으로 언급한 의미를 갖고 있는 기호들을 우리가 어떻게 읽는지에 대해 매우 다른 방식으로 상술한 것이다. 하지만 앞으로 이어지는 내용은 베르사니의 논거에서는 "형상"이라고 불리는 것과 긴밀하게 연결될 것이다.

우리 안에서 풍경 스스로 말하게 하기

우리와 다른 존재들의 소통이 객관적인 수준에서 그 존재들의 형식적인 매개변수에 우리가 반응하기 때문에 이루어지는 것은 아니다.

우리가 이런 방식으로 다른 창조물이나 사물과 동일화하는데 성공한다면, 결과적으로 이는 대화가 아니라 독백이 될 것이다. 우리가 세계의 형상을 나타낼 수 있을 때에만, 그것이 결여하고 있는 의미를 제공할 때에만 우리는 세계와 소통한다. 내가 "결여"라고 말한 이유는 현상적 형상들은 단순히 의미 없는 기호가 아니라 의미를 추구하는 기호들이기 때문이다. 하지만 실상 현상적 형상들이 우리에게 말을 거는 것은 풍부함이 아니라 결핍을 통해서이다. 그것들은 매우 특별한 종류의 인간적 의미화를 낳을 수 있는 아름다움을 품고 있는데, 우리가 "우리 자신"이 될 때만 그 의미화를 제공할 수 있다.

「세잔의 회의(*Cézanne's Doubt*)」에서 메를로 퐁티는 세잔을 통해 "풍경은 내 안에서 스스로에 대해 생각하고, 나는 풍경의 자의식이 된다"(67)라는 비상한 주장을 펼친다. 이런 실제적인 혹은 신화적인 선언을 통해 299) 세잔은 세계 자체에는 없는 어떤 것, 우리만이 제공할 수 있는 어떤 것에 대한 열망이 세계에 있다고 말한다. 세잔은 이를 "자의식"이라고 불렀다. 하지만 "자의식"이 문맥에서 실제로 의미하는 것은 사고작용이 아니라 관점을 통한 시각의 변형활동이다. 이 관점은 화가가 캔버스의 한 관점이 되기 전에 스스로를 펼쳐놓는다. 그리고 이런 시각활동을 가능하게 하는 것은 자의식이 아니라 안료와 리비도이다.

메를로 퐁티가 세잔에 대해 쓴 문장 덕분에 우리는 세잔이 응시를 포기하거나 "내려놓았다"고 말할 수 있다.300) 세잔은 지각하는 사람이 되기보다는 기꺼이 수용자로서의 역할을 받아들인다. 이는 그가 대부분의 관찰자들보다 본다는 것이 무엇을 의미하는지를 더 잘 이해하기 때문이다. 사실상 세잔은 "내 그림의 근원은 내가 아니다. 어떤 의미에서 나는 내 그림을 그린 사람도 아니다. 나는 오히려 세계의 사물이 스스로를 그려내는 매개일 뿐이다"라고 주장한다.

메를로 퐁티가 세잔에게서 끌어낸 말은 외양에 대한 내 이론 전체를 함축적이고 비유적인 형식으로 담아내고 있다. 우리가 무엇인가를 볼 때, 가장 심오하고 가장 창의적인 의미에서 우리는 항상 다른 창조물과 사물이 먼저 우리에게 요구한 것에 반응한다. 이런 요구는 그 특성상 심미적이다. 세계는 그것의 매개변수를 통해 우리에게 말을 건넨다. 하지만 우리에게 그들의 색, 모양, 무늬와 움직임을 보여준다고 해서 사물들이 자신을 바라보라고 요구하는 것도, 본질적인 대답을 요구하는 것도 아니다. 현상적 형상들의 세계가 우리에게 원하는 것은 우리의 욕망이다.

이는 어떤 측면에서는 모순적으로 보일 수도 있다. 인간, 동물, 곤충, 암석의 색깔, 무늬, 모양이 자기 보여주기를 구성한다. 따라서 현상적인 의미에서 어떤 차연(différance), 지시대상으로부터 기호가 분리되는 지체는 존재하지 않는다. 사물의 언어는 현존의 언어이다. 반면에 욕망은 사실상 부재와 동일어이다. 오직 우리 "존재"의 "사라짐"[301]을 통해서 우리 각자는 이런 근본적인 시각언어 속으로 인도된다. 또한 지각자극이 우리의 과거의 기표가 될 때, 즉 그것이 일시적인 것이 될 때 우리는 리비도적 발화행위에 관여한다. 그러나 내가 "외양"이라고 부르는 것은 모든 사건들 중 가장 모순적인 것, 부재와 현존의 만남을 통해서만 발생한다.

창조물과 사물은 추상적인 방식으로 욕망에 호소하지 않는다. 오히려 그들이 우리에게서 찾고자 하는 것은, 모든 주체들에게 공통적인 것을 개별화할 수 있게 하는 바로 그 특정한 기표의 열정, 즉 사물의 소실이다. 세계의 현상적 형상들은 우리가 그것을 우리만의 욕망의 언어,

우리가 "염려하는" 수사의 구성요소로 만들도록 이끈다. 우리가 그렇게 할 수 있는 것은 과거에 우리가 사랑했던 창조물과 사물의 모양, 무늬, 색깔, 움직임을 현재 우리 앞에 스스로를 드러내고 있는 창조물과 사물의 요소들과 연결해주는 유사성과 근접성 때문이다.

이런 방식으로 세계는 기호학적이라기보다 존재론적인 호소를 통해 우리가 욕망하도록 만든다. 세계가 **존재**할 수 있는 유일한 순간은 실재에서, 지각기억의 단일한 집합을 실제 이상으로 끌어올릴 때이다. 그러나 우리는 단순히 예전에 우리가 지각했던 것들과 유사성을 갖고 있다고 해서 그들에게 **존재**를 부여하지는 않는다. 그보다 우리가 그것을 일상적인 방식으로 바라보거나, 그것과 우리 사이에서 신체적인 일치를 발견했을 때 **존재**를 부여한다. 또한 우리가 지각된 현재가 과거를 부활시키거나 재물질화할 수 있게 허용할 때에만, 즉 현재가 과거에 새로운 형상을 부여할 때에만, 외양이 가능해지는 방식으로 우리는 볼 수 있다. 어떤 대상이 과거의 것을 부정확하게 복제하는 일을 우리가 허용할 때, 오직 우리만이 그 대상에게 **존재**라는 선물을 줄 수 있다.

지각주체가 지각대상을 향해 "열려"있을 때 부재와 현전은 이와 같이 변형된 방식으로 만날 수 있다. 이런 방식으로 "열려"있다는 것은 자신의 고유한 욕망의 언어의 주인이 되기 위한 모든 권리를 포기한다는 것을 의미한다. 실제로 그것은 자신의 중요한 공간을 세계에 양도하는 것, 세계가 그 안에서 스스로 말할 수 있는 공간이 된다는 것을 의미한다. 하지만 이런 방식으로 분명한 통제를 포기하는 것은 자신의 욕망의 언어를 잃는 게 아니라 오히려 발견하는 것이다. 왜냐하면 우리는 우리의 과거가 다시 이야기될 시각 "언어", 혹은 우리가 은유의 빛으로 불러올 창조물과 사물을 의식적으로 선택할 수 없기 때문이다. 우리가

할 수 있는 전부는, 그 형상 속에서 우리의 기억을 발견하기 위해 세계로부터 우리에게로 오는 호소에 응답하는 것이다.

결국 우리보다 세계가 우리의 욕망의 언어를 더 많이 말한다. 그럼에도 불구하고 우리가 다른 창조물이나 사물이 등장하는 그 안에서 열림을 제공해야만 우리의 특별한, 예기치 못한 어떤 의미를 창조물들과 사물에 부여할 수 있다. 세계를 전유하고, 떼어내 끌어오고, 추가가치를 부여할 때에만 우리는 세계에 **존재**를 부여할 수 있는 것이다. 세계는 그 사실을 이미 "알고 있다". 세계는 우리가 그것에 줄 수 있는 의미를 어떤 방식으로도 한정하지 않는다. 세계가 우리에게 요구하는 것은, 우선 자신을 바라보라는 것이다.

아름다움을 노래하기

세계는 하나가 아닌 수많은 눈이 자신을 보기 원한다. 부분적으로 이는 창조물이나 사물이 모든 주체에게서 응답하는 등가의 쌍을 발견할 수 있는 게 아니기 때문이다. 어떤 대상은 우리의 언어를 말하지만, 어떤 대상은 그렇지 않다. 어떤 존재들을 바라보면서 우리가 얻는 기쁨은 무한하다. 다른 존재들의 방식은 우리를 감동시키지 못할 수도 있다. 그러면 그것들로부터 우리의 눈을 돌릴 수밖에 없다. 다행히 시각은 결국 존재 자체만큼이나 다양하다.

우리가 즐겁게 바라보는 창조물과 사물조차도 그것을 보는 우리의 수용능력을 넘어서기 때문에 세계는 무한히 많은 눈들이 바라봐주기를 바란다. 메를로 퐁티가 말하듯이 시선에 자신을 드러내는 모든 것들은 "앞"과 "뒤"를 가지고 있다.[302] 부분적으로 이것은 우리가 그림 앞에 서 있듯이 세계 앞에 서 있는 것이 아니기 때문이다. 오히려 우리는 세계 안에서 서 있고, 내부라는 우리의 유리한 위치는 우리가 바라보는 것의 특정한 측면을 드러내주기도, 다른 측면을 가리기도 한다. 게다가 다른 존재는 항상 똑같은 방식으로 시선에 자신을 드러내지 않는다. 그들은 끊임없이 움직이고, 매번 보여주는 것이 달라진다. 어떤 새로운 측면이 나타나면 이전의 것은 비가시성의 영역으로 사라진다. 결과적으로 관점은 시선뿐만 아니라 대상들의 특징이기도 하다.[303]

나는 창조물과 사물의 고갈되지 않는 풍요로움도 그들의 언어와 우리 언어 사이의 관계에서 비롯된다고 생각하고 싶다. 우리가 그들에게서 찾아내는 의미가 이미 그들 속에 잠재해 있다면, 우리는 우리의 지각기표와 언어적 기표를 사용해서 이를 고갈시킬 수 있을 것이다. 하지만 그들은 의미가 아니라 아름다움을 잉태하고 있다. 아름다움을 의미화하는 우리의 능력에는 한계가 없다. 그것은 절대로 적절하게 이름이 붙여질 수 없는 상실에서 나왔고, 그 결과 아주 단순하게도 끊임없는 의미화에 참여하는 것이 인간의 의무가 되어 버렸다. 결국 세계가 우리에게 원하는 것은 결코 끝나지 않는 상징화이다. 이는 어떤 누구도 스스로 충족시킬 수 없는 요청이다. 우리는 유한하며 종말을 맞이할 수밖에 없는 존재이다. 우리는 오직 총체적으로만 세계의 모든 형태들 속에서 아름다움을 찾으라는 요구뿐만 아니라, 끊임없이 새로운 방식으로 영원히 그 아름다움에 대한 희열의 노래를 부르라는 요구를 충족시킬 수 있을 것이다.

참고 note & reference

06. 사물의 언어

note

261 「창세기」 2장 9절. 우리는 아담이 낙원의 사물이 아니라 창조물들에게만 이름을 지어주었다고 알고 있다. 하지만 나는 창조물이란 표현을 신이 창조한 모든 것에 대한 제유법으로 해석한다.

262 사고를 통한 데카르트의 존재증명에 대해서는 *Discourse on Method*, in *Discourse on Method and Meditations on First Philosophy*, ed. David Weissman (New Haven, Conn.: Yale University Press, 1996), pp. 21-22를 볼 것.

263 "초감각적 기질"이라는 용어는 임마누엘 칸트(Immanuel Kant)에게서 빌려왔다. 그는 이 용어를 미적 판단이 작용하는 기초에 대한 개념을 서술하는 데 사용했다. *Critique of Judgement*, trans. J. H. Bernard (New York: Hafner, 1951), p. 185를 볼 것.

264 지각적 동일화는 기억과 지각자극이 결합할 때 일어난다. 이는 모든 정신작용이 향하는 종점이다. 프로이트의 *Interpretation of dreams*, in *The Standard Edition of the Complete Psychological Works*, trans. James Strachey (London: Hogarth, 1953), vol. 5, pp. 566-567, 602를 볼 것.

265 *Early Greek Thinking: The Dawn of Western Philosophy*, trans. David Farrell Krell and Frank A. Capuzzi (San Francisco: HarperSanFrancisco, 1975), p. 56에서 하이데거는 "외양은 현전의 중요한 결과"라고 주장했다. 같은 책의 앞부분에서 그는 존재가 드러나는 것은 바로 "현전하는 것의 현전"을 통해서라고 쓰기도 했다(39). 내가 이 책의 앞부분에서 논의했듯이 "현전"은 그 효과가 일시적인 심리작용이다. 따라서 그것은 "지금 여기"와는 아무런 상관이 없다.

266 앞으로 분명해지겠지만, 여기에서 "의도"는 의식적인 결심이 아니라 비주체적인(a-subjective) "그런 경향"을 의미한다.

267 Hannah Arendt, *The Life of the Mind* (New York: Harcourt, Brace, 1978), p. 19.

268 Maurice Merleau-Ponty, *The Visible and Invisible*, trans. Alphonso Lingis (Evanston, Ill.: Northwestern University Press, 1968), pp. 130-155; Jacques Lacan, *Four Fundamental Concepts of Psycho-Analysis*, trans. Alan Sheridan (New York: Norton, 1978), pp. 67-119를 볼 것. 시각장에 대한 라캉을 설명을 보려면 나의 책 *Male Subjectivity at the Margins* (New York: Routledge, 1992), pp. 125-156; *The Threshold of the Visible World* (New York: Routledge, 1996), pp. 125-227을 볼 것.

269 Adolf Portmann, *Animal Forms and Patterns: A Study of the Appearance of Animals*, trans. Hella Czech (New York: Schocken, 1967), pp. 86, 201, 294.

270 Roger Caillois, "Mimicry and Legendary Psychasthenia," trans. John Shepley, *October*, no. 31 (Winter 1984): pp. 17-32; *The Mask of Medusa*, trans. George Ordish (New York: Clarkson N. Portter, 1964); 그리고 *The Writing of Stones*, trans. Barbara Bray (Charlottesville: University Press of Virginia, 1985)를 볼 것.

271 Roger Caillois, *The Mask of Medusa*, p. 40.

272 Roger Caillois, *The Writing of Stones*, pp. 37-43.

273 Roger Caillois, "Mimicry and Legendary Psychasthenia," p. 23.

274 동물들이 몸을 보호하거나 사냥을 용이하게 하기 위해 주위의 물체나 생물과 비슷한 모양을 취하는 일-옮긴이 주.

275 Roger Caillois, *The Mask of Medusa*, p. 75.

276 Jacques Lacan, *Four Fundamental Concepts of Psycho-Analysis*, pp. 93-108.

277 라캉은 le regard와 l'œil를 구분하는데(*Le Séminaire de Jacques Lacan, Livre XI: Les Quatre Concepts fondamentaux de la Psychoanalyse* (Paris: Editions du Seuil, 1973), pp. 65-109를 보라), 셰리단(Sheridan)은 이를 각각 "gaze(응시)"와 "look(시선)"으로 번역했다.

278 Jacques Lacan, *Four Fundamental Concepts of Psycho-Analysis*, p. 107; *The Seminar of Jacques Lacan, Book I: Freud's Papers on Technique, 1953-1954*, trans. John Forrester(New York: Norton, 1988), p. 137.

참고
note & reference

279 Jacques Lacan, *Four Fundamental Concepts of Psycho-Analysis*, p. 107.

280 Jacques Lacan, *The Seminar of Jacques Lacan, Book II: The Ego in Freud's Theory and in the Technique of Psychoanalysis, 1954–1955*, trans. Sylvana Tomaselli (New York: Noton, 1991), p. 223.

281 나는 이 용어를 포르트만(Adolf Portmann)의 글에서는 찾지 못했는데, 아렌트가 『정신의 삶』 46쪽에서 포르트만의 글이라고 밝힌 것을 인용했다.

282 Martin Heidegger, "The Way to Language," in *On the Way to Language*, trans. Peter D. Hertz (San Francisco: HarperSanFrancisco, 1971), p.123.

283 Jacques Lacan, *Four Fundamental Concepts of Psycho-Analysis*, p. 76.

284 Maurice Merleau-Ponty, "Eye and Mind," in *the Merleau-Ponty Aesthetics Reader: Philosophy and Painting*, ed. Galen A. Johnson (Evanston, Ill.: Northwestern University Press, 1993), p. 141.

285 Maurice Merleau-Ponty, *Phenomenology of Perception*, trans. Colin Smith (London: Routledge and Kegan Paul, 1962), p. 320.

286 Martin Heidegger, *Parmenides*, trans. André Schuwer and Richard Rojcewicz (Bloomington: Indiana University Press, 1992), p. 107.

287 장 뤽 낭시(Jean-Luc Nancy)가 *The Sense of the World*, trans. Jeffrey S. Librett (Minneapolis: University of Minnesota Press, 1997), p. 61에서 쓰고 있듯이, 하이데거는 "땅 위를 구르는 혹은 산에서 굴러 내려오는 돌의 무게, 다른 표면과 접촉하는 돌의 무게를 재는 데 실패했다. 돌을 통해 모든 표면들의 네트워크인 세계와의 접촉의 무게를 측량하지 못한 것이다. 그는 일반적인 표면을 놓치고 있다".

288 Maurice Merleau-Ponty, *Phenomenology of Perception*, p. 214.

289 프랑스어 텍스트에는 다음과 같이 써있다. "*un extraordinaire concours de signes*"(카이유와(Roger Caillois)의 강조; *L'Écriture des Pierres*, ed. Albert Skira (Geneva: Editions d'Art, 1970), p. 114). 이를 영어로 전환하면 "an extraordinary combination of signs"가 된다.

290 Maurice Merleau-Ponty, "Indirect Language and the Voices of Silence," in *The Merleau-Ponty Aesthetics Reader: Philosophy and Painting*, p. 91.

291 Maurice Merleau-Ponty, *Phenomenology of Perception*, p. 319.

292 위의 책, p. 316.

293 Leo Bersani, *The Culture of Redemption* (Cambridge: Harvard University Press, 1990), *Homos* (Cambridge: Harvard University Press, 1995); Leo Bersani Ulysse Dutoit, *The Forms of Violence: Narrative in Assyrian Art and Modern Culture* (New York: Schocken, 1985); *Arts of Impoverishment: Beckett, Rothko, Resnais* (Cambridge: Harvard University Press, 1993); 그리고 *Caravaggio's Secrets* (Cambridge: MIT Press, 1998)을 볼 것.

294 『해방의 문화(*The Culture of Redemption*)』에서 베르사니(Leo Bersani)는 다음과 같이 쓰고 있다. "현상들은 그것이 관계를 맺는 다른 형상들을 '의미'하지 않는다. 예를 들어, 현상은 각각의 유사한 용어가 우주의 항상 변화하는 의도에 이런 식으로 기여함으로써 우주 속에 스스로 훨씬 더 만족스럽게 자리 잡는 것, 혹은 자족하는 것과 같다(75)."

295 『빈곤의 예술(*Art of Impoverishment*)』에서 베르사니와 뒤투아(Ulysse Dutoit)는 두 번째 종류의 형태들의 소통을 강조한다(특별히 6쪽을 보라). 하지만 일반적으로 베르사니는 첫 번째 종류의 소통에 더 관심을 갖고 있다.

296 Leo Bersani, *The Culture of Redemption*, p. 19; Bersani and Dutoit, *Arts of Impoverishment*, pp. 153–155.

297 나는 이 부분을 문맥적으로 여기에 인용했다.

298 "A Conversation with Leo Bersani," *October*, no. 82 (1977): 6을 볼 것.

299 이 문장은 실제인용이 아니라 메를로 퐁티(Maurice Merleau-Ponty)가 세잔(Paul Cézanne)의 예술에 대한 자신의 독해에 근거해서 그러한 속성이 있다고 말한 것을 인용한 것이다.

300 라캉은 『정신분석의 네 가지 기본 개념』의 한 부분에서 관찰자로 하여금 응시를 내려놓게 하는 그림들이 있음을 언급한다. 의미심장하게도 그 문맥에서 라캉은 세잔에 대한 메를로 퐁티의 에세이를 떠올리게 한다(pp. 109–110).

301 나는 라캉에게서 "존재"의 "사라짐"이라는 개념을 가져왔다. 『정신분석의 네 가지 기본 개념』 pp. 207–213을 볼 것. 하지만 라캉은 여기에서 이러한 사건을 영속적인 기표보다는 언어적인 것으로 규정한다.

302 Maurice Merleau-Ponty, *The Visible and the Invisible*, p. 136.

303 *The Structure of Behavior*, trans. Alden L. Fisher (Boston: Beacon, 1963), p. 186에서 메를로 퐁티는 관점이 사물들의 "본질적인 속성"일 수 있는데, 그 이유는 지각된 것들은 그 안에 숨겨지고 고갈되지 않는 풍요로움을 갖고 있기 때문이라고 말했다.

바 라 보 기 를 통 한 세 계 인 식

전영백

1. 시각계와 직결되는 존재 : 바라보아야 존재할 수 있다

존재란 무엇일까? 우리는 어떻게 세계에 존재하게 되었는가? 카자 실버만은 바라보기(looking)를 통해 이런 질문에 답하고자 한다. 시각의 행위가 존재와 직결되어 있다고 생각하기 때문이다. 그래서 우리의 눈이 지각하는 시각적 형태들을 논의의 중심에 두고, 우리 주체의 존재와 정체성이 바로 이 시각계와 직결되어 있음을 강조한다. 그리고 우리가 세계를 진정으로 보고 있는가를 질문한다. 세계를, 타자를, 그리고 우리 자신을 제대로 바라보는지 묻는다.

이 책은 주체 스스로에게 세계의 존재가 달려 있다고 강조한다. 우리 자신이 보지 않으면 세계는 존재하지 않기 때문이다. 저자는 "오직 창조물과 사물이 눈에 나타날 때에만 실제적으로 존재할 수 있다"고 말한다. 또한 "어떤 것이 드러나게 하려면 누군가가 바라보아야만 한다"고 강조한다. 바라봄으로써 존재가 드러난다는 것이 책의 핵심이다.

실버만은 외양(appearance)과 **존재**(Being)를 엄격하게 구분했던 서구 형이상학의 전통에 의문을 제기한다. 그동안 많은 사람들은 정신과 영혼을 우월하게 여긴 반면, 사물의 외양이나 현상적 형상을 지각하는 감각을 폄하했다. '존재'는 현상적 세계를 보는 '눈'과 거리가 멀다고 인식해왔다. 이런 흐름에 맞서 실버만은 시각의 재발견을 촉구하고 상대적으로 무시되어 온 외양에 대해 새롭게 조명한다. 이것은 플라톤을 정

해설
commentary

점으로 하는 서구 형이상학의 오랜 전통에 대한 근본적인 도전이라고 할 수 있다.

이런 문제의식 아래, 실버만은 철학과 정신분석학 사이의 분리할 수 없는 관계를 파고든다. 특히 플라톤과 하이데거라는 서양철학의 거목과 프로이트와 라캉이라는 정신분석학의 두 기둥을 묶는 작업을 펼친다. 그러나 실버만이 하이데거나 프로이트의 이론을 전적으로 따르는 것은 아니다. 그녀는 바라보기를 통해 존재가 어떻게 구성되는지 규명하기 위해 꼭 필요한 부분만을 독창적인 관점으로 재해석해서 결합시키고 있다.

책의 제목인 『월드 스펙테이터(World Spectators)』는 저자인 실버만이 만든 것이 아니고 한나 아렌트에게서 빌려온 것이다. 아렌트는 공간적으로 제한받지 않고 외부세계로 적극적으로 나아가는 시각의 주체, 그리고 사회에서 책임, 의무, 그리고 권리를 지니는 주체를 철학적으로 담아내기 위해 '세계관찰자'라는 말을 지어냈다.

시각을 통해 존재에 접근하는 『월드 스펙테이터』는 쉽지 않은 이론서임에도 불구하고 그 저변에 깊은 감동이 깔려 있다. 이 책이 천착하고 있는 철학과 정신분석학이 어렵기는 하지만, 독자에게 주는 저자의 메시지는 피부에 생생하게 와닿도록 실제적이다. 누구나 매일 체험하는 '보는 것'에 관한 것이기 때문이다.

『월드 스펙테이터』라는 제목은 이 책의 전체 내용을 잘 함축하고 있다. '본다는 것(관객성, spectatorship)'과 '세계(world)'는 사실상 이 책의 핵심어라고 할 수 있다. 따라서 '본다'와 '세계'의 의미를 살펴보는 것이 좋겠다.

2. 바라보기의 철학:
본다는 것이 무엇인가?

먼저 '보기'를 이해하는 데 있어서, 시각과 존재의 관계는 이 책 전체의 중요한 연결점이다. 거듭 말하지만, 이 책은 외양과 존재 사이의 이분법을 무효화시킨다. 이러한 이분 논리의 원조는 플라톤의 〈동굴의 우화〉까지 거슬러 올라간다. 고전철학은 동굴 벽에 비친 그림자만을 바라보던 '죄수'인 우리에게 더 높은 곳을 향해 올라가도록 촉구한다. 동굴 벽에 비친 그림자만을 바라보며 '표상의 표상'을 보던 우리 주체는 몸을 돌려 동굴 밖의 세계 즉, 이데아의 최고선(最高善)으로 유도된다. 이 고전철학에서 제시하는 주체의 철학적 상승과정은 현상적인 시각계를 벗어나 궁극적 영혼의 아름다움을 추구하도록 강조한다.

여기서 시각계는 외양이고 눈속임이고 주체의 영혼을 흐리는 유혹이다. 때문에 동굴의 죄수인 우리는 '현상적 형상'인 동굴 벽의 그림자에 현혹되지 말고 영혼과 관념의 세계로 이끌림을 받아야 하는 것이다. 이렇듯 고전철학의 정통 패러다임에서 시각이란 주체의 사고에 혼돈을 일으키는 것이다. 눈은 영혼에 비해 세속적이고, 진리를 가리는 기관으로 가치가 떨어지는 것이라고 인식해왔다.

이처럼 변함없이 지속되어 온 가치의 위계에 대해 실버만은 이제까지 누구도 제시하지 않은 근본적인 방식으로 문제를 제기한다. 그는 "본다는 것이 무엇인가?"에 대해 집중하면서 고전철학이 의심없이 폄하했던 시각에 대한 이론적 재조명을 시도한다. 이 과정에서 하이데거와 라캉이 든든한 철학적 후원자가 된다. 그리고 오늘날의 사상적 흐름과 시대 담론도 실버만을 편들어준다. 특히 영혼과 신체, 관념과 외양의 명확한 이분법을 해체하면서, 전자에게 부여된 가치의 우월성에

해설
commentary

도전하는 후기구조주의, 그리고 주체성의 이론(theories of subjectivity)을 펼치는 포스트모던 담론이 『월드 스펙테이터』의 사상적 토양이 된다. 이러한 뒷받침이 있기에 저자의 당돌한(?) 철학적 문제제기에는 확신이 넘친다.

실버만은 〈동굴의 우화〉를 전복시키려 한다. 주체에게 세계는 시각계를 통해 인지되고, 그것이 비록 현상적이고 단지 외양적 형상들을 보인다 해도, 그것이 한시적인 주체에게 주어지는 전체일 수 있다. 그렇다면 오늘날의 주체는 평생을 살면서 도달할 수 없는 동굴 밖의 밝은 실제의 불가능한 세계를 꿈꾸느니 차라리 자신에게 주어진 시간에 인식이 가능한 사회에 의미를 부여할지도 모른다. 저자는 우리에게 도달할 수 없는 불가능한 진리의 세계보다는 주체가 인식할 수 있는 그림자 세계가 오히려 더 중요한 가치를 가질 수 있다고 설득하는 듯하다. 이 책을 읽는 독자는 세상과 분리된 고귀한 영혼의 세계를 목격한 고독한 철인왕보다는 눈에 보이는 현상적 세계를 전부로 여기는 우매한 죄수가 낫다고 생각할 수 있다.

따라서 〈동굴의 우화〉에서 저자는 무엇보다 주체를 강조한다. 시대의 변화로 인해 새롭게 해석해야 할 지점이 동굴이라는 속세를 사는 죄수이자 우리인 것이다. 저자가 주목하는 것은 죄수 각자가 갖는 세계에 대한 지각이고 특히 그 시각 경험을 통한 개별 존재의 인식이다. 이것이 핵심이라 할 수 있다. 이 책에서 죄수는 사회라는 집합체 속에서 개별자로서 살아가는 주체로 상정된다. 그는 동굴이라는 주어진 세계에 던져진 존재로서 모든 것이 제한적이고 부자유스럽지만, 그는 적어도 자신의 세계를 볼 수 있는 선택권을 발휘할 수 있는 것이다.

보기는 명백하게 개별 주체에 달려 있다. 창조물과 사물이 눈에 나타날 때에만 실제적으로 존재한다는 실버만의 말은 우리의 존재가 눈으로 확인되고, 바라봄으로써 사물을 빛으로 이끌어 낸다는 것이다. 주체는 은폐되어 있는 대상의 진리를 밝히기 위해, 즉 그 존재를 드러내기 위해 빛처럼 시각을 작동해야 한다. 실버만은 말한다 :

> 결국 세계가 나타나 존재하게 될지, 아니면 비(非)존재의 어둠으로 흐려져 사라질지를 결정하는 것은 오로지 우리 자신뿐이다. 무엇보다 강조해야 할 점은, 우리가 바라봄으로써 사물을 빛으로 이끌어 낸다는 사실이다. 사물을 이런 식으로 바라보는 것에 실패했을 때 우리는 그것을 은폐하게 된다. 다시 말해, 우리가 주체로서 마땅히 해야 할 시각적 작인의 활용을 소홀히 했을 때, 우리는 사물을 은폐하게 되는 것이다.

위의 글에서 알 수 있듯이, 저자는 시각의 메카니즘이란 보는 주체와 대상 사이의 상호관계를 기반으로 작용한다는 것을 전제로 한다. 그리고 이 논의는 더 진전되어, 나의 존재는 타인의 시각에서 확인받는 것이고, 동시에 나도 그 대상의 존재를 밝힌다는 점을 강조한다. 그러니 시각은 늘 상호적이고, 욕망으로 발현된다. 이 시각적 욕망은 서로의 존재에 대한 절실함을 담고 있다. "우리가 바라봄으로써 대상을, 타인을 존재할 수 있게 한다면…" "그(그녀)를 봄으로써 드러나지 않던 진정한 모습을 나타내게 한다면…."

이 시지각은 말에 앞서는 것이다. 많은 경우, 우리는 본 다음에 말할 수 있다. 본문에서 인용하듯, 「창세기」 2장에 나오는 성경의 창조이야기는 이제껏 언어의 측면에서만 강조되어 왔다. 그러나 실버만은 아담의 '이름붙이기'의 상징행위보다는 '본다'는 지각작용에 우선권을 준

해설
commentary

다. 책은 영화로 보듯, 이 장면을 자세히 상상하게 만든다. 즉, 「창세기」는 동물과 새가 아담 앞에 먼저 보이고, 그런 다음 아담이 그 존재의 이름을 말할 수 있음을 알려준다. 저자는 보기가 말(이름붙이기)보다 앞서 일어나는 행위이고 더 근본적이라는 점을 강조하고 있는 것이다.

3. 세계와의 관계 속에서 바라보기

이 책에서 실버만이 강조하는 보는 주체는 스스로 결정하는 개별자이지만, 이것이 그가 속한 세계와 분리되어 있는 단독자를 뜻하지는 않는다. 왜냐하면 '본다'는 것은 언제나 주체와 대상/타자/세계와의 관계에서 이뤄지기 때문이다. 그는 "세계는 내가 '외양'이라고 부르는 사건 속에 언제나 함께 관여하는 행위자이다"라고 말한다.

여기서 말하는 세계는 정신의 영역과 대비되는 세속의 의미와 함께 타자와의 관계를 뜻한다. 엄밀히 말해, 우리는 나타 나고 그래서 존재할 수 있지만, 이는 오직 다른 사람들이 우리를 '비춰줄' 때만 그러하다. '비춰진다'는 것은 우리가 스스로를 결코 볼 수 없는 지점에서 보여진다는 것을 의미한다. 따라서 시각 행위는 타자의 개입이 필수적이고, 나의 존재는 타자의 존재와 맞닿아 있는 것이다.

그동안 언어가 타자와의 관계에서 가장 주도적인 소통의 도구가 된다고 생각해왔다. 그러나 이 책의 저자는 「창세기」를 예로 들어 바라보기의 중요성을 강조한다. 존재가 처음 창조되었을 때 신은 인간(아담)에게 이름을 짓게 했다. 신이 아담 앞으로 모든 창조물을 데려왔을 때, 최초의 인간은 각 창조물을 차례로 바라보면서 적합한 이름을 붙인다. 시각적 인식이 언어활동 이전에 일어나며, 이 과정에서 타자와의 관계가 처음부터 개입된다는 것을 보여준다.

주체는 시각의 행위자(agent)로서 사물과 타자의 존재를 현상적 외양으로 드러내준다. 내가 봄으로써 존재를 드러내 보이는 것이다. 따라서 나는 제대로 보아야 한다. 실버만은 여기서 일상의 보기와는 다른 식으로 보기를 규명한다. 창조물이나 사물을 그 존재로 방면(放免)하기 위해 우리는 관점의 다양성으로 이를 이해해야만 한다. 총체성은 불가능하지만 다양한 복수 시점은 존재를 자유롭게 하는 것이다. '집합적 보기'는 이러한 세계관찰자(world spectator)의 시각적 특징인 셈이다. 철인왕이 아닌 세계관찰자로서 우리는 적극적으로 외부세계로 나아가 현상적인 외양을 일깨운다. 은폐된 존재를 드러내면서 말이다.

이처럼 개인과 세계의 관계에 대해 실버만은 시각계를 중심으로 논리적으로 설명해 가는데, 그 시작을 플라톤의 〈동굴의 우화〉에서 찾은 것은 지극히 타당하다. 이 비유적 우화는 시각계의 억압을 대표하는 모태이기 때문이다. 이에 대한 과감한 도전을 통해 저자는 주체의 시각이 갖는 중요성을 피력하며 그 가치의 새로운 복권을 시도한다.

결국 저자는 진공상태의 단독자보다는 현실세계를 사는 집합체 속 개별 주체를 강조한다. 개인과 사회는 분리될 수 없고, 집합 속 개인은 적어도 자신의 지각과 인지를 선택할 수 있는 주체이다. 개별적이면서도 사회 안에 집합적으로 살아가는 '세계관찰자'는 동굴 안을 벗어나지 못하는 한계 상황에 놓여 있더라도, 언어 이전의 영역에서 언어가 나타낼 수 없는 존재의 근본 조건을 '볼 수 있는' 시각적 역량을 지닌다. 오늘을 사는 우리에게 새로운 주체의 모델을 제시하는 셈이다.

『월드 스펙테이터』가 제시하는 세계 사랑의 메타심리학(metapsychology)은 정신분석, 철학, 시각문화, 미술사, 그리고 문학과 영화학의

해설
commentary

넓은 영역에 걸쳐 큰 울림을 던져준다. 실버만은 시각이 우리 존재의 본질과 맞닿아 있다고 주장하면서 '바라보기를 통한 세계 인식'을 예리하게 통찰하고 있다.

개념어 분석

전영백

하이데거와 라캉

하이데거와 라캉을 중심으로 철학과 정신분석학을 매개하는 이 책에서 집합체 속의 개별 주체를 상정한 것은 더 없이 적절한 것이라 본다. 이는 세계 속으로 '던져진 존재'를 말하는 하이데거와 주체의 형성을 그 처음부터 타자와의 관계성에서 이해하는 라캉을 근거로 삼고 있다.

실버만이 갖고 있는 주체관은 하이데거가 말하는 던져진 존재, 그리고 라캉이 강조하듯, 그 탄생부터 사회와 분리해 생각할 수 없는 비독립적 주체에 근거한다. 그는 들뢰즈를 비롯한 현대의 사상가들이 그렇듯, 반(反)오이디푸스 분석을 발전시키는 학자 중 하나이다. 문화적 차이를 고려하면서도 친족구조가 인간주체성의 기초라는 생각에 동조하는데, 특히 라캉 정신분석학의 핵심 내용을 재조명한다고 말할 수 있다.

이를테면 라캉 이론에서 부각되는 의미화 작용의 일시성을 강조하고, 어디서나 드러나는 라캉의 남근(phallus)보다『세미나 VII』에서 나오는 '사물(das Ding)'의 개념을 강조한다. 이 개념은 성적(性的)으로 볼 때 그 특징이 덜 규명된 것이다. 성에 대한 사회적 특성화가 확고해지기 전, 또한 언어의 의미화 작용이 규명해버리기 이전 주체의 상태에 대한 심리적, 철학적 관심이 집중되는 것이다. 이를 위해 저자는 라캉의 언어와 욕망의 주체에 대한 정신분석학을 활용한다.

더불어 죽음, 결여의 존재에 대한 저자의 관심은 라캉과 하이데거

해 설
commentary

의 중요한 접점이기도 하다. 실버만의 글은 하이데거 철학에 대면하는 기민성에서 뛰어나다고 평가받는다. 하이데거 존재론에 대한 그의 이해는 부재와 결여로 집결된다. 20세기 후반 대륙철학의 지배 서사라 할 수 있는 결여의 철학은 하이데거에 대한 재조명으로 이어졌다고 볼 수 있다. 존재와 더불어 결여, 부재, 그리고 죽음을 그처럼 잘 설명해 낸 철학자는 없기 때문이다. 하이데거에서 존재는 '죽음을 향한 **존재**(Being-towards-death)'이다.

실버만은 하이데거의 단지(jar)의 은유를 그의 「사물(*The Thing*)」(1971)에서 인용하고 라캉의 『세미나 VII』(1986)에서 화병의 유사한 논의를 연결시킨다. 실버만은 이에 근거하여, 세계와 주체의 관계는 상호적 불완전함에 기반한다는 것을 제안한다. 그리고 여기에 그는 주체가 세계를 본다는 것에 주목하여, 현상적 형상이라 할 수 있는 외양의 시각적 인식을 연결시킨다. 그는 다음과 같이 말했다. "'외양'이라고 부르는 것은 모든 사건들에서 가장 역설적인 것을 통해서만 일어난다. 그것은 즉 부재와 현전의 만남이고 다시 말해, 기호적이라기보다 존재론적인 것이다."

특히 하이데거적 주체에서 '염려(care)'의 특성은 그가 제시한 '현존재(Dasein)'로서의 인간 개념에 근본적이다. 여기서 실버만은 정신분석학이 부족한 면을 철학 개념으로 보완하고 있는 것이다. 저자를 인용하면, "현존재는 정신분석학이 비가시적으로 만들려고 기능하는 '무언가'를 가시적으로 만든다". 그 '무엇'은 우리 각자가 세계 안에 있다는 것이다. 따라서 저자는 주체를 단독자로서가 아니라, 세계 속에 거한다는 존재의 사회성을 하이데거의 염려의 개념으로 강조하는 것이다. 그리고 이를 프로이트가 탐구한 개인의 심리구조가 아닌, '개인 속

사회'를 언어를 통해 풀어가는 라캉의 말과 욕망의 주체로 연관시켜 논의한다.

세계관객성과 예술

근본적으로 '세계 사랑'을 논할 수 있는 〈동굴의 우화〉는 자신을 둘러싼 세상에서 인간이 부여할 수 있는 성적 에너지의 필요성과 중요성에 대해 고려할 수 있는 공간적 구조를 제공하는 셈이다. 저자는 이 사랑이 언제나 세상에 의해 제시된 요청에 반응한다는 것을 강조한다. 이를 시각적으로 말하자면, 세상은 그 아름다움이 보여져야 한다는 하나의 명제를 갖는 것이다. 우리는 우리의 '세계 내 **존재**(Being-in-the-world)'가 이 아름다움에 대해 반응하도록 원초적 요청을 받는 것이다. 저자가 제시하듯, 우리는 존재의 한 중간에서, 그 심연에서 세계관객성에 호출되는 것이다.

아름다움과 예술성에 대한 논의에서 실버만은 예술작품보다는 자연적 아름다움에 집중한다. 자연적 아름다움의 세계는 그가 주장하듯, 대부분의 우리가 그것이 아름답다는 보편적 원리를 받아들이기를 준비하는 세계이기 때문이다. 소통과 토론이 가능한 영역에 속하는 것이다. 따라서 저자가 주목하는 아름다움은 이해불가능하고, 소통불가능하고, 반사회적, 반역사적인 숭고(the sublime)의 개념과 차별화된다.

책의 마무리에 그는 집합성(collectivity)에 대해 말하는데, 이러한 집합성에서 우리의 아름다움에 대한 지각과 그 소통이 가능한 것이다. 이 때 그러한 아름다움은 최소한 인간적이며 생태적이라고 할 수 있을 것이다.

해설
commentary

"예술은 우리로 하여금 더욱 세계 참여적이고, 세속적인 관찰자가 되게 만들면서 기능한다. 이 관찰자는 스스로가 있지 않은 '그 곳'으로부터 볼 수 있는 능력을 지닌다"라고 실버만은 말한다. 정신분석학은 우리로 하여금 스스로의 독자적 단어를 말하도록 하지만, 이와 대조적으로 예술은 세계를 타자로, 우리의 것만이 아니도록 이미지화한다. 그렇다면 분명히, 예술작품은 우리에게 더 강력하게 우리의 사랑을 추구하는 매개체로, 욕망을 유발하는 계기가 되는 것이다.

주체가 이기적 개인주의를 벗어나려면 세계와의 관계성을 가져야 하는데, 처음부터 매개되어진 자연은 없다. 근본적으로 주체와 사회는 양자 모두 상호적인 매개 안에서 '되어가는 것들(becomings)'이기 때문이다. 개인의 심리적 구성과 동굴에서 가상현실까지의 사회적 구성은 서로 연관되어야 의미가 도출되며, 예술의 기능은 그 관계성에서 아름다움을 드러나게 하는 것이라 볼 수 있다.

여기서 말하는 아름다움과 예술은 주체가 시각계에서 경험하는 것이다. 이 영역은 세계와 인간의 맞춤, 적응이 일어나는 곳이다. 세계와 인간이 그러한 관계라면, 칸트의 '세계시민주의(cosmopolitan)'라는 용어가 전적으로 정확하다. 우리는 세계 속 시민들이다. 동굴에 대한 사랑을 실천하는 책임있는 죄수들인 것이다.

찾아보기

ㄱ

가득 찬 발화 full speech 89, 106, 108, 109, 111, 113, 114, 116
개별화 individuation 18, 36, 40, 51, 62, 63, 66, 71, 74, 94, 104, 126, 221
거기 da 36, 38, 42, 48, 51, 60, 61, 67, 74, 91, 93, 97, 101, 105, 118, 119, 122, 132, 174, 201, 206, 215
거기에 있음 there-being 36, 37, 38, 59, 83, 84
검열기제 censoring mechanism 131
결과적 쾌락 end-pleasure 145, 160
계열체적 paradigmatic 66, 170
고유성 owness 19, 81, 112
고착 fixation 79, 148, 179, 180, 181
공허 void 20, 27, 28, 36, 42, 52, 55, 75, 76, 77, 82, 119, 208
과시증적 exhibitionistic 151
관찰자 spectator 16, 17, 18, 27, 28, 35, 117, 118, 132, 150, 192, 202, 203, 206, 207, 220, 228
괴테, 요한 볼프강 폰 Johann Wolfgang von Goethe 57, 58, 83
구술적 기표 verbal signifiers 139
구, 장 조제프 Jean-Joseph Goux 68
근원적 동인 prime mover 24
글라우콘 Glaucon 8, 14, 48
기억 memory 23, 36, 37, 40, 41, 47, 71, 72, 82, 104, 105, 125, 127, 129, 131, 132, 133, 134, 136, 139, 140, 141, 142, 143, 145, 146, 147, 153, 154, 159, 163, 165, 166, 168, 169, 170, 171, 172, 173, 174, 175, 176, 177, 178, 179, 180, 182, 183, 184, 185, 188, 189, 191, 192, 194, 195, 201, 202, 218, 222, 223, 225
기억 형상 mnemonic image 144
기호 sign 31, 36, 66, 69, 82, 89, 95, 98, 104, 128, 167, 189, 201, 213, 214, 215, 216, 219, 220, 221, 222
긴 발화 long speech 110

꿈-사고 dream-thought 131, 132, 133, 134, 135, 142
꿈-작업 dream-work 9, 35, 39, 69, 72, 125, 126, 130, 131, 132, 133, 134, 135, 136, 137, 138, 139, 141, 142, 143, 144, 145, 149, 150, 151, 152, 153, 154, 155, 156, 157, 158, 159, 165, 168, 170, 173, 174, 175, 191, 192, 193, 194, 197, 212, 217

ㄴ

나란히 있는 존재 Being-alongside 101
남근 phallus 49, 188, 196
니체, 프리드리히 Friedrich Wilhelm Nietzsche 9, 39, 51, 58

ㄷ

다층성 multiplicity 147
단일성 oneness 22, 24, 48
대상 object 7, 17, 18, 26, 27, 36, 37, 47, 49, 51, 65, 67, 68, 69, 70, 71, 72, 73, 74, 75, 77, 81, 83, 98, 99, 109, 110, 115, 128, 131, 145, 149, 160, 175, 186, 188, 189, 199, 202, 203, 206, 208, 212, 216, 218, 221, 222, 223, 224
대표표상 ideational representative 163, 178, 179, 180, 181, 182, 186, 187, 188, 196
대화치료 talking cure 132
던져짐 thrownness 41, 62, 63, 64, 84, 107
데카르트, 르네 Rene Descartes 58, 95, 149, 150, 201, 225
동기화 synchronization 153, 217
뒤투아, 율리스 Ulysse Dutoit 217, 218, 219, 228

듣기-이미지 sound-image 166
등가투여 equal investment; Gleichbesetzung 190
디오티마 Diotima 39, 45, 46, 47
딘, 팀 Tim Dean 219

ㄹ

라캉, 자크 Jacques Lacan 7, 25, 26, 27, 29, 30, 31, 42, 49, 50, 52, 55, 58, 64, 65, 68, 69, 70, 74, 76, 77, 78, 79, 80, 82, 84, 85, 86, 89, 91, 95, 96, 97, 98, 99, 102, 105, 106, 107, 108, 109, 110, 111, 112, 113, 114, 115, 116, 117, 120, 121, 122, 123, 160, 161, 181, 182, 185, 186, 188, 189, 190, 194, 195, 196, 197, 199, 203, 208, 209, 210, 211, 212, 226, 228, 240
랑그 langue 65, 73, 97, 115, 116, 126, 127, 128, 129, 167, 168, 216
레비 스트로스, 클로드 Claude Lévi-Strauss 67, 98, 122
로고스중심주의 logocentrism 164
루이스 N. Louise N. 137
리비도 libido 17, 27, 55, 56, 69, 70, 71, 72, 73, 74, 80, 81, 82, 90, 97, 109, 111, 115, 128, 140, 145, 146, 170, 171, 174, 175, 176, 178, 179, 180, 181, 183, 184, 189, 190, 192, 220
리비도적 발화행위 libidinal speech acts 49, 73, 90, 125, 126, 127, 129, 164, 221
리차드슨, 윌리엄 William J. Richardson 41

ㅁ

메를로 퐁티, 모리스 Maurice Merleau-Ponty 199, 203, 212, 214, 215, 216, 217, 218, 219, 220, 221, 223, 228

무의식 unconscious 67, 71, 73, 79, 90, 99, 105, 110, 112, 125, 129,
                    139, 140, 141, 142, 143, 147, 150, 163, 164,
                    165, 166, 167, 168, 169, 170, 171, 172, 174,
                    175, 176, 177, 179, 180, 181, 182, 183, 184,
                    185, 187, 188, 190, 191, 193, 194, 195, 203
무의식의 의미작용 unconscious signification 130
무의식적 기표 unconscious signifier 130

ㅂ

바라보는 것 the look 15, 17, 100, 164, 192, 224
반사궁 reflex arc 156
반사장치 reflex apparatus 125, 144, 156
반카텍시스 anti-cathexis 180, 181, 182, 183, 184, 195
방출 discharge 125, 144, 145, 146, 156, 171
배려 concern 37, 51, 78, 87, 104, 114
베르사니, 레오 Leo Bersani 199, 217, 218, 219, 228
벤야민, 발터 Walter Benjamin 19
병치 collocation 71
보들레르, 샤를 Charles Baudelaire 200
보쉬-야콥슨, 미켈 Mikkel Borch-Jacobsen 150, 151
보여지도록 주어진 것 given-to-be-seen 60, 84
보프레, 장 Jean Beaufret 84
부인 denial 31, 41, 61, 133
부재 absence 26, 76, 95, 96, 97, 100, 111, 121, 166, 193, 212, 221,
               222
부정 Verneinung, negation 10, 13, 19, 47, 108, 117, 123, 133, 135, 151,
                            158, 172, 174, 179, 191, 194, 195, 196, 207,
                            218, 219, 222
불안 anxiety 101, 195
브레히트의 거리두기 Brechtian distantiation 107
브로이어, 조셉 Joseph Breuer 165, 166, 193

브뤼케 Brucke 137
비가시성 invisibility 84, 205, 224
비대리적 표상 nonrepresentative representation 186
비대상 nonobject 25, 27, 36, 49, 52, 55, 68, 69, 70, 71, 77, 81, 82, 98, 186
비유 trope 11, 12, 14, 25, 75, 89, 113, 114, 115, 117, 118, 125, 135, 176, 206, 221
비통시적 a-diachronic 29
빛이 비쳐지도록 자리를 마련함 the clearing 58, 77, 118

人

사건 Ereignis, event 8, 32, 33, 42, 50, 61, 62, 97, 104, 105, 107, 109, 110, 112, 113, 114, 121, 127, 136, 141, 144, 164, 174, 182, 194, 205, 206, 212, 217, 221, 228
사고 Gedanken 10, 39, 102, 131, 132, 133, 134, 135, 141, 142, 144, 168, 169, 170, 171, 173, 184, 185, 191, 202, 220, 225
사물 das Ding 25, 26, 28, 30, 49, 55, 68, 70, 71, 72, 74, 76, 77, 80, 86, 97, 98, 180, 181, 184, 185, 188, 189, 196, 197, 221
사물 thing 12, 15, 19, 20, 21, 22, 24, 27, 28, 29, 33, 34, 36, 38, 39, 51, 55, 57, 59, 60, 63, 65, 67, 68, 72, 74, 75, 77, 78, 79, 80, 82, 84, 87, 94, 95, 96, 97, 100, 101, 102, 109, 117, 121, 126, 127, 130, 139, 142, 145, 147, 148, 155, 163, 165, 166, 175, 184, 185, 187, 190, 192, 198, 199, 200, 201, 202, 203, 205, 206, 207, 209, 211, 212, 213, 214, 215, 216, 217, 218, 219, 220, 221, 222, 223, 224, 225, 228

사물표상 thing-presentations 139, 148, 163, 165, 166, 167, 169, 170, 172, 173, 174, 175, 176, 177, 178, 179, 181, 182, 183, 184, 187, 190, 193, 196
사물화하다 to thing 96
사전 쾌락 fore-pleasure 145, 160
사태 die Sache 35, 55, 76, 77, 80, 98
살 되기 being flesh 216
상징화 형식 symbolization 201
샤르코 Charcot 132
세계관객성 world spectatorship 9, 20, 30, 31, 34, 37, 40
세계관찰자 world spectator 7, 10, 20, 35, 38, 44, 125, 147, 156, 201
세계 내 존재 Being-in-the-world 62, 63, 101
세잔, 폴 Paul Cézanne 99, 100, 220, 221, 228
셰르너 K.A. Scherner 152
셰리단, 앨런 Alan Sheridan 97, 122, 226
셰익스피어, 윌리엄 William Shakespeare 126
소급작용 retroaction 69, 70, 97, 109
소쉬르, 페르디낭 드 Ferdinand de Saussure 65, 98, 121, 123, 126, 167, 171
소크라테스 Socrates 7, 8, 9, 10, 11, 12, 13, 14, 15, 16, 17, 18, 19, 20, 21, 22, 24, 27, 28, 29, 30, 38, 43, 44, 45, 46, 47, 48, 49, 50, 51
소통 Bahnung 35
수령자 recipients 26
수용성 receptivity 14
슈레버, 폴 Paul Schreber 56, 57
스트라치, 제임스 James Strachey 138, 142, 148, 158, 175, 195
시각문자-이미지 visual letter-image 166
시각적 속성 visual properties 141, 142
시각적인 것 the visual 11, 31, 99, 147, 173, 212
시각적 증후 visual symptoms 132
시간성 temporality 61, 81, 82, 89, 97, 102, 108
시뮬라크르 simulacre 22, 24, 201

실어증 aphasia 71, 164
실재 the real 70, 77, 99, 167, 201, 222
실제 reality 8, 9, 15, 16, 25, 26, 27, 28, 34, 43, 44, 47, 51, 56, 57, 59, 63, 65, 70, 74, 77, 78, 80, 99, 111, 118, 138, 142, 144, 165, 166, 167, 168, 171, 188, 204, 205, 206, 208, 212, 220, 222, 228
실존 existence 27, 34, 51, 59, 103, 106, 210, 211
실증적인 관계 positive terms 171
심적 실존 psychic existence 142
심적 영역 psychical locality 138, 139

ㅇ

아감벤, 조르조 Giorgio Agamben 84
아렌트, 한나 Hannah Arendt 7, 9, 10, 35, 37, 44, 45, 51, 199, 202, 203, 204, 205, 206, 207, 212, 214, 227
아비투스 habitus 147
압축 condensation 125, 129, 131, 134, 140, 174, 192
억견(臆見) doxsai/doxa 35
언어기표 liguistic signifier 100, 127, 164, 166, 170, 172, 173, 177, 186, 195, 196
언어적 발화행위 linguistic speech acts 90, 129
언어표상 word-presentations 139, 163, 165, 166, 167, 169, 170, 171, 172, 173, 177, 183, 184, 190, 193, 196
언캐니한 것 uncanny 20, 29, 149, 213
에크하르트, 마이스터 Meister Echhart 78
역(逆)전이 countertransference 113
열반의 원칙 nirvana principle 147
염려 care 36, 41, 50, 51, 52, 55, 59, 60, 63, 64, 68, 75, 78, 81, 82, 85, 90, 91, 94, 102, 103, 104, 118, 119, 156, 171, 175, 222
예기 anticipation 97, 109, 223

외양 appearan 10, 11, 24, 28, 29, 32, 38, 40, 45, 50, 75, 139, 164, 199, 202, 204, 205, 206, 208, 210, 211, 212, 213, 214, 215, 221, 222, 225
욕동 drive 24, 129, 144, 146, 178, 179, 180, 182, 184, 195
욕망 desire 19, 20, 25, 26, 27, 28, 36, 37, 38, 40, 41, 47, 49, 52, 55, 68, 69, 71, 72, 73, 74, 77, 78, 79, 80, 81, 82, 89, 90, 91, 95, 98, 100, 102, 104, 106, 109, 110, 125, 126, 128, 129, 130, 131, 133, 135, 136, 137, 141, 142, 143, 149, 150, 151, 152, 154, 155, 163, 164, 168, 175, 176, 178, 181, 186, 188, 189, 190, 191, 208, 211, 218, 221, 222, 223, 240
운동반응 motor response 169
운동발화-이미지 motor speech-image 166
운동쓰기-이미지 motor writing-image 166
원격형성 나비 butterfly teleplasty 209
위장 disguise 130, 131, 141, 152, 209
은유 metaphor 10, 11, 12, 13, 14, 17, 21, 28, 46, 49, 58, 61, 62, 69, 70, 75, 76, 79, 80, 82, 84, 85, 108, 109, 111, 114, 116, 120, 127, 129, 138, 147, 159, 180, 188, 189, 192, 196, 217, 222
은하수 milky way 163, 165, 167, 169, 171, 173, 175, 176, 177, 179, 181, 183, 185, 186, 187, 189, 191
응시 gaze 17, 18, 19, 159, 209, 210, 211, 220, 226, 228
의도성 intentionality 202, 203, 204, 205, 207
의미화 signification 55, 68, 71, 82, 90, 98, 99, 104, 129, 145, 155, 168, 186, 187, 199, 207, 220, 224
의식 conscious 72, 102, 104, 108, 132, 139, 140, 142, 143, 152, 159, 163, 164, 165, 168, 169, 170, 171, 172, 177, 178, 180, 189, 194, 203, 212, 220, 222, 226
의식감각기관 Cs. sense-organ 145
의태 mimicry 209
이르마 Irma 125, 132, 133, 134, 135, 149, 158, 197

이리가레이, 루스 Luce Irigaray 7, 22, 23, 24, 25, 49
이차억압 secondary repression 179, 196
인간성 humanness 83, 207
인력 attraction 141, 142
일별(一瞥) glance 73
일차과정 primary process 145
일차억압 primary repression 178, 179, 180, 187, 188, 196
일차적 언어 primary language 109

ㅈ

자기 보여주기 self-showing 204, 205, 212, 213, 214, 221
자기중심적 egoistic 152
자기징수 self-expropriation 81, 91
자기현시 self-display 24, 205, 211, 212
자아장치 egoic mechinery 218
자연언어 natural language 127, 129
전위(轉位) displacement 26, 37, 49, 72, 73, 81, 125, 127, 129, 140, 145, 146, 170, 174, 176, 178, 179, 180, 181, 183, 184, 185, 186, 189
전(前)의식 preconscious 139, 140, 141, 159, 163, 168, 169, 170, 171, 172, 174, 179, 180, 181, 182, 184, 190, 191, 194
전이 transference 11, 44, 72, 73, 111, 113, 123, 141, 146, 160, 170, 174, 179, 180, 184, 190
전(前)형이상학적 premetaphysical 9
전회 turning around 11
절시증 scopophilia 134, 137, 151
정감 affect 17, 18, 26, 89, 94, 95, 105, 106, 118, 154, 171, 175, 187
정감적 affective 56, 70, 89, 94, 96, 100, 102, 106, 107, 145, 154, 155, 166

조물주 Demiurge 21, 23
조응 entsprechen, correspondences 138, 139, 200, 216
존재 Being 10, 15, 16, 19, 27, 28, 39, 40, 41, 42, 44, 62, 63, 74, 76, 79, 80, 89, 92, 93, 95, 96, 97, 98, 99, 100, 103, 104, 148, 149, 206, 222, 223
존재 ontic, being 7, 10, 14, 15, 16, 21, 22, 23, 25, 27, 28, 29, 30, 32, 33, 34, 35, 36, 38, 39, 40, 42, 44, 45, 46, 47, 49, 50, 51, 52, 55, 56, 57, 59, 60, 61, 62, 63, 64, 65, 66, 67, 68, 69, 70, 72, 74, 75, 76, 77, 78, 80, 81, 82, 83, 84, 85, 89, 91, 92, 94, 95, 97, 100, 102, 103, 104, 105, 107, 108, 109, 111, 112, 113, 117, 118, 122, 148, 150, 157, 161, 163, 179, 181, 182, 183, 184, 186, 187, 188, 189, 191, 196, 201, 202, 203, 208, 209, 210, 211, 212, 213, 214, 216, 219, 221, 223, 224, 225, 228
존재론적 ontological 51, 63, 74, 78, 84, 108, 157, 208, 209, 222
존재론적 오인 ontological méconnaissance 211
존재의 결여 manque-à-être 58, 65, 109, 118, 161
존재-의문 Being-question 41
존재의 집 house of Being 91, 92, 93, 94, 119
주의 vigilance 21, 23, 37, 43, 44, 50, 59, 75, 78, 79, 165, 169, 170, 171, 205, 215, 228
주입 infusion 133
주체 subject 7, 15, 17, 20, 25, 27, 28, 33, 36, 40, 41, 42, 52, 56, 58, 59, 62, 63, 64, 65, 66, 67, 71, 72, 73, 74, 81, 82, 83, 84, 90, 101, 102, 103, 104, 108, 109, 110, 112, 115, 117, 118, 120, 123, 128, 129, 130, 141, 143, 144, 145, 146, 148, 149, 150, 151, 155, 159, 160, 161, 163, 176, 181, 182, 183, 187, 188, 189, 195, 199, 203, 207, 208, 209, 210, 216, 218, 221, 223, 226, 240

251

주체의 소멸 aphanisis 69
죽음을 향한 **존재** Being-toward-death 41, 55, 62, 63, 65, 75, 76, 84, 108
죽음충동 destrudo 20
중층결정 overdetermination, Uberdeterminierung 135
지각기표 perceptual signifier 98, 100, 164, 172, 186, 190, 194, 195, 196, 224
지각기호 Wahrnehmungszeichen, sign of perception 99, 167
지각대상 pereptual object 202, 211, 217, 222
지각적 동일성 Perceptual Identity 140, 145, 146, 156, 168, 182
지각적 발화 perceptual speech 176
지각적인 가치 perceptual value 130
지각적 자극 perceptual stimulus 33, 129, 140, 143, 146, 153, 155, 156, 168, 173, 174, 178, 182, 194
지각주체 perceiving subject 202, 203, 212, 217, 222
지각체계 Pcpt. system 140, 145
지금 여기 here and now, hic et nunc 26, 27, 28, 68, 69, 70, 71, 96, 97, 109, 182, 187, 195, 225
지양 Aufhebung 17, 39
질료 matter 21, 22, 23, 24, 25, 26, 205, 206
집합 constellation 7, 39, 40, 45, 69, 72, 73, 74, 90, 102, 104, 111, 114, 115, 117, 122, 127, 143, 168, 177, 206, 214, 215, 222
징수적 전유 expropriative appropriation 81, 82

ㅊ

차연 différance 221
초성 megastars 186
촉진 faciliation 15, 67, 111, 175, 178, 184, 187, 188
최고선(最高善) the Good 7, 9, 11, 12, 14, 15, 16, 18, 20, 21, 22, 23, 28, 29, 30, 44, 48, 49, 51
추동력 driving force 47, 146, 151

충동 impulse 81, 146, 147, 149, 171, 182, 206
친족관계 kinship 127, 128, 129, 148

ㅋ

카이유와, 로제 Roger Caillois 199, 205, 206, 207, 208, 209, 210, 211, 214, 215, 227
카텍시스 cathexis 56, 142, 146, 170, 171, 174, 175, 184
코기토 cogito 150
큰타자 the Other 90, 107, 114, 115, 132, 192

ㅌ

타자 other 22, 37, 81, 101, 104, 115, 192, 210, 218
타자살해적 altruicidal 151
탈은폐 disclosure, unconcealment 10, 55, 58, 91, 92, 94, 118
탈-존 ek-sistent 93
탈형이상학적 postmetaphysical 9, 22
텅 빈 발화 empty speech 63, 108, 109
통합체적 syntagmatic 66, 170

ㅍ

파롤 parol 73, 115, 116, 127, 168
포르트/다 게임 fort/da game 105, 121
포르트만, 아돌프 Adolf Portmann 199, 204, 205, 206, 207, 208, 212, 213, 214, 215, 216, 219, 227
포스터, 할 Hal Foster 219
표상, Vorstellungen 7, 9, 23, 24, 36, 58, 68, 69, 74, 77, 83, 102, 115, 128, 131, 134, 135, 137, 139, 147, 148,

                            149, 150, 151, 159, 160, 163, 165, 171, 172,
                            178, 179, 181, 185, 186, 187, 189, 190, 191,
                            192, 196, 210
프로이트, 지그문트 Gigmund Freud 20, 26, 56, 57, 71, 72, 73, 96, 99, 104,
                            105, 106, 111, 121, 122, 123, 125, 130, 131,
                            132, 133, 134, 135, 136, 137, 138, 139, 140,
                            141, 142, 143, 144, 145, 146, 147, 148, 149,
                            150, 151, 152, 153, 154, 155, 156, 157, 158,
                            159, 160, 163, 164, 165, 166, 167, 168, 169,
                            170, 171, 172, 173, 174, 175, 176, 177, 178,
                            179, 180, 181, 182, 183, 184, 185, 187, 188,
                            190, 191, 194, 195, 196, 197, 202, 225
플라톤 Platon 7, 8, 9, 10, 15, 21, 23, 24, 29, 30, 35, 37, 39, 43,
              44, 46, 49, 187, 199, 201
플리스, 빌헬름 Wilhelm Fliess 136
피쉬, 스탠리 Stanley Fish 29, 50

ㅎ

하이데거, 마르틴 Martin Heidegger 7, 9, 10, 11, 15, 35, 36, 41, 42, 44,
                            50, 51, 52, 55, 58, 59, 60, 61, 62, 63, 64,
                            71, 72, 74, 75, 76, 77, 78, 79, 81, 82, 83,
                            84, 85, 86, 87, 89, 91, 92, 93, 94, 95, 96,
                            97, 98, 99, 100, 101, 102, 103, 107, 108,
                            112, 114, 116, 118, 120, 121, 126, 128, 148,
                            149, 150, 151, 156, 157, 160, 161, 202, 212,
                            213, 225, 227
함께 있는 **존재** Being-with 101
향유 jouissance 28, 49, 80
현상적 phenomenal 7, 9, 10, 11, 16, 17, 19, 23, 28, 29, 147, 220,
                  221
현전 presence 9, 27, 68, 70, 74, 76, 77, 78, 95, 96, 97, 98, 121,

                          173, 181, 189, 195, 202, 203, 218, 222, 225
현존재 Dasein 36, 38, 41, 42, 50, 55, 58, 59, 60, 61, 62, 63, 64, 67,
              74, 75, 79, 83, 84, 91, 92, 93, 94, 96, 97,
              100, 101, 102, 103, 107, 118, 119
형상 Forms 7, 9, 16, 17, 18, 19, 20, 21, 22, 23, 24, 25, 28, 29,
            32, 46, 47, 51, 75, 77, 81, 82, 84, 103, 108,
            119, 125, 130, 131, 134, 139, 141, 142, 143,
            150, 159, 199, 204, 205, 206, 207, 208, 209,
            210, 211, 214, 215, 217, 218, 219, 220, 221,
            222, 223, 228
형이상학 metaphysics 9, 11, 14, 20, 32, 42, 47, 91, 201
환각 hallucination 130, 144, 165, 166, 168, 173
환유 metonymy 82, 129, 147, 192
히스테리 hysterics 24, 125, 132, 165, 166, 172, 176, 177

World Spectators
하이데거와 라캉의 시각철학